KB201528

성서와 시

성서와 시

·**초판 1쇄 발행** 2024년 12월 19일

·**지은이** 고위공
·**펴낸이** 민상기
·**편집장** 이숙희 **편집** 민경훈
·**펴낸곳** 도서출판 드림북
·**인쇄소** 예림인쇄 **제책** 예림바운딩
·**총판** 하늘유통

·**등록번호** 제 65 호 **등록일자** 2002. 11. 25.
·경기도 양주시 광적면 부흥로 847 경기벤처센터 220호
·Tel (031)829-7722, Fax 0504-269-6969

성서이해의 길 9

성 서 와 시

성서를 시처럼, 시를 성서처럼

고위공 지음

드림북

| 책의 구성에 관하여 |

우리는 이 책에서 성서와 시의 관계를 신구약성서와 기독교 시의 두 파트로 나누어 서술하려 한다. 제1부에는 구약과 신약에 등장하는 운문과 시가 상호연관의 범주에서 관찰된다. 구약성서에는 시편과 예레미야 애가가 해석의 주된 대상이 된다. 상이한 성격의 두 문서는 각기의 텍스트에 걸맞는 관찰방법에 의해 해석된다. 신약성서에는 누가복음 서두의 두 찬송, 바울서신의 기독교 찬가, 요한계시록의 천상찬가가 중요하게 다루어진다. 서로 다른 문서에 등장하는 세 찬가는 신약의 운문과 노래를 대표하는 모형적 사례이다.

제2부에 다루어지는 기독교 시의 서술에는 오랜 전통을 지닌 기독교 서정시가 주로 성서와의 관계에서 조명된다. 특히 시와 노래의 밀접한 연관에 중점이 놓여진다. 이런 점에서 바로크 시기의 노래시와 20, 21세기의 기독교 노래가 중심을 형성한다. 20세기 후반 대중음악의 영향 아래 대두된 '새로운 영적 노래'의 막강한 영향력은 오늘날까지 이어진다. 마지막 장에 다루어질 신학자 시인 에크슈타인(Eckstein)의 시는 역사적으로 형성된 기독교 서정시, 특히 경구시의 전통아래 있다.

제2부의 구성에는 본회퍼의 감옥시 해석에 특별한 포커스가 주어진다. 필자는 증정이 글에 밝힌 대로 저항신학자의 희생적 죽음을 추모하며 원고를 작성하였다. 독자는 제2부 제5장을 따로 떼어내어 독립된 글로 읽을

수 있다. 고독한 구금시인이 폐쇄된 감옥의 골방에서 시적, 종교적 영감에 사로잡혀 내려쓴 10편의 시는 세상에 공표된 이후 커다란 반응을 일으켰다. 특히 명성있는 작곡가 피츠(Fietz)가 멜로디를 붙인 영적 노래 〈선한 능력에 의해〉는 오늘날에도 수많은 시청자가 영상매체를 통해 즐겨 듣는 곡이다. 청중의 마음을 깊이 움직이는 작곡가의 연주는 사라지지 않는 기독교 노래의 영향력을 증거하는 살아있는 전설이다.

|목차|

2025년 4월 9일은 순교신학자 본회퍼가 사망한 지 80년이 되는 해이다. 성서와 시의 관계를 조명하는 저서 〈성서와 시〉는 영원히 기억해야 할 날을 맞이하며 비극적으로 희생당한 세기의 위대한 신학자 본회퍼에게 증정된다. 제2부 제5장을 구성하는 '20세기 신학자 본 회퍼의 감옥시'는 고독한 구금시인의 옥중시 해석을 통해 시인이며 예술가인 신학자의 삶과 창작을 되돌아보는 추모의 글이다.

2024년 성령강림절을 기다리며
저자 고위공

제1부

성서에 나타난 운문과 시

시와 찬송과 신령한 노래들로 서로 화답하며
너희의 마음으로 주께 노래하며 찬송하며

(엡 5:19)

주제의 설정

본래의 서술로 들어가기 전에 책의 주제에 관한 설명이 필요해 보인다.
이 책의 주제는 **성서와 시**이다. 종교와 문학의 두 영역에 관련된 고전적
주제에는 깊은 사고를 필요로 하는 다양한 문제들이 내재되어 있다. 그 이
유는 무엇보다 광범한 내용의 복합주제를 여러 상이한 방향에서 관찰할
수 있기 때문이다. 우리는 주로 세 가지 범주에서 설정된 주제에 접근하려
한다. 첫째, 성서의 **생성, 구성, 이해**에서 시가 차지하는 중요한 역할이다.
구약성서의 형성에는 시문학이 커다란 비중을 차지한다. 시문학은 히브
리어 성서 타나크(Tanach)로에서 세 번째 유형인 '케투빔'(Ketuvim)의 첫째 그
룹이다.

히브리어 어원에서 '케투빔'은 단순하게 글쓰기, 집필을 의미한다. 글쓰

기는 곧 운문의 문학형식인 시문학으로 넘어간다. 구약성서의 순서에서 율법서와 예언서에 이어진 마지막 그룹에는 시편, 잠언, 전도서, 아가서, 욥기 등 구약의 주요문서가 소속된다. 잠언, 전도서, 욥기는 '지혜의 전통'에 유래한다. 운문과 산문이 혼합된 노래 아가서는 구약성서에서 가장 시적이고 정감적인 텍스트이다. 아가서의 경전화는 구약의 문학성을 강화한다.

신약성서에는 구약성서와 같은 독립된 시문학이 없다. 그러나 복음서, 서신, 요한계시록을 비롯한 여러 문서에 찬양, 칭송의 노래, 슬픔의 노래 등 다양한 운문의 시구가 등장한다. 시편의 어원 'Psalm'에 내재된 찬미는 신약으로 이어진다. 그리스어 명사 'hymnos'(칭송의 노래)에 연원하는 찬가(hymn, Hymne)는 신약의 가장 중요한 운문형식이다. 누가복음 서두에 나오는 마리아 찬송과 사가랴 예언은 복음서에 나오는 대표적 찬가이다. 빌립보서 2장 6-11절과 골로새서 1장 15-20절을 구성하는 '그리스도 찬가'는 바울서신에 등장하는 운문의 범례이다. 원시기독교 찬양에 근거하는 두 찬가는 사도 바울의 문학적, 시적 능력을 보여주는 증거이다.

요한계시록에는 노래와 합창과 함께 크고 작은 찬가가 문서 전체를 관류한다. 천상보좌의 장면을 비롯한 중요한 단락에는 악기 연주가 동반된 찬양이 중요한 역할을 담당한다. 보좌의 전당에 수행된 합동찬양은 찬송과 축성의 이중 연출이다. 그리스 비극의 합창과 유사한 기능을 발휘하는 찬가는 문서의 진행에 새로운 입체감과 신선한 활력을 부여한다. 어린양의 경배(계 4:8-11, 5:11-14)에서 승리의 찬가(계 19:7-8)에 이르는 일곱 편의 찬가에 관한 종합해석은 의미있는 명제 **찬가의 복음**으로 귀결된다. 20세기 후반이후 대두된 신선한 명칭은 묵시문서의 성격을 새로운 조망에서 관찰하게 한다. 여기에는 구원의 복음에 근거하는 하나님과 어린양의 칭송이 중심에 놓여있다.

둘째, 성서의 읽기에서 운문과 시가 갖는 **중요성**이다. 신구약성서에는 운문으로 표현된 구절과 단락, 독자적 형태의 시가 수없이 발견된다. 이들은 대부분 문서 전체의 구성에서 특별한 위치에 있다. 구약에서 운문이 차지하는 비중은 우선 문서의 명칭에서 증명된다. 시편, 잠언, 아가, 예레미야 애가는 제목 자체가 운문의 장르이름이다. 인물의 이름을 제목으로 삼은 욥기와 요나도 거의 운문으로 작성된 서사작품이다. 격언의 의미를 내포한 잠언의 기본형식은 2행의 **경구시**이다. 고대에 생성된 경구시는 근세에 들어와서도 교화문학의 유형으로 선호된다. 경구시의 오랜 전통은 20세기 후반의 종교시와 신앙시로 이어진다.

아가서는 시편과 함께 가장 순수한 시문학이다. 솔로몬 왕의 작품으로 전승된 고귀한 노래는 풍부한 수사형식을 구사한다. 자주 사용되는 인칭교체 기법도 여기에 속한다. 상대방의 호칭을 바꾸어 부르는 화법은 자신의 풍요로운 감성을 나타내는 수단이다. 찬가에 대조되는 애가 혹은 비가(elegy, Elegie)의 형식은 이미 시편에서 애도의 노래로 분류된다. 애가의 장르를 대표하는 문서는 예레미야 애가이다. 다섯 장으로 구성된 문서에서 1, 2, 4장은 죽음의 비애를 나타내는 탄식어 '슬프다'로 시작된다. 함축된 의미를 지닌 시어는 '슬픈 노래'인 애가의 성격을 대언한다.

셋째, 성서의 운문문학에 관한 **실천해석**의 필요성이다. 여기에는 산문텍스트의 해석과 다른 접근방식이 요구된다. 운문문학은 그 스스로 고유의 형식과 구조를 지니기 때문이다. 예를 들어 시편의 이해에는 시행을 구성하는 2~3개의 소단위가 기초가 된다. 나중에 나오는 부분은 앞부분을 다른 형태로 반복하거나 확대, 보완한다. 서로 대립하는 경우도 적지 않다. 이와 같은 시행구조의 특징은 시의 의미해석으로 이어진다.

구약의 중요한 구성형식인 운문은 신약에 단편적으로 사용된다. 시행의 단위를 기본으로 삼는 운문의 규칙적 배열은 도형적 윤곽의 조성으로 인해 선적으로 이어지는 산문과 다르게 읽혀진다. 이와 같은 독서방식은 운문으로 작성된 텍스트의 해석에 적용된다. 복음서에는 마태복음의 주님의 기도와 산상수훈 서시, 누가복음의 마리아 찬송과 제사장 사가랴의 예언, 요한복음 서곡, 바울서신에는 여러 문서에 등장하는 '그리스도 찬가'와 고린도전서의 '사랑의 아가'가 여기에 속한다. 그밖에도 적지 않은 중요한 구절이나 단락이 운문으로 표현된다. 신약성서에 자주 등장하는 구약성서의 인용이나 지시는 저자의 본문과 구별하기 위해 운문형태로 표기된다.

신약성서의 운문 텍스트는 구약의 시편처럼 특정한 형식분석 방법이 요구되지 않는다. 각기의 저자는 자신의 문체와 어법에 의거하여 운문작품을 구성하고 있다. 따라서 개별문안에 맞는 관찰방식이 적용된다. 중요한 점은 운문의 고유형식 자체가 아니라 운문의 구성과 체제가 내용의 의미 해석에 미치는 영향이다. 위에 열거한 모든 운문의 문안은 형식, 언어, 문체의 분석에 의해 서술된 내용이 보다 정확하게 이해된다. 예를 들어 산상수훈 서시에는 시행의 병행과 반복이 의미의 파악에 중요한 역할을 한다. 또한 시 전체에 화합과 긴장을 동시에 조성하는 일치와 대응의 이원적 구성법이 유용한 해석의 결과로 이어진다.

제1장 구약의 운문

1. 전체의 양상

운문은 구약성서의 형성에 절대적 역할을 한다. 구약은 적지 않은 중요한 문서가 운문으로 작성되어 있다. 히브리어 성서의 기본유형인 시문학에는 시편, 잠언, 전도서, 아가서, 욥기 등이 포함된다. 시편은 시문학을 대표하는 기본문서이다. 그외에도 예언서, 특히 이사야와 예레미야의 적지 않은 단락과 구절이 운문으로 표현된다. 두 예언자는 자신의 문서에서 예언의 성격을 뚜렷하게 하기 위해 운문과 시의 형식을 즐겨 사용한다.

12예언서의 틀에서 전승된 요나서의 제2장은 '요나 시편'으로 불린다. 제2장 전체를 구성하는 요나의 기도는 완전한 운문의 시행이다(욘 2:2-9). 독립된 형태의 시는 2행시의 형식에 의거하고 있다. 여덟 절의 시를 열어주는 첫행과 마지막 행은 고난 시편의 구절을 상기시킨다.

2.2 내가 받는 고난으로 말미암아 여호와께 불러 아뢰었더니
2.3 구원은 여호와께 속하였나이다

욥기는 서언(1,2장)과 결론(42장)을 제외한 본론의 내용 전체가 운문으로

쓰여진 거대한 서사시이다. 산문과 운문의 두 문체형식은 하나님에 대한 명칭의 구분과 일치한다. 즉 산문에는 야웨가, 운문에는 엘(el) 혹은 전능자라는 단어가 사용된다. 민중서에서 취한 것으로 보이는 세 장의 산문부는 운문의 본문과 내용의 서술에 차이가 있다. 그러나 전체적으로 동일한 문맥에서 읽을 수 있다. 문서의 구성에서 처음과 나중의 산문은 전체의 틀거리를 형성하며, 중간의 방대한 시문은 그 안에 담긴 내용물이다. 서언과 결론이 가운데 줄거리를 둘러싸고 있다. 이와 같은 구성방식은 진전된 서사문학의 특성을 보여준다.

서로 연결된 잠언과 전도서는 형식에서 시편에 가깝다. 잠언은 다수의 격언을 합친 모음집으로 오랜 역사를 지닌다. 솔로몬의 잠언은 기원전 10세기로 거슬러 올라간다. 그러나 잠언의 마지막 텍스트는 망명기 이후에 작성된 것으로 추정된다. 잠언의 기본형식 경구시는 시편처럼 주로 2행형 도식에 의거한다(잠 9:10).

여호와를 경외하는 것이 지혜의 근본이요,

거룩한 자를 아는 것이 명철이니라

위의 두 행에서 첫행은 1장 7절 전반부의 반복이다. "여호와를 경외하는 것이 지식의 근본이거늘/ 미련한 자는 지혜와 훈계를 멸시하느니라." 제9장에는 명사 지식이 지혜로 바꾸어 표현된다. 두 단어는 문서에서 같은 맥락에 있다. 다음 행에는 명철이 여호와의 거룩을 파악하는 기초로 규정된다. 명철은 지혜에 비해 이성적 판단의 능력이 강하다. '지혜와 명철'은 보이지 않는 하나님의 권능을 깨닫고 경험하는 기본요소이다. 잠언의 특성을 대언하는 의미있는 명제는 1장 7절에 이어지는 기다란 훈시의 지침이다.

전도서는 문체의 특성에서 다른 문서와 구분된다. 여기에는 고유의 어휘가 자주 발견된다. 획득, 노력, 지향, 우둔 등과 같은 추상개념의 형성은 전형적 특징이다. 문체구사에는 모순, 역설, 대위법 등의 수사형식이 활발하게 사용된다. 저자가 자신의 자료를 조립하는 방법은 논리적 구성을 의도하지 않는다는 사실을 보여준다. 텍스트 부분의 연속은 자주 연상에 의해 규정된다. 12장으로 구성된 책은 단편과 짧은 노트의 집합이라 할 수 있다. 이 모든 복잡한 요소와 난관에도 불구하고 전도서는 매혹의 책이다. 주의깊은 독자는 인간현실에 관한 저자의 비판이 매우 적합하다는 사실을 깨닫는다.

문서서술의 기조는 하나님의 존재를 창조사역에서 보는 지혜사상의 전통이다(전 2:24-3:15). 이 세계의 의미는 하나님의 선, 지혜, 의가 계시되는 데 있다. 운문의 시작품인 1장 12-18절은 저자의 철학적 반성이다. 하나님을 도외시한 단순한 논리적 사고는 허무주의로 빠져들게 된다. 문서의 내용을 총괄하는 종결부는 개인적 고백의 후기이다(12:9-14). 여섯 절의 단락에는 지혜의 이론이 인간의 삶에 안정과 힘을 부여한다는 사실이 다시 강조된다.

우리는 '노래 중의 노래', '가장 아름다운 노래'로 불리는 고귀한 문서 아가서에서 거대한 힘과 아름다움을 지닌 시문학을 발견한다. 그것은 들판과 정원, 동물과 식물의 섬세한 비유로 가득 찬 시의 텍스트이다. 시적 비유는 문서전체를 관류한다. 다섯 권의 유대 두루마리 책(megillot)의 첫째 문서에 해당하는 아가서는 부드럽고 성적인 사랑의 노래 모음집이다. 히브리어 성서에서 두 남녀 사이의 사랑을 다룬 유일의 문서이다. 서두의 표제문에 '솔로몬의 아가'로 표기된(아 1:1) 문서가 생성된 시점은 기원전 5세기 혹은 3세기로 추정된다.

여덟 장으로 구성된 노래는 크게 다섯 부분으로 나누어진다. 제1부에는 솔로몬 왕이 자신의 궁성에서 연인 술람미(Sulamith)를 만난다(아 1:1-2:7). 제2부는 사랑하는 자의 방문과 술람미의 야간의 추구를 서술한다(2:8-3:5). 제3부에는 솔로몬 왕의 결혼행렬과 그의 노래가 다루어진다(3:6-5:1). 4장 1절에서 5장 1절에 이르는 기다란 단락은 솔로몬 왕의 사랑의 노래이다. 제4부의 서술대상은 놓쳐버린 기회이다(5:2-6:3). 마지막 제5장에는 솔로몬 왕이 술람미를 소유할 수 없다는 사실에 이어 연인들의 재결합이 이루어진다(6:4-8:14).

아가서의 주제인 사랑은 성서의 중요한 해석방법인 알레고리 방식으로 설명된다. 즉 남녀 사이의 사랑이 하나님과 선택된 백성, 또는 그리스도와 그리스도의 신부 교회 사이의 사랑으로 이전된다. 후자의 경우는 신약시기 이후 형성된 기독교의 알레고리 해석의 산물이다. 알레고리 해석은 예형론(typology, Typologie) 혹은 예형해석과 함께 가장 중요한 성서해석 방법이다. 고대 그리스어 명사 'typos'에 연원하는 예형해석은 구약성서의 인물과 사건에서 신약성서의 인물과 사건을 위한 '전신'(예형)을 보는 해석방법이다.

구약에 등장하는 운문의 구절이나 단락은 신약에 즐겨 인용된다. 신약의 저자들은 중요한 설교나 말씀의 서술에 구약의 구절을 도입하고 있다. 이와 같은 구성방식은 주어진 내용에 권위와 정체성을 부여한다. 마가복음의 예루살렘 입성 이야기에서 다수의 민중에 의해 크게 불려진 호산나 합창은 시편 118편 25-26절의 적절한 배합이다. 히브리어로 '구원해 주십시오'를 뜻하는 호산나는 전통적 예식형식에서 점차 하나님의 영광에 대한 구원의 부름으로 사용된다. 마가의 문안에서 두 절에 걸쳐 서술된 숭고한 찬양은 세 행의 운문으로 읽을 수 있다(막 11:9-10).

호산나 찬송하리로다 주의 이름으로 오시는 이여
찬송하리로다 오는 우리 조상 다윗의 나라여

가장 높은 곳에서 호산나

사도행전의 서두에서 베드로는 오순절 성령강림의 기적사건에 이어진 감동의 설교를 마지막 때의 사건을 계시하는 요엘서의 예언으로 대체하고 있다. 다섯 절에 걸친 베드로의 설교(행 2:17-21)는 요엘서의 직접적 인용이다(욜 2:28-32). 깊은 영적 영감에 사로잡혀 작성된 예언자 요엘의 시는 종말의 상황서술에 이어진 구원의 약속에 관한 귀중한 증언이다(행 2:32).

누구든지 여호와의 이름을 부르는 자는 구원을 얻으리니

구약의 운문은 **사고와 음향의 리듬**에 기초한다. 두 요소는 실제의 작품에서 서로 용해된다. 이와 같은 기능을 중재하는 요소는 운문의 시행이다. 짧은 시행에 구현된 언어리듬에서 사고와 음향은 하나로 합쳐진다. 운문은 산문과 달리 청각적, 음악적 효과로 인해 낭송과 연주에 적합하다. 이런 점에서 예로부터 제식과 예배에 즐겨 사용된다. 원래 악기의 반주를 동반하는 시편의 구절이 교회의 예배순서에 도입된 것은 이런 이유에서 이해된다.

구약에 자주 사용되는 시형은 2행시이다. 여기에는 특히 히브리어 병행법이 중요한 역할을 한다. 이사야서 1장 3절이 대표적 사례이다.

이스라엘은 알지 못하고
나의 백성은 깨닫지 못하는도다

위의 두 행에서 첫행의 주어와 동사 '이스라엘'과 '알지못하다'는 다음 행의 '나의 백성'과 '깨닫지 못하다'와 짝을 이룬다. '동의어 병행'으로 규정되는 이와 같은 어법에 의해 '이스라엘 백성의 몽매함'이 강조된다.

구약성서의 이해에는 내용이나 주제뿐만 아니라 형식과 장르가 중요한 자리를 차지한다. 형식사 연구방법은 성서본문을 장르양식과 그 문학적 근원에서 추적하고 해명하는 비평적 관찰방식이다. 따라서 성서에 사용된 장르의 역사적 위치를 파악하게 한다. 나아가 본문의 내용이나 주제를 이해하는 데 큰 도움을 준다. 성서의 내용이나 주제는 그것을 언어로 담는 그릇인 형식의 특성에 의해 완전하게 해석된다.

팔레스타인 유대교에는 전통적으로 탈무드 토론을 형성한 일정한 문서 형태가 존재하고 있다. 그것은 서로 대조되는 '할라카'와 '하가다'의 두 유형이다. 히브리어 'halacha'는 '가다'의 동사 'halach'에서 온것으로 영적 길을, 'haggada'는 '말하다'의 동사 'nagad'에서 온 것으로 교사의 말을 의미한다. 하나는 율법에서 삶과 제식의 규율을 유도하며, 다른 하나는 역사와 소재에서 백성을 교훈한다. 랍비 유대이즘의 중심문서 탈무드(Talmud)의 1/3을 차지하는 '하가다'는 알레고리 해석의 근원으로 관찰되기도 한다.

구약의 구성원칙인 율법서와 시가의 이중성은 위에 언급한 두 기본범주에 연결되어있다. 법전, 제식, 연대기가 하나의 형식이라면 설화, 노래, 시, 격언, 경구, 예언은 또다른 장르이다. 서로 대조되는 두 유형은 실제의 문서서술에서 서로 용해된다. 율법서나 역사서에도 운문의 시구가 자주 발견된다. 민수기 21장 17-18절을 구성하는 '주의 전사의 노래'는 전승된 시모음집에서 취한 시구이다.

21:17 우물물아 솟아나라 너희는 그것을 노래하라

　　　이 우물은 지휘관들이 팠고

21:18 백성의 귀인들이

　　　규와 지팡이로 판 것이로다

우물을 칭송하는 두 행은 이스라엘 백성이 모압땅으로 행진하는 도중에 물을 발견하고 옛노래 가운데 하나를 골라 부른 노래의 일부이다. 21장 16절에 우물이 있는 곳으로 언급된 브엘(Beer)은 정확한 위치가 알려지지 않은 지역이다. 둘째 행에서 우물을 판 주체로 명명된 지휘관은 영주를 가리킨다. 그리고 우물을 판 도구인 규는 군주의 주권을 나타내는 상징인 왕홀이다.

출애굽기에서 홍해의 통과 직후 모세와 이스라엘 백성이 함께 부른 승리의 노래는 독립된 시작품이다(출 15:1-18). 18절에 걸친 방대한 노래는 선행하는 14장의 산문서술에 관한 시적 버전이다. 여기에는 오만한 이집트인에 맞서 수행한 주님의 주체적 행위가 칭송된다. '갈대바다 노래'로 불리는 시는 유대예식에서 일상의 아침기도에 다루어진다. 또한 그리스 정통 경전찬가에서 최초의 송가를 장식한다. 신명기 32장 1-43절에 나오는 모세의 노래는 제2의 송가로 알려져 있다.

사사기 5장 전체를 구성하는 드보라의 노래는 성서에 보존된 가장 오래된 노래이다(삿 5:1-31). 방대한 분량의 운문 텍스트는 기원전 1200년에 생성된 것으로 추정된다. 가나안 전쟁의 승리 이후 여성 예언자이며 사사인 드보라는 군대지휘관 바락과 함께 이스라엘 하나님의 권능을 노래한다. 여호와 하나님의 칭송으로 시작하는 노래는 서사형식으로 작성된 민속노래이다.

역대상에서 언약궤의 예루살렘 수송 이후 다윗 왕이 바친 감사찬양(대상 16:8-36)은 역사서에 나오는 운문작품의 사례이다. 칭송의 시편으로 불리는 찬가에는 시편 105편, 96편, 106편의 세 장이 결합된다. 그러나 시편의 원본과 약간 상치되는 구절이 발견된다. 일부의 경우에는 변화된 문안이 읽기에 더 편하다. 역대상 16장의 대부분을 차지하는 거대한 노래는 이스라엘 하나님의 영원한 '송축'으로 종식된다(대상 16:36). 한 절의 시행은 시편 제

4권의 마지막을 장식하는 영광의 칭송이다(시 106:48).

여호와 이스라엘의 하나님을 영원부터 영원까지 송축할지로다

사무엘상 2장의 서두를 장식하는 한나의 칭송기도는 역사서에 나오는 대표적 운문시의 사례이다(삼상 2:1-10). 특별한 형태의 기도는 한나가 사무엘의 출생을 감사하며 주님에게 그를 봉헌하는 노래이다. 그것은 하나님이 선사한 아들을 위한 감사기도이다. 깊은 통찰력을 지닌 여인의 기도는 예언의 기도이다. 화자는 초막절 예식에 사용되는 유명한 시편을 자신의 노래에 삽입하고 있다. 그것은 한나의 상황에 적합한 구절이다. 특히 시를 시작하는 첫행은 한나에게 해당되는 대목이다(삼상 2:1).

내 마음이 여호와로 말미암아 즐거워하며

열 절에 걸친 한나의 기도는 상이한 내용으로 구성되어 있다. 그러나 하나님의 존재와 사역의 관점에서 네 부분으로 나누어 읽을 수 있다. 제1부는 하나님의 구원에 관한 환호(1행), 제2부는 하나님 위대함의 본질(2-3행), 제3부는 상황을 변화시키는 하나님(4-9행), 제4부는 기름부은 자와 그의 오심에 관한 예언적 진술이다(10행). 개별부분의 서술에는 제3부에 가장 많은 분량이 할애된다. 하나님의 구원에 관한 기쁨으로 시작된 시는 기름부은 자 메시아의 도래에 관한 간결한 예언으로 끝난다(2:10).

자기의 기름부은 자의 뿔을 높이시리로다

2. 예레미야 애가의 형식과 구성

구약성서에 나오는 애가의 모형은 시편의 중요한 유형인 애통의 노래이다. 시편의 구성에는 찬가와 함께 애가가 중심에 위치한다. 애가는 비가(elegy, Elegie)와 유사한 의미로 사용된다. 슬픈 노래를 뜻하는 그리스어 명사 'elegos'에 유래하는 비가는 교체의 율격을 가진 2행시이다. 가장 널리 보급된 2행시는 **비가의 2행시**이다. 비가는 그리스 문학에서 이미 기원전 7세기에 발견된다. 고대문학에는 에피그램, 비가, 목가시(전원시), 교훈시 등에 사용된다.

구약성서에 나오는 비가의 대표적 예는 다윗이 사울과 그의 아들 요나단의 죽음을 애도하기 위해 〈야살의 책〉에서 취하여 부른 노래이다(삼하 1.19-27). 외경의 책에 속하는 〈야샬의 책〉은 여호수아 10장 13절과 사무엘하 1장 18절에 언급된다. 히브리어 형용사 'jaschar'는 '곧은, 정직한, 의로운'을 뜻한다. 노래가 시작되기 전에 활의 노래로 명명된(1:18) 비가는 2행시의 형식에 의거하고 있다. 아홉 절의 시를 열어주는 첫절은 다음과 같이 표기될 수 있다(1:19).

이스라엘아 네 영광이 산 위에서 죽임을 당하였도다
오호라 두 용사가 엎드러졌도다

애가는 특히 예언서에 즐겨 사용된다. 에스겔서 27장을 구성하는 두로의 애가(겔 27:1-36)는 대표적 사례이다. 무려 36절에 달하는 방대한 애가는 요한계시록의 바빌론 패망에 이어진 세 편의 애가(계 18:1-19)에 직접 이입된다. 여러 단락으로 구성된 애가의 도입부(18:1-3)에는 하나님과 유사한 천사가 바빌론의 패망을 예언형식으로 통고한다. 18장 12-13절에 제시된 다채로운 취급상품의 내역은 에스겔 27장 12-25절에 연결된다. 세 번째 애가에 해당하는 선원의 노래는 에스겔의 '슬픈 노래'(29:27-34)에 유추된다.

구약성서에서 애가를 대표하는 문서는 예레미야 애가이다. 다섯 장으로 구성된 문서에서 처음의 두 노래와 네 번째 노래는 죽음의 비애를 나타내는 술어부 '슬프다'로 시작된다. 여기에서 '아', 즉 부르짖음을 뜻하는 히브리어 제목 'Escha'가 생성된다. 죽음의 애도에서 취한 단어는 처음에는 개별 텍스트를 지시하지만 나중에는 책의 제목으로 전체의 구성을 의미한다. 한편 70인역 성서에 의거하여 그리스 명사 'Threnus'의 라틴어 형식 'Threni'가 제목으로 사용되기도 한다.

문서의 생성 시기는 일반적으로 예루살렘 파멸의 시점인 기원전 586년을 기점으로 기원전 586~530년으로 추정된다. 저자에 관해서는 문서에 언급된 곳이 없으나 유대전통에 의거하여 예언자 예레미야가 저자로 받아들여진다. '우는 예언자'로 불리는 예레미야의 상은 애가의 문안에 반복해서 발견된다(애 1:16, 2:11,3:48-49). 따라서 예레미야가 슬픈 노래의 작성자로 자연스럽게 통용된다. 그러나 애가의 문체는 예레미야서에 비해 풍성하고 기교적이다. 나아가 2, 4장은 에스겔 3장, 3장은 시편 119편과 143편의 연관을 보여준다. 이런 점에서 예레미야의 젊은 동시대인을 저자로 보는 견해가 대두된다. 그는 예레미야처럼 시대적 재앙을 직접 목격한 증인이다.

예레미야 애가는 다섯 권으로 구성된 유대 두루마리 책에서 세 편의 운문작품 시편, 욥기, 잠언에 이어 배치된다. 이들은 모두 유대의 축제일에 낭송된다. 예레미야 애가는 예루살렘 성전의 파괴를 기억하는 연중행사의 제9일에 사용된다. 다섯 장으로 구성된 애가의 일부는 그리스도에게 주어진 고난과의 연관을 보여준다(애 2:15-16, 3:8,14,19). 2장 15-16절의 두 절은 고난자에게 주어질 조롱과 모독에 대한 예시이다. 3장의 초반을 형성하는 1-21절은 고통받는 자의 애도에 관한 서술이다. 고통의 정감은 구체적 실례의 시리즈를 통해 거듭하여 하나님으로 돌아간다.

　예레미야 애가는 제3장을 제외하면 모든 장이 22절로 구성되어 있다. 숫자 22는 히브리어에서 알파벳 수를 가리킨다. 66절에 달하는 셋째 노래는 문서의 진행에서 열쇠의 역할을 한다. 전체의 편성에서 보면 가장 기다란 장을 중심으로 짧은 장이 앞뒤에 위치한다. 애가의 내용은 예루살렘의 몰락에 관한 애도이다. 여기에는 성스러운 도시의 황폐와 재앙을 슬퍼하는 저자의 공감과 하나님의 마음이 드러나 있다.

　다섯 장의 구성을 표제의 제시에 의거하여 정리하면 다음과 같다.

　　제1장 예루살렘의 애도와 도움의 간청
　　제2장 유다와 예루살렘의 황폐에 관한 애도
　　제3장 고통받는 자의 슬픔과 위로
　　제4장 시온의 재앙과 수치
　　제5장 깊은 비하에서 나오는 백성의 기도

　처음의 두 노래는 파멸과 하나님의 심판으로 패역한 도시에 닥칠 재앙을 서술한다. 여기에는 예루살렘이 애통하는 여인으로 비유된다. 세 번째 노래에는 그리스도의 고난을 통해 예언자 자신의 고통이 표현된다(애 3:1-20). 여기에 하나님의 은총에 관한 놀라운 위로와 주님의 기도가 따른다(3:42-66). 상대적으로 길게 서술된 가운데 부분이 전체의 핵심이다. 네 번째 노래에는 무서운 예루살렘 심판에 관한 서글픈 회상이 다루어진다. 다섯 번째 노래는 하나님이 다시 예루살렘을 기억하고 이스라엘의 회개를 용인하는 기도이다.

　예레미야 애가의 중요한 특징은 형식과 구성의 고유성이다. 여기에 사용된 문체와 구성방식은 구약의 다른 문서에서 찾아보기 힘들다. 매우 체계적으로 작성된 애가는 높은 수준의 히브리 시작술을 보여준다. 여기에는 고뇌와 슬픔을 조형적으로 표현하기 위해 비유형식이 풍성하게 사용된다. 예루살렘을 지칭하는 비유어 '시온의 딸'이 대표적 예이다. 이 명사구는 문서 전체를 관류한다. 그밖에 '은밀한 곳의 사자'(3:11), 순금의 변질(4:1), 광야의 타조(4:3), 숯보다 검은 얼굴(4:7) 등이 비유의 목록에 속한다.

특히 '존귀한 자의 몸'을 서술하는 4장 7절은 연쇄비유로 점철된 탁월한 시적 비유이다.

전에는 존귀한 자들의 몸이 눈보다 깨끗하고 젖보다 희며 산호들보다 붉어 그들의 윤택함이 같아서 빛낸 청옥 같더니

여기에 사용된 세 겹의 비유는 최고의 상태를 지시하는 절대비유이다. 처음의 비유에서 '눈보다 깨끗하다'는 표현은 더 이상의 깨끗함이 없음을 강조한다. 다음의 두 비유도 같은 맥락에서 설명된다. '젖보다 희다'는 능가할 수 있는 상태가 없는 극단의 흰색을 지시한다. 복합문장의 후반에는 앞에 언급한 세 사물의 '윤택함'이 '빛낸 청옥'으로 비유된다. 보석의 비유 '빛낸 청옥'은 촉각과 시각의 양면에 관계된다. 저자가 구사한 비유방식은 문서가 생성된 시기에 비추어 볼 때 매우 진전된 형태이다.

유대의 죽음의 애가(Qina) 율격으로 쓰여진 슬픔의 노래는 **확고한 시적 구조**를 지니고 있다. 다섯 장의 범위로 제한된 노래는 '아크로스틱'(acrostic, Akrostochon) 작법으로 작성된다. '아크로스틱'은 시행의 꼭대기, 시행의 처음, 개별시행의 첫 글자가 문장이나 단어를 형성하는 문안이나 시이다. '아크로스틱'의 특별한 형태는 알파벳시이다. 중세 라틴어 명사 'abecedarius'로 표기되는 알파벳시는 개별 단어, 시행, 시연의 첫 글자가 알파벳 철자의 순서를 따르는 시이다. 애가의 제1, 2, 4장은 22행이 히

브리어 알파벳 철자로 시작된다. 제3장은 동일한 구성에 의거하지만 같은 철자를 가진 세 행으로 시작된다. 제5장에는 알파벳에 의한 편성이 발견되지 않는다.

1, 2, 4장의 서두를 장식하는 동일형식의 세 행은 병행의 구조를 보인다. 세 장을 시작하는 첫 문장의 도입부를 차례대로 나열해 보면 아래와 같다.

1:1 슬프다 이 성이여 전에는 사람들이 많더니 이제는 어찌 그리 적막하게 앉았는고

2:1 슬프다 주께서 어찌 그리 진노하사 딸 시온을 구름으로 덮으셨는가

4:1 슬프다 어찌 그리 금이 빛을 잃고 순금이 변질하였으며

위의 세 행은 상이한 상황에서 애도의 정감을 서술한다. 모든 시행은 애통의 시어 '슬프다'로 시작한다. 애가의 제목을 형성한 히브리어 'escha'는 '아', '슬프다'를 뜻한다. 이유를 물어보는 접속부사 '어찌 그리'가 공통으로 '슬프다'의 내용을 인도한다. 이와 같은 병행도식은 세 장의 서술을 하나로 연결한다.

예레미야 애가는 후세의 수용사에서 거듭하여 새로운 고난의 상황으로 전이된다. 성서의 후기문서, 고대의 번역문학, 고난주간의 예식에는 응용된 애가의 텍스트가 즐겨 도입된다. 애가의 예술적 가공은 문학, 미술, 음악의 분야에서 풍성한 양상을 보인다. 여기에는 고난과 위로의 이중양상이 다양한 방식으로 수용된다. 문학의 영역에는 고난시와 비가의 작성에 강한 영향을 미친다. 재앙과 파국의 상황을 노래한 현대시인의 작품에는 예레미야 애가의 흔적이 드물지 않게 발견된다. 신학적 은유로 사용된 '하나님의 진노'는 20세기 초에 대두된 종말의 서정시에 깊이 침투한다.

미술의 수용에는 프랑스 초현실주의 화가 샤갈(Chagall)의 석판화 〈예레

미야 애가〉(1956)가 대표적 예로 손꼽힌다. 그는 최초의 성서연작화에서 후세에 강한 영향력을 행사한 애가를 집필한 예언자에게 특별한 관심을 표명하고 있다. 그는 애가의 저자를 '우는 선지자' 예레미야로 보고 있다. 1956년에 제작된 두 편의 채색석판화 소묘는 예레미야에게 증정된다. 그는 예언자로 부름받은 소명의 책임으로 자신의 백성을 위해 슬퍼한 애도의 설교자이다. 〈예레미야 애가〉와 약간 다른 구도의 석판화 〈예레미야〉역시 애통해하는 예언자의 모습을 보여준다.

짙은 색감으로 처리된 어두운 장면을 제시하는 〈예레미야 애가〉에서 예언자는 커다란 원통 모양의 율법 두루마리를 두 팔로 꼭 부둥켜안은 채 구부러진 자세로 앉아있다. 얼굴을 아래로 숙인 비통한 표정의 그는 주위를 둘러싼 수많은 사람들을 알아보지 못한다. 자신의 고독 속에 완전히 잠긴 모습으로 단절된 고립상태를 슬퍼하며 주어진 직분의 어려움을 표명하고 있다. 군중의 무리 가운데 삽입된 청색 말은 예언자와 유사한 자세를 취하고 있다. 화면의 상단을 지배하는 보라색 공간의 오른쪽 부분을 구성하는 강한 적색의 기다란 타원형 공간은 예루살렘 파멸의 불길을 암시하는 상징의 도상이다.

음악작품의 가공에는 작곡가의 시적 영감이 작용한다. 예레미야 애가는 기독교인 뿐만 아니라 유대인에게도 가장 오래된 노래로 통용된다. 그것은 수백년의 세월이 지나는 동안 가장 빈번하게 작곡된 노래이다. 부활절 기간에는 유명한 바흐(Bach)의 작품과 함께 예레미야 애가가 예식의 전통으로 공연된다. 오늘날에도 정통 유대인들은 히브리 시의 율격으로 작성된 애가를 예루살렘의 애통의 벽에서 규칙적으로 낭송한다. 가톨릭교에서는 예나 지금이나 고난주간 예식에서 확고한 자리를 차지하고 있다.

예레미야 애가의 수용사는 중세에서 현대에 이르기까지 지속된다.

고난주간 마지막의 새벽미사에는 애가의 텍스트가 단순한 멜로디에 의해 한 목소리로 불린다. 15세기 중엽 이후로는 텍스트의 선정에 상당한 차이를 보이는 다층음의 음악이 생성된다. 여기에는 애통의 표현을 위한 다양한 수단, 즉 멜로디, 리듬, 악장기법 등의 방법이 활발하게 사용된다. 17세기의 바로크 시기에는 독창곡 양식이 전면에 대두된다. 강한 격정의 멜로디가 오페라와 오라토리오의 멜로디를 지배한다. 18세기에는 스페인, 이탈리아, 프랑스, 독일에서 다수의 작곡가에 의한 음악적 전이의 변용이 이루어진다. 20세기의 예배예식에는 고전적 애도노래의 비중이 중세나 근세에 비해 상대적으로 약화된다.

미국 작곡가 번스타인(Bernstein)은(1918-90) 세계제2차대전 기간 동안(1942) 〈예레미야 1번 심포니〉를 작곡한다. 번스타인은 그 시대의 가장 훌륭한 지휘자의 한 사람으로 손꼽힌다. 예레미야 심포니는 예언자 예레미야의 성서이야기에 의거하는 강령적 작품이다. 1944년 1월 8일에 초연된 작품은 같은 해 3월 29일 뉴욕의 카네기홀에서 재연된다. 1번 심포니는 예언, 신성모독, 애통의 세 악장으로 구성된다. 메조 소프라노에 의해 불리는 세 번째 악장에 사용된 텍스트는 히브리어 성서의 애가 1장 1-3절, 1장 8절, 4장 14-15절, 5장 20-21절이다. 번스타인의 심포니는 1944년 뉴욕 음악비평가 협회에서 수여하는 가장 훌륭한 작품상을 수상한다.

3. 시편의 시학

시편은 운문으로 쓰여진 최고의 종교문학이다. 모두 150편의 시가 수록된 방대한 모음집은 히브리 문학의 보화라 할 수 있다. 시편은 수백 년의 세월이 지나는 동안 교회예배의 순서를 구성하는 중요한 요소로 정착된다. 이것은 기독교인이 구약의 어느 문서에도 시편처럼 편안하게 느끼지 못한다는 사실을 말해준다. 여기에는 성도가 예수 그리스도에서 자신을 충만하게 드러내는 하나님과 직접 마주할 수 있다. 그는 교회의 예배예식에서 시편의 낭송과 묵상을 통해 하나님의 사랑과 의를 체험할 수 있다.

시편의 히브리어 명사 'tehillim'은 칭송, 찬미가의 뜻이다. 여기에 해당하는 그리스어 'psalterion'은 하프와 같은 고대 현악기의 이름이다. 시편이 갖는 강한 음악성은 이미 어원의 의미에 내재해있다. 후세에 활발하게 전개된 시편의 음악적 수용사는 여기에서 이미 이해된다. 시 텍스트의 끝에 자주 등장하는 용어 '셀라'(selah)는 어원과 정확한 의미가 알려져있지 않다. 그러나 악기의 반주를 위한 음악적, 예식적 지표로 받아들여진다. 시의 낭송에도 해당되는 지표는 39개의 시편에 71회 등장한다.

대부분의 시편에는 여러 형태의 제목이 표기되어 있다. 그 내용은 간략한 저자의 지시에서 오늘날에는 거의 이해할 수 없는 음악적 지시를 거쳐 다소 기다란 상황설명에 이른다. 이들은 본문의 이해를 돕기 위해 추후의 편집과정에서 시의 상단에 넣어진 것으로 보인다. 저자로 추정되는 이름의 표기에서 가장 빈도가 높은 것은 73개의 장을 포괄하는 다윗 왕의 표기이다. 그밖에 11개의 장에 '고라(Korach) 자손'이, 12개의 장에 아삽(Asaph)이 명명된다. 두 명칭의 인물은 초기의 성전음악가이다. 고라의 시편에는 42편, 44-49편, 84, 85, 87, 88편이, 아삽의 시편에는 50편과 70-83편이 소속된다.

어떤 근거에 의한 것인지는 확실히 알 수 없으나 150개의 시편은 다섯 부분으로 나누어 편성된다. 이로써 다섯 권의 율법서에 다섯 편의 노래가 대응된다. 제1권에는 1-41편, 제2권에는 42-72편, 제3권에는 73-89편, 제4권에는 90-106편, 제5권에는 107-150편이 소속된다. 각기의 책의 마지막에는 편집의 산물인 송영(Doxologie)이 주어진다. 영광을 뜻하는 그리스어 명사 'doxa'에서 생성된 송영은 예식의 형식으로 하나님의 영광을 칭송하는 노래이다. 제5권의 마지막에는 별도의 송영이 없다. 150편 자체가 칭송의 노래이다. 결과적으로 150편의 시편 전체가 칭송의 부름이라 할 수 있다.

시편은 칭송, 감사, 애통, 지혜, 순례의 시편 등 다수의 유형으로 분류된다. 여기에 신뢰와 예언의 시편이 추가되는 경우도 있다. 애통의 시편은 고난시편, 칭송의 시편은 찬가로 명명되기도 한다. 칭송의 시편에는 8, 42, 43편, 감사의 시편에는 30, 100, 136편, 애통의 시편에는 6, 12, 38편 등이 소속된다. 시편의 어원에 부응하는 칭송의 시편은 도입부, 본문(칭송의 전개), 결어의 3원적 구성도식에 의거한다.

다윗의 작품으로 표기된 시편 8편은 창조주의 영광과 인간의 존엄을 칭송하는 노래이다. 열 행의 시는 하나님의 만유의 주권에 이어 인간과 함께하는 하나님의 길을 칭송한다. 아름다운 주님의 이름에 대한 찬양이 시의 처음과 나중을 둘러싸고 있다. 하나님의 성스러움에 대한 동경을 노래하는 시편 42편과 43편은 동일하게 찬양의 문장도식 "내가 여전히 하나님을 찬송하리로다"로 끝난다(시 42:11, 43:5). 시편의 주된 장르인 칭송시편은 후세의 찬가를 위한 모형으로 인정된다.

찬가와 대조되는 애도의 시편, 즉 슬픔의 노래는 보통 부름(호소), 애통, 신뢰의 고백의 세 단계로 전개된다. 여기에 자주 청원과 칭송의 약속이 추가된다. 애도의 명칭은 세 단계의 둘째 단계인 애통에 기인한다. 기도시에 속하는 시편 6편에는 열 행의 중심에 위치하는 여섯째 행을 구성하는 애통의 정감이 시의 정점을 형성한다(시 6:6).

> 내가 탄식함으로 피곤하여 밤마다 눈물로 내 침상을 띄우며 내 요를 적시나이다

애도의 시편에는 적지 않은 경우 하나님의 떠남에서 구원의 확신으로의 교체가 이루어진다. 애통은 드물지 않게 하나님의 구원을 향한 기도가 감

사와 찬양으로 넘어가는 전환점에 도달한다. 일곱 편의 참회시편에는 이와 같은 전환의 성향이 뚜렷하게 감지된다(6, 32, 38, 51,102,130,143편). 참회시는 죄의 고백을 주제로 삼는 일연의 시이다. 일곱 참회시는 102편과 130편을 제외하면 모두 참회자의 모형인 다윗 왕이 저자로 간주된다. 기독교의 기도전통에는 6세기 이후 150개의 시편 가운데 일곱 개가 참회시로 규정된다. 참회시의 숫자 7은 3세기에 죄의 용서를 위해 명명된 일곱 수단으로 거슬러 올라간다. 유대의 참회예식, 즉 거대한 참회의 날에는 시편 130편과 함께 고귀한 사랑의 아가 103장이 낭송된다.

제6참회시에 해당하는 130편은 첫행의 라틴어 구문에 따라 'De profundis'(깊은 고통에서)로 명명된다. 라틴어 명칭 'De profundis'는 후세의 시인에게 고난시 집필의 모형으로 받아들여진다. 여덟 절로 구성된 시는 처절한 내면의 절규로 시작된다. 그러나 들음의 청원(1-4절), 나의 기다림(5-6절), 그리고 영혼의 희망(7-8절)을 거쳐 하나님의 속죄와 구원에 관한 축원으로 종식된다. 시의 첫절과 마지막 절은 간청과 응답의 관계에 있다.

130:1 여호와여 내가 깊은 곳에서 주께 부르짖었나이다
130:8 그가 이스라엘을 그의 모든 죄악에서 속량하시리로다

시편 130편은 후세의 교회예식과 음악에 활발하게 수용된다. 가톨릭교의 기도서에는 수요일 밤기도의 일부를 형성한다. 교회의 찬송가책에는 130편의 본문에 관한 몇 편의 시편노래가 수록되어 있다. 음악적 가공에는 해석의 차이에 관계없이 도입시행 '깊은 고통에서'가 전체작품의 분위기를 조성하는 열쇠의 역할을 한다.

바흐는 시편을 칸타타 전체의 작곡을 위한 기초로 삼고 있다. 시편 51편을 비롯한 23개의 시편이 음악세팅으로 이전된다. 고전적 칸타타 〈깊은

고통에서〉(BWV 131)는 시편 130편의 음악적 가공이다. 22세의 젊은 나이에 제작된 처녀작(1707년 혹은 1708년)은 바흐가 남긴 가장 오래된 칸타타의 하나로 이미 높은 수준의 구성기술을 보여준다. 음악작품의 구성은 성서본문에 맞게 5부의 대칭구조로 되어있다. 가운데 위치한 제3부의 합창을 중심으로 앞뒤에 작은 독창곡과 아리아가 배치된다. 전체를 둘러싸는 제1부와 제5부의 합창 역시 제3부를 중심축으로 대칭을 형성한다.

네덜란드 바흐 협회에 의해 주관된 2015년 5월의 교회공연은 지휘자 반 벨트호펜(Van Veldhofen)에 의해 인도된다. 전체의 진행에 19분 5초가 소요되는 공연에는 다섯 개의 파트에 문장형식의 표제가 표기되어 있다. 제1부의 합창제목은 '깊은 곳에서 내가 부르짖나이다', 제2부의 독창곡은 '그리하여 당신은 원합니다, 주여', 제3부의 합창은 '나는 주님을 기다린다', 제4부의 아리아는 '내 영혼이 주님을 기다린다', 제5부의 합창은 '이스라엘이 주님을 희망하다'이다. 다섯 개의 표제는 시편 130편의 구성에 대응한다. 즉 제1부는 130편 1절, 제2부는 2-4절, 제3부는 5절, 제4부는 6절, 제5부는 7절의 반영이다.

시편의 시학은 시편 연구의 중요한 영역이다. 여기에는 형식, 구성, 문체를 비롯하여 리듬, 시연, 음향, 생성과 수용 등이 다루어진다. 시연, 리듬, 음향은 서로 연계되어 있다. 시편의 형식과 내용을 수용한 후세의 서정시 역시 시학적 관찰의 대상이 된다. 생성시학의 영역에서 유의할 점은 추후에 이루어진 편집작업이다. 시편의 구성방식에 관한 상이한 데이타에 의하면 시편의 텍스트는 단계적으로 형성된다. 그 과정에서 자주 무시할 수 없는 변수가 발견된다. 편집의 가공에 관한 연구는 시편시학에서 간과할 수 없는 영역이다.

시편에 사용된 문체와 어법의 특징은 병행, 반복, 나열, 대비, 축적 등이다. 수사적 표현형식에 속하는 다양한 개념들은 그리스 서정시, 나아가 20

세기 유럽 현대시의 형식과 구성에까지 영향을 미친다. 음향현상과 함께 가장 중요한 시행구성의 요소는 병행이다. 병행에 해당하는 라틴어 명사 'membrorum'은 옛동방의 문학적 언어형식이다. 통일된 소단위를 구성하는 두 개(혹은 세 개)의 시행은 병행의 관계에 있다. 나중의 시행은 앞의 시행을 다른 형태로 반복하거나 확대, 보완한다. 서로 대립하는 경우도 적지 않다. 이와 같은 시행구조는 낭송, 특히 두 사람에 의한 교체낭송의 경우 뚜렷한 효과를 발휘한다.

원래 모음이 없는 히브리어 시행에는 음절의 부재로 인해 그리스 서정시와 같은 율격과 운율이 존재하지 않는다. 따라서 시형식의 다양한 유형은 제한된다. 그 대신에 단어와 문장의 부분적, 전체적 일치로 동일음향이 조성된다. 이로 인해 시행과 시연 사이의 관계가 밀착된다. 후렴은 음향과 내용이 일치하는 반복형식이다. 시 전체의 구성과 진행에서 특정부분을 부각시키는 후렴은 고전가곡이나 합창곡에 즐겨 사용된다. 칭송의 노래인 시편 42편에는 5절과 11절이 후렴의 역할을 한다.

> 내 영혼아 네가 어찌하여 낙망하며
> 어찌하여 내 속에서 불안해하는고

동일문장이 시의 중간과 마지막에 배치된 것은 특별한 의미가 있다. 서로 나누어진 제1부와 제2부가 하나로 연결되기 때문이다. 자신의 내면을 향한 강한 회의의 절규는 두 단락을 맺어주는 고리이다. 의문문 시행의 반복은 시의 서두에 제시된 '여호와의 갈망'을 역설적으로 표현한다. 흥미롭게도 42편의 구성을 특징짓는 후렴은 다음 장의 마지막 절(43:5)로 이어진다. 이로 인해 43편은 자연스럽게 앞장에 연결된다.

문장과 시행의 첫머리가 서로 중첩되는 두어첩용은 운문문학에서 가장 활발하게 사용되는 수사형식이다. 시편에서 두어첩용을 형성하는 대상은 '주님', 하나님과 같은 주어, '찬양하라', '송축하라', '감사하라', '노래하라'와 같은 명령형 동사, '복되도다', '슬프도다', '아'와 같은 감탄사 등 다양하다. 문장의 처음에 호격명사 '주님'을 거듭하여 부르는 것은 여호와신에 대한 높은 존경을 나타낸다.

명령동사 '찬양하라'의 반복은 찬가의 기본형식이다. 신구약성서에 등장하는 대부분의 찬가가 유사한 방식을 취하고 있다. 신약의 찬가 역시 시편처럼 '찬양하라'로 시작하는 경우가 적지 않다. 비인칭 대명사 주어의 두어첩용은 초자연의 존재에 대한 경외의 표시이다. 특히 비인칭주어의 시간서술은 시간의 초월성과 종말성을 표현한다. 인간의 한계를 벗어나는 초지상의 어법은 종말의 정감과 사상을 표현하는 현대시인의 작법에 영향을 미친다.

병행의 방식은 반복과 연결된다. 시편 29편에는 명사구 주어 '여호와의 소리'가 문장의 처음에 여섯 차례나 반복된다(29:3, 4, 5, 7, 8, 9). 이로 인해 창조주의 전능한 힘이 다양한 형태로 표현된다. 감사의 시편인 제136편은 26절의 모든 시행이 '그 인자하심이 영원함이로다'로 끝난다. 이와 같은 총체적 동일화는 시 전체를 통일된 맥락에서 읽게 한다. 하나님에 대한 감사의 근원인 '영원한 인자함'은 시의 진행을 인도하는 표지판이다.

시편의 마지막 작품 150편은 장엄한 '할렐루야' 노래이다. 일곱절의 시는 '할렐루야'로 시작하여 '할렐루야'로 마감된다. 표제를 형성하는 감탄어 '할렐루야'는 시 전체를 둘러싸는 틀이다. 이로 인해 칭송의 노래인 찬가의 성격이 분명하게 드러난다. 히브리어 감탄어 '할렐루야'는 '주를 찬양하라'를 뜻한다. ('hallelujah'의 마지막 음절 'jah'는 'Jahweh'의 약어 'Jahwe'에 연유한다.) 다른 다섯 절은 모두 이인칭 복수의 명령동사 '찬양하라'로 시작된다. 이것은 다섯 겹의 병행구조이다. 시편의 종결시에 구사된 순환과 병행의 이중기법은 찬가의 주제인 '위대한 축송'을 강화하는 기능을 지닌다.

시편의 영향사는 문학과 음악에서 오랜 세월에 걸쳐 지속된다. 이미 초기그리스 서정시에 시편의 여운이 분명하게 감지된다. 이에 관해서는 도움을 줄만한 연구자료가 존재한다. 뮐러(Müller)는 〈성서잡지〉 제47권에 기고한 2003년의 논문 〈시편과 초기그리스 서정시〉에서 세 개의 실례를 들어 히브리 시문학이 그리스 서정시에 이입된 구체적 양상을 찬가, 애가, 감사노래 등의 장르에 따라 분류하여 분석하고 있다. 마지막으로 시편의 수용사와 영향사가 서술된다.

진취적 성향을 지닌 현대시인도 시편에서 새로운 창작의 영감과 착상을 발견한다. 참회시편 130편이 20세기 고난시에 미친 영향에 관해서는 이미 지적한 바 있다. 시편의 고전으로 인정받는 유명한 시편 23편, 특히 23편 제4절의 선행구절은 오늘날에도 기독교 시의 생성을 위한 착상의 토양을 제공한다.

　　내가 사망의 음침한 골짜기로 다닐지라도

시편의 음악적 수용은 매우 풍성한 양상을 보인다. 150편으로 구성된 모음집에 수록된 시들은 수많은 음악가에 의해 다양한 방식으로 가공된다. 시적 기도는 원래 음악의 근원에서 구상되고 작성된다. 이렇게 해서 탄생한 시작품은 수많은 작곡가에게 창작의 충동을 불러일으킨다. 지난 몇 세기에 걸쳐 보여진 합창곡의 화려한 스펙트럼은 〈시편 합창집〉에서 확인할 수 있다. 6세기 동안의 혼성합창 50편이 수록된 합창집은 상이한 양식의 시편 멜로디가 집합된 진정한 보화이다. 여기에는 부분적으로 오르간과 피아노 반주가 동반된다. 청중의 영혼을 움직이는 새로운 형태의 음악작품은 예배의식과 음악회를 신선하고 풍요롭게 만드는 동인이다.

제2장 신약의 운문

1. 공관복음의 운문

세 편의 공관복음에는 운문텍스트가 상대적으로 제한되어 있다. 그러나 마태복음과 누가복음에는 운문의 단락과 구절이 중요한 대목에 등장한다. 마태의 산상수훈에 나오는 주님의 기도는 하나의 범례이다. 마태복음 6장 9절에서 13절에 이르는 다섯 절은 다수의 청원, 찬양의 말씀인 송영, '아멘'으로 표명된 찬탄의 세 부분으로 구성된다. 예수님이 스스로 제자들에게 가르쳐준 귀한 기도문은 루터 성서 개역본에 굵은 글자체의 운문으로 표기되어 있다.

열 개의 시행에서 전반의 여섯 행은 독립된 단일시행이며, 두 개의 복합문장으로 구성된 후반의 네 행은 두 행에 걸쳐있다. 상대적으로 길게 서술된 마지막 구문은 산문형식으로 서술된다. 전반부의 3행에 연결된 결구는 '당신의 나라'의 영광을 구가하는 송영이다. ( )속에 표기된 이 부분은 결코 소홀히 취급될 수 없는 중요한 대목이다. 주님의 기도의 포인트는 하나님나라의 영광을 칭송하는 것이다.

나라와 권세와 영광이 아버지께 영원히 있사옵나이다

주님의 기도는 교회사와 음악사에서 여러 상이한 형식으로 작곡된다. 그레고리오 성가가 대표적 예이다(EG 186). 그레고리오 성가는 로마 가톨릭교회의 성스러운 라틴어 노래이다. 운문의 기도문이 거듭하여 음악으로 이전된 것은 그 속에 내재된 리듬의 특성을 지시한다.

누가복음에는 운문의 시행이 자주 발견된다. 특히 문서의 서두를 구성하는 예수님의 출생이야기에는 두 편의 찬가가 등장한다. 하나는 엘리자벳의 축원에 대한 화답으로 주어진 마리아 찬송이고(눅 1:46-55), 다른 하나는 예수님과 세례 요한의 출생을 알리는 사가랴의 예언의 찬양이다(눅 1:68-79). 마리아 찬송은 후일 라틴어 명칭 'magnificat'로, 사가랴 찬양은 'benedictus'로 정착되어 가톨릭 미사의 찬송가 가사로 선정된다. 두 편의 찬가는 이어지는 시므온 찬양(Nunc dimittis)과 함께 시편에 근원을 둔 섬서시의 노래에 속한다.

마리아의 아름다운 노래는 시의 형식으로 작성된 문학적 찬가이다. 저자의 수려한 문체가 구사된 열 절의 운문은 풍부한 음악성을 지니고 있다. 바흐(Bach)의 〈성모 마리아 찬가〉는 라틴어 기도문 'Ave Maria'의 인기있는 음악세팅이다. 낭만주의 작곡가 구노(Gouno)는 바흐의 제1악장 버전을 다장조로 변화시킨다. 라틴어 텍스트로 완성된 12곡의 작품은 1859년에 출간된다.

칭송시편의 형식을 본딴 마리아 찬양에는 '은혜를 입은' 마리아의 개인 감정이 표현되어있다. 열 절의 찬가를 열어주는 도입부는 '나'의 찬양에 대한 근원을 노래한다(1:46-48).

1:46 내 영혼이 주를 찬양하며
1:47 내 마음이 하나님 내 구주를 기뻐하였음은
1:48 그의 여종의 비천함을 돌보셨음이라

위의 세 행 가운데 앞의 두 행은 사무엘의 출생을 감사하며 한나가 부른 찬양기도의 서두와 거의 일치한다(삼상 2:1).

내 마음이 여호와로 말미암아 즐거워하며 ...
이는 내가 주의 구원으로 말미암아 기뻐함이니이다

'나'의 내면의 상황을 노래한 두 행에 이어진 셋째 행은 시편 113편에 나오는 여호와 찬미의 여운이다(시 113:6, 8).

(여호와는) 스스로 낮추사 천지를 살피시고
또 잉태하지 못한 여자로 자녀의 즐거운 어미가 되게 하시는도다

마리아 찬양의 처음 두 행은 일인칭 주어의 형식으로 '찬양과 기쁨'을 노래한다. 그 이유는 셋째 행에서 밝혀진다. 여기에서 찬양의 주체는 '주님의 여종'으로 표기된다. 보잘것없는 갈릴리 여인이 귀한 '하나님의 하녀'가 된다. 마리아의 겸손은 '비천한 자'인 자신에게 주어진 영예를 감당할 수 없다는 사실에 기인한다. 이와 같은 자기비하의 자세에는 고귀한 소명에 대한 의식이 내포되어있다. 이어지는 수동의 서술부 '축복받을지어다'는 이 사실을 뒷받침한다(눅 1:48).

사가랴 찬양을 지시하는 라틴어 명사 'benedictus'의 동사 'benedicere'는 'bene'(좋다)와 'dicere'(말하다)의 합성어로 '축복하다'를 뜻한다. 'benedictus'는 후세의 유대작가에게 고난을 이기는 축복송의 모델로 받아들여진다. 선행하는 마리아 찬송과 유사한 사가랴의 노래는 새로운 메시아의 소망을 지시하는 구약의 여러 구절에 연결되어있다. 열두 절에 걸친 노래는 이스라엘 민족에게 약속된 구원의 선포를 칭송한다. 이것은 이사

야가 노래한 소망의 예언을 상기시킨다.

전체의 내용은 두 부분으로 나누어진다. 전반의 여섯 행은 다윗의 자손을 통한 하나님의 구원을 서술하며(1:68-73), 후반의 여섯 행은 세례 요한의 미래의 사명과 예수님의 오심을 송축한다(1:74-79). 종반부에 속하는 1장 78절은 예수님의 구원사역을 특별한 비유서술을 통해 예언한다.

이로써 돋는 해가 위로부터 우리에게 임하여

위의 시행에 표현된 고귀한 비유상 '높은 곳에서(anatole) 임하는 태양'은 다음 행의 지적처럼 어둠의 해방을 가져오는 빛으로서의 예수님을 지시한다. 열두 행의 찬가는 어둠을 비추는 그리스도의 존재를 기리는 장엄한 축송으로 마감된다.

출생사 이야기에는 별도의 후속기사가 따른다. 그것은 성전에서 거행된 아기 예수의 봉헌예식에 관한 귀중한 보고이다. 여기에는 예식을 주관한 노인 시므온이 '성령의 감동으로' 부른 노래가 제시되어 있다(눅 2:29-32). 네 절의 시므온 찬송은 라틴어 성서 '불가타'(Vulgata)에 의거하여 'Nunc dimittis'로 명명된다. 두 개의 단어로 구성된 특별한 명칭은 첫행의 종결 구절 '이제 놓아주시는도다'의 라틴어 번역이다.

네 절의 둘째 행은 '주의 구원을 본' 나의 확신을 고백한다. 이어지는 두 행은 주님이 수행할 구원의 내용과 의미이다. 셋째 행에는 구원의 사역이 '만민 앞에 예비된' 것이라는 사실이 지적된다. 마지막 넷째 행에는 '이방의 빛'과 '이스라엘의 영광'이 송축된다(2:32).

이방을 비추는 빛이요 주의 백성 이스라엘의 영광이니이다

위의 종결행의 전반은 사가랴 찬양의 결구인 1장 79절과 유사하다. "어둠과 죽음의 그늘에 앉은 자에게 비치고". 두 편의 찬가는 마지막에 이르러 동일하게 '어둠의 빛'인 그리스도의 사역을 칭송한다. 이것은 요한복음 서곡에 명시된 예수님 오심의 의미와 통한다(요 1:5).

빛이 어두움에 비취되 어두움이 깨닫지 못하더라

제4복음서에 속하는 요한복음에는 운문의 시행이 선호된다. 요한문학이라는 별칭은 복음서가 갖는 문학적, 시적 특성을 지시한다. 예수님의 중요한 설교와 담화는 자주 운문형식으로 표현된다. 니고데모와의 대화이야기에 이어지는 영생과 구원의 선언(요 3:16-21), 새로운 사랑의 계명(13:34-35), 대제사장의 기도(17:20-21)가 여기에 속한다. 새로운 탄생, 즉 거듭남의 주제를 다루는 서두의 방대한 단락은 여섯 행에 걸친 복음의 선포로 정상에 도달한다(3:16-21). 전통적 교회설교에 자주 인용되는 3장 16절은 2행시로 읽을 수 있다.

하나님이 세상을 이처럼 사랑하사 독생자를 주셨으니
이는 그를 믿는 자 마다 멸망하지 않고 영생을 얻게 하려 하심이라

첫행의 중심을 형성하는 하나님의 사랑은 모든 것을 포용한다. 이 사랑은 믿는 자에게 영생을 선사하는 복음의 사랑이다. 문장의 후반에 언급된 '독생자'는 요한복음 서곡의 여운이다(1.18). 둘째 행의 서두에 사용된 완료형 시제는 믿는 자가 이미 영생을 소유하고 있음을 나타낸다. 이어지는 두 절은 이와 같은 사실을 계속해서 설명한다.

요한복음의 프롤로그를 장식하는 로고스 찬가를 비롯하여 '나는 이

다'(ego eimi)의 문장도식에 의거한 비유담화는 대부분 운문으로 읽을 수 있다. 일곱 개의 자기계시 증언의 첫 단계인 '생명의 떡' 설교의 중심에 위치한 세 절은 운문으로 바꾸어 읽을 때 그 의미가 보다 훌륭하게 전달된다(요 6:48-50).

> 내가 곧 생명의 떡이니라
> 너희 조상들은 광야에서 만나를 먹었어도 죽었거니와
> 이는 하늘에서 내려오는 떡이니
> 사람으로 하여금 먹고 죽지 아니하게 하는 것이니라

네 행의 구성에서 전반과 후반은 대조적으로 서술된다. 특히 2행과 4행은 극명한 대립관계에 있다. 하늘의 빵은 영생으로 인도하는 반면 조상이 먹은 만나는 죽음을 막아줄 수 없다.

마지막 자기계시 증언의 사례인 참된 포도나무의 비유담화에서 중심을 형성하는 15장 5절은 보다 명료한 운문의 표현이다.

> 나는 포도나무요 너희는 가지라
> 그가 내 안에 내가 그 안에 거하면
> 사람이 열매를 많이 맺나니
> 나를 떠나서는 너희가 아무것도 할 수 없음이라

위의 네 행에는 전반의 조건에서 후반의 결과가 유도된다. 포도나무와 가지의 혼연일체는 풍성한 열매의 수확을 가져온다. 제자들은 예수님에게 완전히 소속될 때만이 존재의 의미를 갖는다.

2. 바울서신의 운문

바울서신에는 여러 곳에 찬가의 문체가 구사된다. 로마서의 서언 및 맺음말, 고린도전서의 '사랑의 아가', 그리스도 찬가가 대표적 사례이다. 바울서신의 기본문서인 로마서는 장엄한 고별의 송영으로 마감된다(롬 16:25-27). 세 절로 구성된 종결단락에서 앞의 두 절은 이미 여러 차례에 걸쳐 언급된 복음의 주제를 '신비의 계시'로 다시 표현한다. '예수 그리스도의 전파'로 정의된 복음에는 '계시된 신비'가 소속된다. 아울러 하나님에게 속한 두 가지 본질적 속성, 즉 '견고하게 함'과 '지혜로움'이 지적된다. 마지막 행은 그리스도에 의해 주어질 영원한 하나님 영광의 축원이다(16:27).

지혜로우신 하나님께 예수 그리스도로 말미암아 영광이 세세무궁하도록 있을지어다 아멘

목회서신에 속하는 디모데전서 3장 16절은 위대한 '믿음의 비밀'을 여섯 행의 운문으로 노래한다. 예수 그리스도의 존재는 동일형식에 의해 여섯 단계로 개진된다.

그는 육신으로 나타난바 되시고
영으로 의롭다함을 받으시고
천사들에게 보이시고
만국에 전파되시고
세상에서 믿은바 되시고
영광 가운데 올려지셨느니라

세 개의 2행형 시행으로 구성된 찬가에서 예수 그리스도는 3인칭단수 대명사 '그'로 표기된다. 여섯 행의 진행에는 지상과 천상에서 이루어지는 그리스도의 승리가 구가된다. 그는 천사에게 새로운 기적으로 나타나고 모든 민족에게 복음으로 전파된다. 마지막으로 지상의 성도에 의해 천상의 영광으로 올려진다.

데살로니가전서에서 종결의 경고에 나오는 강한 권면의 말씀은 짤막한 시행의 연속이다(살전 5:16-22).

> 5:16 항상 기뻐하라
> 5:17 쉬지 말고 기도하라
> 5:18 범사에 감사하라 …
> 5:19 성령을 소멸하지 말며
> 5:20 예언을 멸시하지 말고
> 5:21 범사에 헤아려 좋은 것을 취하고
> 5:22 악은 어떤 모양이라도 버리라

일곱 절의 단락은 5장 18절의 후반을 제외하면 전체가 운문의 시행이다. 이 부분은 앞 문장의 이유를 설명하는 후속문장이다. 일곱 행 가운데 네 행은 '이인칭복수 명령문 … 하라'로 끝난다. 서술형식으로 표현된 나머지 세 행도 명령문과 유사한 기능을 발휘한다. 서신의 저자는 간결한 명령의 화법을 통해 일곱 권면의 내용을 강화하고 있다.

바울서신 이외에 히브리서, 베드로전서, 요한1서의 서언도 부분적으로 운문형식을 취하고 있다. 히브리서 1장 1-4절은 자신의 아들을 통한 하나님의 말씀을 증언하는 중요한 단락이다. 형식의 면에서 찬가의 형식을 취한 그리스도의 칭송이다. 여기에는 그리스도에 관한 여덟 개의 진술이 제시된다. 그리스도는 영원한 본질에서 눈에 보이는 하나님의 '영광의 광채'이다. 즉 하나님의 본질을 구현한다. 1장 3절은 바울서신에 속하는 빌립보서와 골로새서의 '그리스도 찬가'에 유추된다.

이는 하나님의 영광의 광채시요 그 본체의 형상이시라

위의 시행에서 명사 '본체'는 빌립보서 2장 6절, 이어지는 '형상'은 골로새서 1장 15절에 사용된 어휘이다. 이렇게 볼 때 히브리서의 서두에 제시된 그리스도의 칭송은 바울서신의 그리스도 찬가와 같은 위치에 있다. 히브리서에는 빌립보서와 골로새서에 등장하는 용어가 다시 발견된다.
'살아있는 소망'을 서술하는 베드로전서 1장 3-5절은 고양된 언어로 표현된 장엄한 찬가이다. 시를 열어주는 첫절은 전형적인 찬가의 문체를 보여준다(벧전 1:3).

우리 주 예수 그리스도의 아버지 하나님을 찬송하리로다

서로 긴밀하게 연결된 세 절은 초대기독교 세례의식에서 새로이 세례받은 자를 위해 부르는 환영의 노래로 수용된다. 저자는 문서의 서두에서 환호의 언어를 통해 억눌린 기독교인에게 용기를 불어넣고 있다. 시를 마감하는 마지막 절에는 구원의 믿음에 의한 '하나님 능력의 보호'가 약속된다(벧전 1:5).
'그리스도 찬가'는 신약성서에서 시와 노래로 기독교 신앙고백을 포함하는 텍스트를 말한다. 특히 예수 그리스도를 내용으로 삼는 시, 노래, 찬가이다. 여기에는 다수의 찬가가 포함된다. '그리스도 찬가'의 주된 특징은 서언의 제시, 주어의 교체, 운율의 시행, 시의 언어와 문체이다. 찬가의 인용은 초대교회에서 신약에 수록된 서신의 수신자에게 잘 알려져있다. 그리스도 노래의 전통은 원시기독교의 '그리스도 찬가'로 이어진다.

바울서신에는 '그리스도 찬가'가 여러 문서에 등장한다. 빌립보서 2장 6-11절, 골로새서 1장 15-20절, 에베소서 1장 3-14절이 대표적 사례이다. 에베소서 1장 3-14절은 그리스도의 구원사역에 대한 하나님의 구원계획을 칭송하는 기다란 서곡이다. 열두 절의 찬가는 아버지의 선택(엡 1:3-6), 그리스도 안에서 실현된 하나님의 계획(1:7-10), 성도의 직분(1:11-14), 세 부분으로 구성된다. 찬가를 열어주는 첫절은 찬양의 도식 '찬송하리로다'로 시작된다.

빌립보서 2장 6-11절과 골로새서 1장 15-20절은 바울에 의해 작성된 '그리스도 찬가'의 에센스이다. 서로 이어진 두 문서의 서두에 제시된 여섯 행의 단락은 원시기독교의 찬양에 연결되어 있다. 빌립보서의 찬가에서 그리스도의 존재는 아래의 세 행으로 요약된다.

> 2:6 그는 근본 하나님의 본체시나
> 2:7 오히려 자기를 비어 종의 형체를 가져
> 2:9 이러므로 하나님이 그를 지극히 높여

처음의 두 행은 하나님의 본성을 지닌 그리스도가 스스로를 '낮춘' 겸손을, 마지막 행은 이로 인한 하나님의 '높임'을 송축한다. 그리스도의 존재는 여기에서 양극의 대비에 의한 역전의 논리에 근거한다. 가장 높은 하나님의 아들은 가장 낮아짐으로써 하나님께 영광을 돌린다(2:11). 그리스도를 규정하는 2장 6절의 서술에서 명사 '본체'에 해당하는 그리스어 명사 'morphe'는 영속적 형상을 가리킨다. 'hyparchon'에 해당하는 문장의 동사 '이다' 역시 불변의 속성을 나타낸다. 이어지는 2장 7절에는 '하나님의 본체'가 '종의 형체'로 비하된다.

골로새서의 찬가 역시 빌립보서처럼 여섯 행으로 짜여져 있다. 그 중심 내용은 그리스도의 존재로 인한 '하나님의 충만'이다.

1:15 그는 보이지 않는 하나님의 형상이요

1:18 그는 몸인 교회의 머리시라

1:19 아버지께서는 모든 **충만**으로 예수 안에 거하게 하시고

1장 15절의 서술에서 '그'를 규정하는 명사구 '하나님의 형상'은 창세기의 인간창조에 제시된 동형상의 개념을 상기시킨다(창 1:26-1.27). 여기에서 '형상'에 해당하는 그리스어 명사 'eicon'은 인칭에 관계된다. 즉 선재한 하나님의 아들에서 이해된다. 이어지는 18절에 표현된 명사구 '몸의 머리'는 그리스도와 교회의 특별한 관계를 나타내는 용어이다.

1장 19절에서 '예수안에 거하다'를 수식하는 부사구 '모든 충만으로'는 하나님 아버지와 그리스도의 일체관계, 특히 그리스도에게 주어진 최고의 위치를 지시한다. 골로새서의 세 행은 앞에 제시된 빌립보서의 세 행과 유추관계에 있다. 그리스도의 존재는 모두 3인칭 대명사 '그'에 의해 대언된다. '하나님의 형상'은 '하나님의 본체'와, '본체의 드높임'은 '교회의 머리'와 서로 대응한다. 빌립보서의 주제인 그리스도의 영화는 골로새서에서 '하나님의 충만'으로 나타난다.

3. 요한계시록의 천상찬가

신약성서의 마지막을 장식하는 문서인 요한계시록은 운문이 가장 활발하게 사용된 신약의 문서이다. 주로 중요한 장면의 중간이나 마지막에

등장하는 노래나 합창은 드라마의 진행에 입체효과를 부여한다. 초대교회의 예배예식에 유래하는 찬양은 그리스 비극에 나오는 합창곡과 유사한 기능을 발휘한다. 어린양에 대한 두 차례의 경배가 여기에 해당된다(계 5:12-13, 15:3-4). 보좌의 두루마리를 교부받는 어린양의 존귀와 영광을 칭송하는 앞부분은 입체적 특성을 지닌 거문고 소리의 합창이다.

운문의 단락에는 숭고한 찬송뿐만 아니라 슬픔과 저주의 노래도 포함된다. 바빌론 심판의 애가(계 18:16-24)는 서두에 등장하는 네 생물과 24장로의 찬가(4:11)와 대조된다. 동방대왕의 궁정예식과 유사한 천상옥좌의 경배에 불려진 궁정대신의 노래는 새로운 천지창조의 찬양이다. 장엄한 찬양을 열어주는 부름의 구절 '우리 주 하나님이여'는 로마제국 도미티안(Domitian) 황제의 호칭, 즉 '우리의 주이며 신이여'에 대한 거부이며 반박이다.

바빌론 심판의 애가는 세 개의 노래로 구성된다. 이들은 각기 서로 다른 주체인 상인, 선원, 힘센 천사에 의해 불린다. 전반의 두 편은 모두 급박한 불행의 도래를 알리는 어구 '아 슬프다'의 반복으로 시작된다. "화 있도다 화 있도다 큰 성이여." 나중의 경우에는 하나님의 심판에 의한 성도의 기쁨이 함께 노래된다. 마지막 한 편에는 바빌론 성의 완전한 소멸이 '큰 맷돌에 의해 바다에 던져지는' 비유의 형식으로 표현된다. 애가의 결구에는 '성도의 피'로 인한 의의 심판이 다음 장의 새로운 승리찬가를 준비한다.

요한계시록은 활발한 찬가의 사용으로 찬가의 복음으로 불린다. 20세기 후반 이후 대두된 의미있는 명칭은 묵시문서의 성격을 규정하는 또다른 범주이다. 여기에는 구원의 복음에 의거한 하나님과 어린양의 찬양이 중심에 놓여있다. 저자 요한이 전승된 천상예식 찬양에서 문서의 줄거리 전개를 위한 유용한 거점을 발견한 것은 놀라운 일이 아니다. 서두의 도입환상인 보좌의 전당 장면의 중심을 형성하는 이중찬가는 다원적으로 구성된 문서의 전개를 인도하는 동력이다. 영적 계시의 복음가 요한은 초기묵시의 좌표에서 높은 수준을 지닌 찬가의 지분으로 인해 독보적 위치를 확보하고 있다.

요한계시록에는 모두 일곱 개의 찬가가 주로 성스러운 천상장면에 등장한다. 따라서 천상의 찬가로 규정된다. 일곱 찬가는 천상보좌의 어린양 경배(4:8-11, 5:11-14)에서 144,000명의 합동찬양(14:1-5)을 거쳐 승리의 찬가(19:1-6)에 이른다. 그 사이에 하나님과 어린양을 향한 구원의 송영(7:10-12), 천상의 찬가와 24장로의 감사기도(11:15-18), 사탄의 패배에 대한 천상의 합창(12:10-12), 모세와 어린양의 노래(15:3-4)가 배치된다. 문서전체를 관류하는 일연의 복음찬가는 합창공연의 형식으로 후세의 예배의식에 도입된다.

4-5장의 두 장을 포괄하는 이중의 보좌환상은 천상의 예배예식과 일곱 봉인의 책의 두 장면으로 구성된다. 인상적 채색과 상징으로 묘사된 도입 환상에는 전통적 문화예식의 요소가 반영되어 있다. 다원적으로 구성된 복합단락의 전개에는 모두 여섯 개의 작은 찬가가 등장한다. 찬가의 진행 방식은 유대문화의 유산인 '교체노래'(Antiphon) 도식에 의거한다. 즉 나중의 찬가는 앞의 찬가에 대한 응답이며 이 응답은 계속해서 진행된다.

4-5장의 예배예식은 도입부에 이어 여섯 장면으로 구성된다. 하나님의 보좌에서 봉인된 책을 거쳐 전체의 창조에 이르는 여섯 장면은 여섯 찬가, 아멘, 24장로의 순서로 전개된다. 제1장면인 하나님의 보좌에는 제1찬가, 제2장면인 네 생물과 24장로에는 간접적 찬가와 제3찬가, 제3장면인 천사, 봉인된 책, 어린양에는 제4찬가, 제4장면인 천사의 무리에는 제5찬가, 제5장면인 전체의 창조에는 제6찬가와 아멘, 제6장면에는 24장로가 소속된다(F. Todt, 〈요한계시록 4-5장의 천상예배〉, 2004. 39쪽).

여섯 장면의 중심을 형성하는 찬가는 구원사의 사건을 증언하며 독자가 천상의 사건에 참여하도록 안내한다. 여섯 편 찬가의 진행은 영광의 송영에서 존엄의 칭송으로 넘어간다. 두 유형의 찬가는 긴밀한 상호관계에 놓여있다. 거룩한 창조주의 권능에서 어린양 그리스도의 위상이 유도된다. 연쇄찬가의 진행은 천상의 '권능과 영광'에 관한 영원한 축원으로 마무리된다(5:13).

시온산의 어린양 환상에는 어린양이 대동한 144,000명의 구원받은 무리가 장대한 합동찬양을 거행한다. 단락의 도입부에 지적된 우렁찬 천상의 음성은 거문고 연주의 음악으로 비유된다(14:2). "내가 들은 소리는 거문고 타는 자들이 그 거문고를 타는 것 같더라." 악기의 연주로 표현된 천상의 음향은 144,000명만이 따라 부를 수 있는 구원의 합창이다(14:3).

땅에서 속량함을 받은 십사만사천 밖에는 능히 이 노래를 배울 자가 없더라

다섯 절 단락의 종반부를 구성하는 두 절은 구원받은 무리에 대한 설명이다(14:4-5). 첫절에는 이들이 어린양을 '따라가는' 자로, 이어지는 마지막 절에는 '흠이 없는 자'로 규정된다. 후계의 행위를 지시하는 용어 '따라감'은 어린양의 계명과 규율을 잘 지키는 것을 말한다. '어린양을 따르다'는 예수 그리스도에의 귀속으로 죽음을 감수함을 의미한다. 마지막 절에 사용된 특별한 수식어 '흠이 없는'은 제물의 온전함을 지시한다. '흠이 없는 자'는 하나님에게 완전히 바쳐진 자, 어린양을 향한 진리의 고백을 관철하는 자이다.

일곱 찬가의 정상은 찬가리스트의 마지막 단계인 승리찬가의 후속부 '어린양의 혼인' 찬송이다(19:6-8). 환호의 외침 '할렐루야'로 시작되는 세 절의 시는 종말의 시점에 이루어질 구원과 승리의 정감을 구가한다. 그것은 인간과 자연의 소리가 어우러진 장엄한 교향곡이다. 특별한 비유의 명사구 '어린양의 혼인'은 속죄양의 희생에 의한 구원의 성업과 메시아 왕국의 성취에 대한 상징이다.

세 절의 범위에서 서술된 찬양의 첫절에는 일인칭 복수대명사 명령문을 통해 문체의 교체가 일어난다. 두 문장으로 구성된 첫절의 전반은 '즐거움과 기쁨'을 통한 영광을 송축한다(19:7).

> 우리가 즐거워하고 크게 기뻐하며 그에게 영광을 돌리세
> 어린양의 혼인기약이 이르렀고 그의 아내가 자신을 준비하였으므로

이제 구원받은 무리에게 어린양의 혼인으로 표현된 메시아 기쁨의 시기가 찾아온다. 이들은 종말의 시점에 베풀어질 축제의 향연에 참여할 복된 자들이다. 어린양의 혼인은 예수 그리스도와 그의 교구의 영원한 결합을 나타내는 탁월한 은유이다. 신성한 결혼예식의 거행은 예수님과 영속적 공동체를 형성하는 최고의 사건이다. 교구의 성도에게 거룩한 삶을 선사하는 구원의 시간의 성취이다. 저자 요한은 구원의 시기를 비유하는 결혼의 모티브를 종말적 구원의 실현을 위한 중요한 근거로 삼고 있다.

첫절의 후반에는 '어린양의 혼인기약' 도래가 선언된다. '아내'로 표기된 신부는 대망의 그리스도 오심을 인내로 기다린 충실한 교구의 신도이다. 예수님과 그의 교구는 신랑과 신부처럼 혼연일체의 관계에 있다. 둘째 절에는 결혼과 신부가 특이하게 축제예복의 은유로 확대된다(19:8).

> 그에게 빛나고 깨끗한 세마포 옷을 입도록 허락하셨으니 이 세마포 옷은 성도들의 옳은 행실이로다 하더라

신부에게 허용된 '깨끗하게 빛나는' 세마포옷은 하나님이 예수님에게 부여한 '의'를 지시한다(마 22:11-12). 여기에는 '옳은 행실'로 표현된다. 특별한 비유어 세마포옷의 진술에는 저자 자신의 관점이 반영되어있다. 신랑의

선물인 신부의 예복은 하나님과 화해한 피의 죽음으로 얻어진 것이다. 어린양의 희생의 죽음으로 하나님의 '의'가 선사된다.

마지막 셋째 절은 축복의 기원으로 독자를 향하고 있다. 여기에는 천상의 계시천사가 출현하여 다음과 같이 선언한다(19:9).

어린양의 혼인잔치에 청함을 받은 자들은 복이 있도다 하고 또 내게 말하되 이것은 하나님의 참되신 말씀이라 하기로

신부는 어린양에 속한 기독교 교회이며, 만찬의 초대는 영원한 하나님 나라에서 베풀어질 공동향연의 참여이다. 여기에 주어진 축복은 요한계시록에 나오는 네 번째 축원이다. 귀중한 축원의 대상은 '혼인예식에 초대된 사람들'이다. 그리스도의 오심을 끝까지 인내로 기다린 모든 교구의 성도이다. 그들을 위한 축복의 기원은 복음적 계시의 약속이다. 보는 자에게 직접 주어진 용어 '참된 말씀'은 축원의 내용을 보증한다. 그것은 고난받는 교회가 구원의 기쁨으로 믿고 의지해야 할 최고의 지침이다.

제3장 운문작품의 해석

이 장에는 신구약성서에 나오는 중요한 운문작품 여섯 편을 선정하여 개별적으로 관찰하려 한다. 여기에는 독립된 형식을 취한 작은 단위의 운문작품이 해당된다. 구체적으로 시편 제1편, 제23편, 산상수훈 서시, 요한복음 서곡, 로마서의 인사말 표제, 고린도전서의 사랑의 아가이다. 이들은 특별한 기준이 없이 임의로 선정된 것이다. 따라서 그 어떤 공통범주에 소속되지 않는다. 다만 전체내용이 운문형식에 의거한다는 점에서 공통된다. 시편, 복음서, 요한복음, 로마서, 고린도전서의 중요한 부분이 운문으로 작성된 것은 운문의 표현형식이 신약성서에서 차지하는 커다란 비중에 대한 증거이다.

1. 시편 제1편

1 복있는 사람은 악인들의 꾀를 좇지 아니하며

　죄인들의 길에 서지 아니하며

　오만한 자들의 자리에 앉지 아니하고

2 오직 여호와의 율법을 즐거워하여

그의 율법을 주야로 묵상하는도다

3 그는 시냇가에 심은 나무가 철을 따라 열매를 맺으며
  그 잎사귀가 마르지 아니함 같으니
  그가 하는 모든 일이 다 형통하리로다

4 악인들은 그렇지 아니함이요
  오직 바람에 나는 겨와 같도다

5 그러므로 악인들은 심판을 견디지 못하며
  죄인들이 의인들의 모임에 들지 못하리로다

6 무릇 의인들의 길은 여호와께서 인정하시나
  악인들의 길은 망하리로다

　시편을 열어주는 첫작품은 시편 전체의 표지판이다. 독자는 여기에서
이미 시편의 기본방향을 가늠하게 된다. 시의 주제는 서시에 걸맞게 **인간
의 행복**이다. 이 일반적 담론은 철저하게 기독교의 관점에서 다루어진다.
시의 형식은 시편의 기본형인 6행시이다. 모든 시행은 동일하게 두 단위
로 나누어진다. 앞부분과 뒷부분은 서로 긴밀하게 연결된다. 따라서 하나
의 맥락에서 읽어야 한다. 전체의 구성에서 전반의 세 행은 의인의 행위
를, 후반의 두 행은 죄인(혹은 악인)의 행위를 다룬다. 마지막 행에는 두 경우
가 함께 언급된다. 이와 같은 전개방식을 통해 시의 제목에 해당되는 '두
갈래 길'이 명료하게 대비된다.
　'두 갈래 길'은 의인과 죄인의 길이다. 의인은 하나님에 대한 믿음을 가

진 경건한 자이며, 반대로 죄인은 하나님을 모르는 불신자이다. 행복이란 양자택일의 갈림길에서 올바른 길을 택함으로써 하나님의 축복을 받는 것이다. 이 원천적 명제는 마태복음의 산상수훈 서곡에서 현란한 꽃을 피운다. 예수님 설교의 정상을 이루는 5장 3-12절은 고귀하고 장엄한 축복의 노래이다. 여덟 행 전체가 동일한 서술부 '복이 있나니'로 시작된다.

첫행의 서두 '복있는 사람'은 히브리어 원문에 '복이 있도다'로 표기된다. 다시 말해 문장전체를 규정하는 서술부이다. 이어지는 세 행은 복을 받는 조건이며 이유이다. 동일한 표현도식이 제2장의 마지막 행에도 등장한다. "… 모든 사람은 다 복이 있도다." 이것은 여호와에게 의지하는 사람에 대한 축원이다. 시편의 처음 두 편은 '복이 있도다'로 시작되어 '복이 있도다'로 끝난다. 다시 말해 하나의 작품으로 읽을 수 있다. 의인의 축복은 시편 전체를 인도하는 기본요소이다.

첫행은 의인의 삶을 죄인과 비교하여 대조적으로 기술한다. 이로 인해 의도된 내용이 더욱 부각된다. 세 개의 동사 '좇다', '서다', '앉다'는 '복있는 사람'이 취하는 자세와 행동을 부정의 형식으로 나타낸다. '악인들의 꾀를 좇다'는 '하나님을 모르는 자들의 충고 속에 걷다'를 뜻한다. 세 행위의 대상이 되는 '꾀', '길', '자리'는 의인과 죄인을 구분하는 기준을 지시하는 명사이다. 마지막에 명명된 '오만한 자'는 '비웃는 자'를 말한다. 다시 말해 하나님의 뜻을 비방하고 조롱하는 자이다. 잠언 21장 24절에는 '무례하고 교만한 자'가 '망령된 자'로 규정된다.

둘째 행은 앞연에 이어 의인의 내적 자세를 진술한다. 그것은 한마디로 '율법을 묵상하는' 것이다. '묵상하다'의 히브리어 원어는 '중얼거리며 암기하다'를 뜻한다. 다시 말해 하나님의 말씀을 가슴에 깊이 새겨 생활의 근본으로 삼는 것이다. 율법은 구약의 기본서인 모세5경을 말한다. '율법의 묵상'은 커다란 기쁨과 위로를 선사한다. 하나님과 하나가 되는 행복을 체험하기 때문이다. 의인의 삶의 방식은 항상 하나님의 뜻과 진리에 머물러 그로부터 삶의 영양소를 취하는 것이다. 이와 같은 진술에는 역사적으로 전승된 지혜의 사상이 깃들어있다. 시편 19편 7-8절은 율법의 완전을 다음과 같이 노래한다.

19:7 여호와의 율법은 ... 우둔한 자를 지혜롭게 하며
19:8 여호와의 교훈은 ... 마음을 기쁘게 하고

양극적 두 인간유형의 운명은 3-4절에서 보다 구체적으로 서술된다. 3절에서 3인칭단수 주어 '그'에 대한 동격으로 등장한 '심은 나무'는 '옮겨 심어진 나무', 즉 거듭난 사람이다. 구약에 자주 사용되는 자연의 인칭화 은유이다. 율법의 묵상으로 자신의 삶을 변화시킨 사람은 물가에 자라는 나무처럼 생명의 물을 마시며 형통한 열매를 맺는다. 이것은 세상에서 말하는 성공이나 번영과 다른 것이다.

여기에 사용된 지형적 비유는 공관복음의 비유방식을 연상시킨다. '시냇가에 심은 나무'는 황야가 많은 유대지역의 서민에게 잘 이해되는 자연상이다. 4행은 3행과 대조적으로 세상의 관습과 환경에 얽매인 사람의 상황을 묘사한다. 그는 바람에 날리는 '겨'처럼 순간적이고 허망한 삶을 살아간다. 벼를 타작할 때 생기는 '겨'는 비록 당장에는 눈에 잘 뜨이나 곧 바람에 날려 사라질 소멸의 대상이다. 의인과 악인의 모습은 두 개의 비유상 '시냇가에 심은 나무'와 '바람에 날리는 겨'로 대조되어 표현된다.

다섯째 행은 최후순간의 상황을 심판의 형벌과 구원의 성취로 대비하여 서술한다. 부정동사 '견디지 못하다'는 '완전히 굴복하다'를 말한다. '의인의 모임'인 회중은 마지막 시점에 주어지는 구원의 공동체를 예시한다. 이 대목은 신약적 종말의 계시를 보여준다. 시를 끝맺는 마지막 행은 앞행의

내용을 이어받는다. 여기에는 '주님'으로 불린 '여호와'가 새로운 주어로 등장한다. 그의 행동을 나타내는 동사 '인정하'는 히브리어에서 '알다'를 뜻한다. 유사한 구문이 디모데후서 2장 19절에도 발견된다. "주께서 자기백성을 아신다 하며…" 여호와 하나님은 의인의 생각과 행동을 안전하게 지키고 보호함으로써 최후의 목표에 도달하게 하는 구원의 주체이다. 이와 같은 진술은 요한복음 3장 16절에 유추된다.

이는 그를 믿는 자마다 멸망하지 않고 영생을 얻게 하려 하심이라

두 부류의 인간에게 주어지는 마지막 결산은 종결행에서 '흥성과 멸망'으로 대별된다. 하나는 하나님의 보호와 배려 아래 있는 것이고, 다른 하나는 하나님으로부터 철저하게 버림받는 것이다. 이제까지 시의 진행을 주도한 의인과 악인의 대비는 여기에서 종점에 이른다. 그 내용은 화자에 의한 신앙고백 형태로 정리된다. 인간의 행복은 여호와의 말씀에 의지하여 살아감으로써 최후의 시점에 영광의 구원을 얻는 데 있다. 이와 같은 진리는 신약의 시대에 예수 그리스도에 의해 완전하게 정립된다.

2. 시편 제23편

1 여호와는 나의 목자시니
  내가 부족함이 없으리로다

2 그가 나를 푸른 초장에 누이시며
  쉴만한 물가로 인도하시는도다

3 내 영혼을 소생시키시고

　자기 이름을 위하여 의의 길로 인도하시는도다

4 내가 사망의 음침한 골짜기로 다닐지라도

　해를 두려워하지 않을 것은

　주께서 나와 함께하심이라

　주의 지팡이와 막대기가 나를 안위하시나이다

5 주께서 내 원수의 목전에서 내게 상을 베푸시고

　기름으로 내 머리에 바르셨으니 내 잔이 넘치나이다

6 나의 평생에 선하심과 인자하심이 정녕 나를 따르리니

　내가 여호와의 집에 영원히 거하리로다

　기독교인 사이에 애송되는 유명한 시는 문학적 서정성이 강한 시편문학의 보화이다. 전체의 구성도 매우 정교하게 짜여있다. 시의 형식은 제1편과 마찬가지로 두 단위의 6행시이다. 그러나 문장의 구조와 성격은 차이가 있다. 1편이 의인과 악인의 길을 대조법에 의해 객관적으로 진술한다면 23편은 화자와 주님의 관계를 목자와 양의 관계로 주관적으로 표현한다.

　여섯 행은 모두 '나'와 '그', '나'와 주님(여호와)의 관계도식으로 전개된다. 일인칭단수 대명사 '나'는 시 전체의 진행에서 주어와 목적어를 겸하고 있다. 어두움과 밝음, 위험과 보호, 두려움과 위로의 대립이 전체 분위기를 주도한다. 마지막 행에 이르면 여호와의 배려에 의한 '영원한 거주'가 칭송된다. "내가 여호와의 집에 영원히 거하리로다." 여호와 하나님은 자신을 믿고 의지하는 자의 육체와 영혼을 평화와 안식의 세계로 인도하는 안내

자이며 보호자이다.

목자와 양은 구약성서, 특히 예언서의 여러 곳에 등장한다. 대부분의 경우 하나님과 동맹의 백성을 지시한다. 족장시대로 거슬러 올라가는 목자의 상은 시대의 변화에 따라 여러 방향으로 나타난다. 다윗 왕은 유대민족에 전승된 비유상을 개인의 차원으로 옮기고 있다. 여기에서 '나의 목자'는 시인 자신이 직접 체험한 하나님의 모습이다. 이 사실은 무엇보다 자아와 상황과 심경에 관한 생생한 표현에서 드러난다. 3-5행의 중간부는 자전적 사실과 경험의 고백이다. 3행 전반의 주제인 '영혼의 소생'은 주관적 내면의 표현이다.

시 전체의 구성은 순환과 전진의 이중양상을 보인다. 하나는 처음과 나중의 상호연결이고, 다른 하나는 목표를 향해 움직이는 전진의 운동이다. '여호와'를 호명하는 첫행과 마지막 행은 중간의 네 행을 울타리처럼 둘러싸고 있다. 이에 반해 중심부의 네 행은 단계적으로 전개된다. '나'를 위한 '주님'의 돌봄이 삶과 영혼의 치유에서 풍성한 은혜의 선사로 이어진다. 동적 선형과 정적 원형의 교체는 시 전체의 진행에 입체적 균형을 조성한다.

첫행의 전반은 주님과 '나'의 관계를 목자와 양의 관계로 표현한다. 주님의 히브리어 'adonai'는 소유주의 뜻이다. 이 단어는 70인역 성서에서 그리스어 'kyrios'로 번역된다. 구약성서에서 주님은 여호와 하나님의 다른 호칭이다. 목자는 구약성서에서 보통 이스라엘 왕이나 여호와 하나님을 지칭한다. 이와 같은 목자의 상은 시인 자신의 영감으로 용해된다. 이를 위한 원천은 유년기의 경험이다. 다시 말해 양치기 소년 다윗의 삶이다(삼상 17.34-35). 유대광야 출신의 다윗은 목동시절의 회상을 시에 투영하고 있다. 당시의 이스라엘 사회에서 목동은 하층 계급에 속한다. 그러나 이 시에서 여호와 하나님은 목자로, 양은 그가 돌보는 소유물로 이전된다. 이와 같은 비유상의 설정은 시인이 지닌 깊은 신앙에 연유한다.

첫행의 후반에서 목자는 '부족함이 없는' 완전한 존재로 진술된다. 미래형으로 표현된 진술은 시간의 지속성을 지시한다. 결핍과 궁핍은 광야의 양 떼에 주어진 운명적 요소이다. 이와 같은 물질의 장애는 목자의 힘에 의해 해소된다. 둘째 행은 첫행의 주체인 목자의 행위를 구체적으로 서술한다. '푸른 초장에 눕히는' 것은 굶주림과 지침의 상태에서 먹을 양식과 휴식을 제공하는 일이다. '쉴만한 물가'는 황량한 사막에 숨어있는 생명의 원천이다. 햇볕이 쏟아지는 메마른 광야의 양 떼에게 물은 생명이다. 푸른 초지에 도달한 양 떼는 갈대의 피리소리를 들으며 휴식을 취한다.

셋째 행은 선행하는 행을 이어받는다. '영혼의 소생'은 시들었던 삶에 내면의 생명력을 부여하는 것이다. 영혼으로 번역된 히브리어 명사 'nefesch'는 인간의 육체를 포함하는 인격 전체를 가리킨다. 다음 문장에 등장하는 명사 '이름'은 여호와 하나님의 존재와 영예를 나타낸다. '의의 길'은 하나님을 향한 올바른 길이다. 이 길을 걷는 자에게 시편 1편에 약속된 것처럼 하나님을 영화롭게 하는 축복이 주어진다. 시 전반부의 중심은 방황하는 양을 목적지로 인도하는 선한 목자의 칭송이다.

2-3행을 인도하는 인칭도식 '그'와 '나'는 4-5행에서 '너'와 '나'의 관계로 넘어간다. 이로 인해 두 인칭대명사의 상호관계가 보다 밀착된다. 넷째 행의 전반에는 일인칭단수 대명사가 주어로 사용됨으로써 화자의 위치가 전면에 부상한다. 과거의 위기를 믿음의 힘으로 극복한 자신의 모습은 부정의 조건문으로 표현된다. 시적 은유상 '사망의 음침한 골짜기'는 평탄하지 못한 유대광야에서 흔히 볼 수 있는 지형의 묘사이다.

밝은 햇빛의 이동으로 형성되는 어둠의 협곡은 사나운 짐승이 있는 위험과 죽음의 장소이다. 목숨이 위태로운 최후의 경지에서도 아무런 두려움을 느끼지 않는 것은 오로지 목자의 '막대기'와 '지팡이' 때문이다. '막대기'는 허리에 차는 방어의 무기이며 '지팡이'는 험한 지역을 안내하는 길잡

이의 도구이다. 올리브나무에서 만들어지는 두 개의 매체는 험난한 광야 생활에서 목동의 생명을 보호하는 수단이다.

시의 전개는 마지막 5-6행에서 새로운 국면으로 전환된다. 그것은 손님 접대자로서의 여호와 하나님의 모습이다. 다섯째 행의 부사구 '원수의 목 전에서'는 죽음에 직면한 위기의 상태를 가리킨다. 이것은 다윗의 삶에서 실제로 일어난 사실의 회고이다(삼하 17:27-29). 권능과 사랑의 주님은 사나 운 적의 공격 앞에서도 풍성한 식탁을 마련한다. '머리에 기름을 붓는 것' 은 불안과 두려움에 떠는 양무리를 진정시키는 행위이다. 이 대목은 십자 가의 죽음을 앞두고 빵과 포도주로 몸과 영혼을 나누어주는 최후만찬 예 식에 유추된다.

다섯째 행을 끝맺는 문장 '내 잔이 넘치나이다'는 유대인의 손님접대 풍 습에서 나온 표현이다. 집주인은 멀리서 온 손님의 포도주 잔을 가득 채워 최고의 환대를 표시한다. 더할 수 없이 귀한 선물을 받은 방문객은 감사와 기쁨으로 가득 차게 된다. 시 전체를 관류하는 '선한 목자'의 칭송은 여기 에서 정점에 달한다. 마지막 행은 인칭구도와 시제의 변경으로 다시금 첫 행으로 되돌아간다. 여호와 명칭과 미래형 동사는 두 행에만 사용된다. 그 러나 양과 목자의 관계에 관한 전제는 새로운 차원으로 들어선다. 첫 문장 의 주어는 이제까지와 달리 인칭대명사가 아니라 동일화의 명사구이다. '선함과 인자함'은 시편 118편의 처음과 마지막을 장식한다.

여호와께 감사하라
저는(그는) 선하시며 그 인자하심이 영원함이로다

위의 두 행은 고귀한 축제일에 불리는 예식의 문구이다. 그 근원은 여호 와 하나님의 돌봄에 대한 다윗 왕의 감사이다. 여기서 감사의 이유로 언급된 '선함과 인자함'은 하나님의 영원한 성품이다. 이 거룩한 주체가 이제 '나'의 삶 전체를 지배한다. 문장의 종결부 '나를 따르리니'는 자아의 미래를 표현하는 히브리어 어법의 문장이다. 앞날의 일이 '뒤에서 따른다'는 역의 방식으로 서술된다.

마지막 문장은 이제까지의 진행을 총괄하는 결어이다. 일인칭단수 대명사가 다시금 주어로 등장하는 것은 발언의 주관성을 강하게 나타낸다. "내가 여호와의 집에 영원히 거하리로다." '여호와의 집'은 하나님과 함께하는 공동체의 터전을 말한다. '영원의 거주'는 완전하고 무한한 혼연일체를 뜻한다. 화자는 하나님의 품속에 '영원히' 안주할 것을 기원하고 다짐하면서 시를 끝맺고 있다.

요한복음 10장 11-18절에는 선한 목자의 비유담화가 등장한다. 여기에 제시된 목자는 새로운 목자의 상이다. 복음서의 비유이야기에 유추되는 비유형식은 독자적 면모를 보인다. 목자와 양은 예수님과 따르는 제자(신도)의 관계로 전이된다. 이를 설명하기 위해 개별적 알레고리 형태가 사용된다. 그것은 일반적 진리의 진술이다. 설교담화의 형식으로 된 여덟 절은 자기계시의 문장도식 '나는 이다'에 의거한다. 여기에서 예수님은 스스로를 선한 목자로 명명한다.

10:14 나는 선한 목자라 내가 내 양을 알고 양도 나를 아는 것이
10:15 아버지께서 나를 아시고 내가 아버지를 아는 것 같으니 나는 양을 위하여 목숨을 버리노라

선한 목자는 목자다운 목자, 하나님의 뜻을 실천하는 순종의 아들이다. 목자와 양은 아버지와 '나'의 관계와 같다. 목자, 양, 하나님은 삼위일체이다. 진정한 목자의 역할은 '양을 위해 목숨을 버리는 것'이다. 이런 점에서

돈으로 산 양치기 삯꾼과 다르다.'기꺼이' 자신을 내어주는 것은 '다시 얻기' 위함이다. **이것은 자유의지의 희생에 의한 부활의 성취를 의미한다.** 이처럼 심오한 비유설교는 유대인들에게 분쟁의 씨앗이 된다. 다윗이 찬양한 목자로서의 여호와 하나님은 사도 요한에 의해 새로운 메시아로 의미있게 이전된다.

3. 산상수훈 서시

마태복음의 산상수훈은 마가의 호상연설과 함께 예수님 설교의 정상이다. 마가의 비유설교가 하나님나라의 본성과 모습을 전하기 위한 것이라면, 마태의 설교는 하늘나라의 도래와 함께 율법의 참뜻을 설파한다. 여기에는 새로운 법칙이 아니라 율법의 실현과 원래의 복음의 의미가 중요하다. 이 새로운 가르침(didache)은 하나님나라의 입장에 의해 완전하게 펼쳐질 수 있다. 예수님이 설교의 내용을 자신의 삶으로 이전하리라는 사실을 제자들이 기대하였다는 점에 관해서는 의심의 여지가 없다.

이런 점에서 산상수훈은 기독교의 관점에서 제자들의 규율로 받아들여진다. 여기에는 그리스도 안에서 이루어지는 새로운 삶에 적합한 자세와 행동이 요구된다. 마태복음 5장의 마지막에 요구된 '온전함'은 가식적 도덕이 아니라 힘과 은총을 통해 믿는 자를 목표로 인도하는 완전성을 향한 지향을 의미한다(마 5:48).

그러므로 하늘에 계신 너희 아버지의 온전하심과 같이 너희도 온전하라

5장 1절에서 7장 29절에 이르는 다원적 설교는 순환구성에 의거한다. 즉 운문의 서언, 운문과 산문의 기본설교, 운문의 결어로 구성되어 있다.

상황의 진술문 '무리의 따름'과 '무리의 놀라움'이 전체의 테두리를 형성한다. 여러 단락으로 구성된 방대한 기본연설의 중심에는 주님의 기도가 위치하고 있다(마 6:9-13). 다섯 절로 구성된 주님의 기도는 전체의 정상이다. 5장 1절에서 연설의 무대로 지목된 산은 높은 산정이 아니라 멀리 떨어진 외딴 장소이다.

산상수훈의 문장형식은 대부분 구약의 십계명처럼 정언법에 의거한다. 즉 부정과 긍정의 명령문 '하지 말라'와 '하라'에 의해 인도된다. 5장 3-12절의 첫 단락은 '축복의 찬미'라는 명칭에 걸맞게 운문형식을 취하고 있다. 이것은 독립된 서시로서의 위치를 높여준다. 이어지는 설교의 내용은 근본적으로 선행하는 서곡에 근거를 두고있다. 서시 전체의 내용과 주제는 이사야서 51장에 서술된 거대한 '위로의 말씀'에 비견된다. 마지막 절을 열어주는 '기쁨과 즐거움'은 이사야서의 후반에 거듭하여 등장하는 표현이다.

방대한 분량의 산상수훈은 '복의 찬양'으로 통하는 서곡으로 시작된다. 운문의 형식으로 작성된 서시는 '특수전거'에 연원하는 마태의 고유기사이다. 그러나 누가의 평원설교 서두도 유사한 내용이다(눅 6:20-26). 산상수훈보다 더 오래된 버전으로 추정되는 일곱 절의 단락에는 복의 축원과 화의 선포가 네 차례에 걸쳐 대조적으로 기술된다. 마태의 서시는 누가의 설교의 전반을 구성하는 축복의 부분을 확대, 보완한 것이다. 그러나 거의 새로운 형태의 텍스트이다.

3 심령이 가난한 자는 복이 있나니 천국이 저희 것임이요
4 애통하는 자는 복이 있나니 저희가 위로를 받을 것임이요
5 온유한 자는 복이 있나니 저희가 땅을 기업으로 받을 것임이요
6 의에 주리고 목마른 자는 복이 있나니 저희가 배부를 것임이요
7 긍휼히 여기는 자는 복이 있나니 저희가 긍휼히 여김을 받을 것임이요

8 마음이 청결한 자는 복이 있나니 저희가 하나님을 볼 것임이요

9 화평케 하는 자는 복이 있나니 저희가 하나님의 아들이라 일컬음 받을 것임
이요

10 의를 위하여 핍박을 받는 자는 복이 있나니 천국이 저희 것임 이라.

서시의 서술형식은 대부분 객관적 진술문이며, 산문으로 표현된 종결부
만이 명령문이다. 시의 마지막에 구현된 진술에서 명령으로의 이행은 역
동적 고양과 상승의 효과를 가져온다. 여덟 행의 운문과 마지막 두 절의
산문 사이에 극적 전이가 일어난다. 복수3인칭 주어에 의거하는 3-10행은
복수2인칭 주어를 사용한 11-12절과 대조를 이룬다. 상대적으로 기다란
분량의 앞부분이 객관적 기원이라면 짤막한 뒷부분은 주관적 당부이다.

극적 화법의 전환은 마지막 절에서 새로운 주어 '너희'의 호출로 강화된
다. 서시의 중심내용인 여덟 행은 모두 동일한 서술부 '복이 있나니'로 시
작된다. 11절에 한번 더 등장하는 이와 같은 두어첩용 어법은 시 전체를
통일된 맥락에서 읽게 한다. 모든 시행은 이중의 복합문 형식을 취하고 있
다. 앞의 문장은 결과를 나타내는 현재문이고, 뒤의 문장은 그 이유를 설
명하는 미래문이다. 일반적 인과관계의 도치는 축복의 선사라는 기본주
제를 강화한다.

형식의 병행과 반복은 내용을 규정한다. 개별시행을 이끄는 공통도식
'복이 있나니'는 전체의 주제인 **복의 기원**을 대언한다. 여기에 해당하는 고
대 그리스어 'makarios'는(라틴어 macarius) '행복한, 행운의, 축복받은'을 뜻한
다. 성서에서 행복이란 시편 첫편의 선언처럼 하나님의 축복에 있다. 복의
기원은 3-10행에서 일정한 구도 아래 진술된다. 3행의 '심령이 가난한 자'
는 5행의 '온유한 자'와 통한다. 그리고 4행의 '애통하는 자'와 6행의 '의에
주리고 목마른 자'는 하나의 쌍을 이룬다. 반면 홀수행과 짝수행은 상호대

조의 관계에 있다. 완료형동사가 사용된 10행은 의의 언급으로 6행을 반복하면서 보완한다. 이와 같은 일치와 대응의 구성법은 시 전체에 화합과 긴장을 동시에 부여한다.

여덟 행에 제시된 축복의 조건을 체계적으로 정리해보면 여섯 유형으로 압축된다. 물론 이 숫자는 기준설정의 원칙에 따라 변동될 수 있다. 일반적으로는 주어진 항목 그대로 팔복의 명제가 설정된다. 우리의 논리에 의하면 '영의 가난', '애통', '마음의 청결', '긍휼', '화평', '의의 주림(굶밝)'으로 분류된다. 앞의 세 범주는 수혜자의 성품을, 뒤의 세 요소는 수혜자의 행위를 가리킨다. 여섯 범주는 복의 축원에서 서로 연결되어 있다. 이제 복의 기원을 위한 대상이 되는 여섯 개의 중심개념이 무엇을 뜻하는지를 보다 자세히 살펴보자.

3행에 표현된 '심령의 가난'은 보다 상세한 설명을 필요로한다. 히브리어에서 형용사 '가난한'은 '힘이 없는'과 연관된다. 가난은 물질의 빈곤을 넘어 내면의 부족함을 나타낸다. '마음이 가난하다'는 '하나님 앞에서 죄의 의식으로 인해 마음이 상하고 찢어진다'는 뜻이다. 이것은 죄사함과 회개의 동인이 된다. 누가복음의 병행구문에는 '심령이 가난한 자'가 단순히 '가난한 자'로 표기되어 있다(눅 6:20). 유대인들이 가난이라는 단어를 사용할 때에는 보통 결핍과 비참 이외에 온유와 겸손의 의미가 포함된다. 이런 점에서 마태가 명사 영 혹은 마음 앞에 형용사 '가난한'을 삽입한 것은 자연스러운 일이다.

마음의 가난은 5행에서 온유로 이어진다. 이 단어는 마태의 복음에 거듭 등장하는 단어이다. 온유는 겸손과 같은 맥락에 있다. 말없이 인내하며 하나님의 뜻과 처분을 기다린다는 점에서 공통되기 때문이다. 온유와 겸손은 11장 29절에서 예수님 자신의 성품으로 규정된다.

나는 마음이 온유하고 겸손하니 나의 멍에를 메고 내게 배우라 그리하면 너희 마음이 쉼을 얻으리니

여기에서 온유와 겸손은 인류의 죄를 대신 짊어질 희생자의 정신이다. 그것은 벗어날 수 없는 죄인의 멍에를 풀어주는 원동력이다. 멍에란 두 마리 짐승이 함께 목에 메고 다니는 결박의 도구이다. 예수님은 이 멍에를 대신 짊어질 것을 약속한다. 때문에 예수님의 초청에 응하면 마음의 평안을 얻게 된다.

4행의 애통은 온유에 비해 적극적 개념이다. 이것은 세상의 죄악에 따른 고뇌에서 오는 것으로 자기 자신보다 타인과의 관계에 기인한다. 죄에서 벗어나려는 능동의 행위는 죄를 짊어지려는 수동의 자세 온유와 대조된다. 7행의 긍휼은 하나님으로부터 인간에게 주어지는 연민으로 예수님을 통해 다른 사람에게도 전해진다. 이 공통의 감정은 복음서에서 측은함, 불쌍함으로 표현된다. 모든 치유기적은 연민에서 시작된다. 긍휼은 자비, 인자와 통한다. 시편 117편 2절은 다음과 같이 노래한다. "여호와의 인자하심이 크고 진실하심이 영원함이로다." 여기에 등장하는 히브리어 명사 'hesed'는 자비, 인애의 뜻으로 하나님과 백성 사이의 상호성을 전제한다.

의는 여덟 행의 전개에서 반복하여 언급된다. 6행과 10행은 의의 서술에 약간의 차이가 있다. 앞의 경우가 의의 본성에 관계된다면 뒤의 경우는 의의 결과에 해당된다. 원래 의는 하나님의 뜻을 향한 인간의 올바른 자세를 지시한다. 따라서 '의의 주림'은 하나님을 기쁘게한다. 이와 같은 자세는 믿음과 은총으로 이어진다. 사도 바울은 로마서 서두의 복음서술에서 이 사실을 강조하고 있다(롬 1:17). 의와 연민은 애통과 온유처럼 대치의 관계에 있다. 그러나 근원에서 보면 하나이다. 서로 짝을 이루는 두 쌍의 개념은 보다 넓은 범주에서 포괄적으로 이해될 수 있다.

8행의 청결은 거룩이나 경건에 관계된다. 거룩은 분리된 깨끗함이며 경건(eusebeia)은 두려움(경외)과 종교적 순수함의 두 의미를 지닌다. 이와 같은 요소는 모두 하나님의 본성으로 아들인 예수님에게 그대로 전수된다. 9행의 화평은 평강, 평안의 유사어이다. 화평은 주로 하나님과 인간, 인간과 인간, 국가와 국가 사이의 관계에 사용된다. 이런 점에서 평화(eirene)와 같은 맥락에 있다. 그러나 화평의 근원은 어디까지나 천상에 있다. 때문에 '화평을 세우는 자'는 예수님처럼 '하나님의 아들'로 불릴 수 있다. 예수님은 구약의 예언대로 '평화의 조성자'로 세상에 태어난다. 그리고 십자가의 죽음을 통해 죄의 인간을 하나님과 화해시키는 중재자가 된다.

10행의 의는 올바른 삶의 변화를 말한다. '의의 핍박'은 주님을 향한 '따름'에 연유한다. 핍박에는 추적이나 가해가 포함된다. 하나님의 '의를 위하여' 세상에서 박해를 받는 자는 마지막 시점에 구원의 보상을 받는다. 축복의 기원을 마감하는 이 사실은 새로운 단락인 두 절로 이어진다. 이상 설명한 6개의 항목은 한마디로 예수님 스스로의 성품이다. 예수님은 하나님으로부터 전해받은 고유의 선물을 다시금 사랑하는 제자에게 전한다. 이것이 축복의 근원이다.

한편 미래의 시제로 표현된 축원의 내용도 복합적이다. 4-7행의 네 행이 지상의 속성이라면, 3행과 8-10행은 천상의 특성이다. 양자는 서로 연결되어 있다. 5행에서 기업의 대상으로 언급된 '땅'은 회복과 구원의 영역으로 '약속된 땅'을 연상시킨다. 3행과 10행의 천국과 8행과 9행의 하나님(하나님의 아들)은 모두 종말의 시점에 관계된다. 마지막 절에 강조된 '하늘의 상'은 이 사실을 분명하게 한다. 종말적 구원의 비전은 앞의 8행에 이미 제시되어 있다. "저희가 하나님을 볼 것임이요". 짤막한 문장은 요한계시록 22장 4절과 일치한다. "그의 얼굴을 볼 터이요." 거룩과 영광은 하나님이 주인인 하나님나라의 계시에서 하나의 차원 위에 있다.

이제까지의 서술은 11-12절에서 화자 자신의 발언으로 넘어간다. 시 전체의 경계를 이루는 새로운 절은 앞의 10행을 보다 구체적으로 설명한다. 원인의 부사구 '의를 위하여'는 '나를 인하여'로 대체된다.

11 나를 인하여 너희를 욕하고 핍박하고 거짓으로 너희를 거스려 모든 악한 말을 할 때에는 너희에게 복이 있나니
12 기뻐하고 즐거워하라 하늘에서 너희의 상이 큼이라 너희 전에 있던 선지자들을 이같이 핍박하였느니라

혹독한 비방과 학대는 예수 그리스도를 따르는 자에게 주어지는 필연적 현상이다. 적대자의 악한 말은 '거짓'에 근거한다. 12절의 후속문장은 이 사실을 선지자에 대한 핍박과 연계시키고 있다. 예수님과 제자들에게 가해지는 지상의 모든 고난은 미래의 영광을 위한 예비과정이다. 여덟 개의 시행과 한 개의 산문구절을 거쳐 진행된 축복의 노래는 마지막 절의 서두에서 정점에 이른다.

기뻐하고 즐거워하라

두 개의 동사로 구성된 간결한 명령문은 담화의 상대역인 '너희'를 향해 있다. 새로운 호격주어 '너희'는 예수님의 설교를 듣기 위해 모여든 제자와 군중이다. 나아가 산상수훈을 읽고 은혜를 받는 독자 전체를 지칭한다. '기쁨과 즐거움'은 모든 축복의 대상자에게 주어지는 마지막 선물이다. 기독교 신앙인이 온갖 현실의 핍박 속에서 승리의 환호를 외칠 수 있는 것은 오로지 최후심판의 날에 주어질 천국의 보상 때문이다. 이 거대한 은총은 인간의 활동이나 업적이 아니라 하나님의 연민과 사랑에 의해 주어진다.

4. 요한복음 서곡
- 로고스 찬가

요한복음 1장 1-18절은 요한복음의 서곡이다. 저자 요한은 복음서의 첫 머리를 숭고한 찬가로 장식하고 있다. 그것은 복음과 구원의 주체인 예수 그리스도의 '오심'에 대한 칭송이다. 이와 같은 도입부의 처리는 복음서 전체의 성격을 암시한다. 열여덟 절의 찬가는 초대교회의 예배의식에 개회 찬송으로 선정된다. 운문의 찬가에 내재한 원천적 진리의 규범과 함께 복음의 신앙을 돈독하게 하는 은혜의 능력 때문이다. 저자는 예수 그리스도의 존재와 본성을 신적 창조의 말씀에서 유도함으로써 새로운 메시아의 역할을 구원사의 차원에서 우주적으로 정립하고 있다.

독립된 형태의 찬가는 특별한 전승의 전거에 연원한다. 다시 말해 옛 모형의 재구성이다. 때문에 여러 단락이 합성된 복합구조로 되어있다. 상이한 단락의 내용은 '지혜의 로고스 노래'로 총괄된다. 찬가의 수용단계를 규정하는 '지혜의 로고스'는 서두의 세 절에서 증명된다. 열여덟 절에 걸친 기다란 찬가는 전체가 모두 운문은 아니다. 1장 6-8절, 15절, 18절의 세 곳은 산문으로 되어있다. 다시 말해 말씀에 관한 부분과 세례 요한에 관한 기사 및 저자 자신의 결구는 문장형식에서 서로 구분된다.

서곡의 구성은 복합적 양상을 보인다. 그러나 내용의 전개에는 계단식 방법이 적용된다. 전체의 줄거리는 주제어로 보아 말씀-생명-빛-자녀-믿음-육신-은혜-영광의 순으로 진행된다. 여기에 사용된 어휘는 복음서에 등장하는 기본어이다. 목표를 향해 점진적으로 이동하는 서술방식에 의해 창조의 말씀에서 은혜와 영광에 이르는 복음의 전개과정이 완성된다. 독자는 찬가 전체의 흐름을 비교적 명료하게 조망할 수 있다.

열여덟 절에 달하는 로고스 찬가를 예수님의 출현을 중심으로 관찰하면 크게 세 부분으로 나누어진다. 요한복음의 서두 역시 다른 복음서처럼 예수님의 출생으로 시작된다. 두 차례에 걸친 세례 요한 기사의 삽입은 이런 점에서 이해된다. 제1부의 다섯 절은 예수님이 오기 이전의 상태(1-5), 제2부의 여덟 절은 예수님이 세상에 오게 된 참뜻(6-13), 제3부의 다섯 절은 예수님이 온 이후의 세상과의 관계이다(14-18). 이와 같은 세 단계의 개진을 통해 복음의 참된 의미가 점진적으로 드러난다. 이런 점에서 요한복음을 인도하는 지표의 위치에 있다.

요한은 예수님 존재의 본성을 규정하기 위해 신적 창조의 원천으로 거슬러 올라간다. 그것이 첫절에 반복하여 사용된 로고스의 의미이다. 그리스어 명사 'logos'에 해당하는 로고스는 창세기 1장 3절 이하에 나오는 동사 '말씀하셨다'(dixit)에 연원한다. '말씀'의 그리스어 'logos'는 동사 'lego'의 명사형으로 말해진 것, 말을 뜻한다. 다시 말해 천지창조의 근원으로 선포된 **하나님의 말씀**이다. 서곡의 주제어 로고스는 단락 전체에서 다섯 차례나 명명된다.

> 1:1 태초에 말씀이 계시니라 이 말씀이 하나님과 함께 계셨으니 이 말씀은 곧 하나님이시니라
>
> 1:2 그가 태초에 하나님과 함께 계셨고
>
> 1.3 만물이 그로 말미암아 지은바 되었으니 지은 것이 하나도 그가 없이는 된 것이 없느니라

프롤로그를 열어주는 1-2행은 네 번에 걸쳐 말씀을 진술한다. 그 내용을 요약하면 로고스와 하나님의 동일화이다. 이것은 서곡 전체의 전제를 형성한다. 첫행의 문장을 열어주는 '태초'의 모티브는 특별한 의미로 사용된다. 여기에서 '처음'은 중간과 마지막이 있는 고정된 시간이 아니라 **'영원**

의 처음'이다. 영원이란 '언제나 머물러있음'을 뜻한다. 영원의 속성은 여호와 하나님에게만 해당된다. 부사구 '태초에'는 '처음부터 지금까지'로 풀어 쓸 수 있다. 즉 영원한 시간의 연계적 지속을 나타낸다. 이런 점에서 천지창조의 시점인 '태초에'와 비교된다.

문장의 과거동사 '있었다' 역시 일회의 동작이 아니라 연속의 행위이다. 따라서 '있어왔다'로 읽는 것이 바람직하다. 말씀을 뜻하는 주어 로고스는 그리스 철학에서 다양한 의미로 사용된다. 스토아 철학은 신적 영과 이성의 원리로 간주되는 'logos spermatikos' 이론을 개인적 인간에 적용한다. 이로 인해 새로운 시대의 사상적 척도로 대두된다. 그러나 요한은 전승된 용어를 철저하게 기독교 문맥에서 사용하고 있다. 다시 말해 말씀의 주체, 즉 창조의 선포자를 지시한다. 2-3행에 로고스가 중성이 아니라 남성으로 표기된 것은 이 사실을 입증한다.

정신사의 문맥에서 보면 그리스 형이상학이 히브리의 창조사고를 통해 기독교로 이전된 것이라고 볼 수 있다. 여기에는 그리스 철학이 히브리 사유로 대체된다. 2-3행의 두 시행은 선행하는 행의 주어를 3인칭단수 대명사 '그'로 표기한다. 이것은 로고스의 의인화이다. 부사구 '하나님과 함께'에서 하나님에 해당하는 명사 'theos'에는 관사가 없다. 조사 '함께'(pro)는 공동의 일체성을 나타낸다. '하나님과 함께' 존재한다는 것은 하나님과 같은 본성을 지닌다는 뜻이다. 여기에서 이미 예수 그리스도의 선천적 존재성이 드러난다.

로고스와 하나님의 동일화는 제3행에서 우주창조의 찬양으로 넘어간다. 여기에는 주어 로고스가 목적어로 바뀐다. 모든 삼라만상은 '하나님=로고스'의 동일체에 의해 완전무결하게 '지은바 된다'. 이것은 신약적 창조사의 정립이다. 선행하는 부사구 '그로 말미암아'를 이어받는 '그가 없이는'은 유일의 창조주를 강조하는 구문이다. 서두의 세 행에 제시된 기본내용은 한마디로 '말씀의 선재'(先在, Präexistenz, pre-existence)이다. '먼저 태어난 존재'를 가리키는 복합명사 '선재'는 예수 그리스도의 선천적 존재성을 보장하는 실존개념이다. 로고스로서의 그는 창조의 시점부터 활동한 영원한 존재자이다.

이상의 서술에는 구약에 의해 전승된 **창조 지혜의** 관념이 바탕에 깔려 있다. '지혜의 찬가'로 불리는 잠언 8장 22-31절에는 지혜가 '태초의' 창조 이전에 존재한 여호와의 소유로 나타나있다. 10행시의 결구인 30행은 지혜를 '창조자'로 명명하고 있다. 이와 같은 지혜의 인격화는 요한복음 서곡에서 로고스의 선재적 인칭화로 나타난다. 잠언 8장 22절과 30절은 서곡의 1-2절에 유추된다.

8:22 여호와께서 그 조화의 시작 곧 태초에 일하시기 전에 나를 가지셨으며
8:30 내가 그 곁에 있어 창조자가 되어

앞절의 시간부사 '태초에'는 1장 1절의 서두로, 다음절의 장소부사 '그 곁에 있어'는 1장 1절과 2절의 '함께 계셨고'로 수용된다. 잠언에서 '나'로 규정된 지혜는 서곡에서 '그'로서의 로고스로 이전된다.

요한은 서곡의 구성에서 전통적 지혜의 개념에서 한걸음 더 나간다. 이어지는 4-5행은 이 사실을 구체적으로 보여준다.

1:4 그안에 생명이 있었으니 이 생명은 사람들의 빛이라.
1:5 빛이 어두움에 비취되 어두움이 깨닫지 못하더라

앞의 문장에서 로고스의 실체로 등장한 생명과 빛은 헬라문화의 산물이다. 두 요소는 천지창조의 사역에서 알 수 있듯 긴밀하게 연관되어 있다.

생명은 하나님에 속한 영적 생명으로 인간창조의 근원이다. 생명의 외적 표시인 빛은 구원과 계시의 매체이다. 요한은 생명과 빛을 영적 영역으로 전이시키고 있다. 영적 빛은 그 근원이 하나님의 말씀에 있다.

뒤의 문장은 빛의 작용을 어둠의 세계와 대조하여 설명한다. 여기에서 어둠은 어둠의 자녀를 포함한다. 어둠속에 살아가는 사람은 자신에게 비쳐오는 생명의 빛을 '깨닫지 못한다'. 불의한 악의 세력에 사로잡혀 밝은 진리를 보지 못하기 때문이다. 이 사실은 초막절 설교에 이어지는 기다란 연설의 서두에서 보다 구체적으로 언명된다(요 8.12).

> 나는 세상의 빛이니 나를 따르는 자는 어둠에 다니지 아니하고 생명의 빛을 얻으리라

'나는 이다'의 도식으로 표현된 비유문장은 예수님을 '세상의 빛'으로 규정한다. 이것은 앞의 4-5행에 언급된 빛의 구체화이다. 로고스인 빛은 세상의 죄악과 어둠을 벗겨내는 구원의 주체이다. 문장의 서술부 '어둠에 다니지 아니한다'는 앞에 있는 불빛의 안내로 밝은 길을 걷는다는 뜻이다. 즉 영적 생명으로 인도되는 것이다. 이와 같은 어법은 요한 특유의 방식이다. '세상의 빛'은 문장의 마지막에서 '생명의 빛'으로 이행된다. 이 새로운 동격은유에는 영생과 부활의 의미가 내포되어 있다. 영생의 획득은 예수님의 빛을 좇아 살아간 자에게 베풀어지는 특별한 은사이다.

1장 6-8절에는 세례 요한의 기사가 도입된다. 엘리야와 같은 선구자인 그는 빛이 아니라 빛을 증거하기 위해 보내진 '하나님의 사자'이다. 그의 임무는 빛으로 오신 메시아를 어둠의 세계에 확실히 전하는 것이다. 이 사실은 1장 15절에 반복하여 천명된다. 서곡에 소개된 세례 요한의 증언은 1장 29-34절로 이어진다. 여기에는 특히 예수님의 세례식에 시현된 개인적

계시가 소개된다. 다른 복음서와 뚜렷이 구분되는 장면에는 하나님의 아들이 세례 요한을 통해 증거된다. 그는 예수님이 자기에게 나오는 것을 보고 다음과 같이 말한다(요 1:29).

보라 세상 죄를 지고가는 하나님의 어린양이로다

구약에도 나오는 '하나님의 어린양'은 여러 의미를 포함한다. 요한복음의 문맥에서 보면 유월절의 속죄양을 지시한다고 볼 수 있다. '죄를 지고 간다'는 수식의 구문은 속죄와 청산의 작업을 나타낸다. 예수님이 대속의 죽음을 통해 다른 사람의 죄를 사면할 것임을 예고한다. 저자 요한은 복음서의 서두에서 어린양의 모티브를 통해 새로운 메시아의 사명을 밝히고 있다. 이 사실은 이어지는 네 제자의 선택에서 구체적으로 드러난다(1.35-51). 1장 51절에는 인자의 모습이 하나님 사자의 오르내림을 통해 구체적으로 제시된다. 하나님과 인간 사이의 장벽을 제거하는 십자가의 죽음에 관한 계시이다.

고귀한 존칭 '하나님의 어린양'은 1장 36절에도 등장한다. "보라 하나님의 어린양이로다." 여기에는 세례 요한이 두 제자가 메시아의 활동에 동참하도록 권유하기 위해 사용된다. 대속의 죽음을 통한 구원을 지시하는 그리스도 호칭은 제자들의 '따름'을 위한 지표가 된다. '하나님의 어린양을 보라'에 해당하는 라틴어 구절 'Ecce agnus dei'는 후일 가톨릭 교회의 찬송가 가사로 선정된다. 어린양은 요한계시록을 인도하는 중심모티브이다. 어린양의 피, 시온산의 어린양, 어린양의 혼인잔치는 그리스도의 죽음, 승리, 구원의 성취를 나타내는 상징적 어구이다. 계시가 요한은 어린양을 부활과 승천을 통해 영원한 하나님의 세계를 완성할 구원의 주체로 승화한다.

이어지는 9-13행은 앞의 4-5행을 이어받는다. 로고스의 본성인 빛은 여기에서 '참된 빛'으로 다시 표현된다. 어둠의 자녀가 이미 와있는 '참빛'을 보지 못하는 것은 스스로의 죄악 때문이다. 세례 요한의 강력한 경고에도 불구하고 들을 귀를 상실한 인간집단은 구세주인 예수 그리스도를 최악의 범죄자로 만들어 십자가에 못 박아 죽인다. 그러나 끈질긴 사탄의 사주를 뿌리치고 끝까지 메시아 이름을 믿는 자에게는 '하나님의 자녀'가 되는 특권이 주어진다. 이것이 부활한 예수님의 최후명령을 충실히 이행한 사도 요한이 체득한 구원의 확신이다.

첫행에서부터 시작된 로고스 칭송은 14행에 이르러 새로운 차원으로 들어선다.

> 말씀이 육신이 되어 우리 가운데 거하시매
> 우리가 그 영광을 보니 아버지의 독생자의 영광이요
> 은혜와 진리가 충만하더라

세 단위로 구성된 복합문장은 이제까지 서술된 내용의 요약이며 동시에 서곡 전체의 핵심이다. 앞의 두 문장은 시의 주제 로고스의 새로운 진술이며 뒤의 문장은 이에 따른 결과이다. 첫 문장에서 명사 '육신'(sarx)은 무기력과 무상함에 예속된 인간을 가리킨다. 즉 하나님과 떨어져 스스로 존재하는 육체의 인간이다. '말씀이 육신이 된다'는 표현은 하나님이 지상의 인간이 된다는 의미이다.

비천함을 지시하는 '육신'은 그리스도의 '거주함'으로 인해 영광으로 이전된다. 동사 '거하다'는 원래 '장막을 치다'의 뜻으로 완전히 하나가 되는 것을 말한다. 거룩한 신성을 지닌 예수님이 비천한 인간과 동등하게 된 것이다. 이처럼 놀랍고 감사한 일이 어디에 있겠는가! 여기에는 하나님의 사랑이 전제되어 있다. 즉 피조물에 대한 창조주의 절대사랑이 작용한다.

이어지는 구문은 선행하는 구절과 밀접하게 연계되어 있다. '말씀이 육신이 된' 거대한 사건으로 우리는 '독생자의 영광'을 보게 된다. 복수일인칭 주어 우리는 모든 증인을 가리킨다. 한문역어 독생자의 이해에는 세심한 주의가 요구된다. 특별한 복합명사의 그리스어 원어 'monogenes'에서 'mono'는 '오직, 유일의', 'genes'는 '낳은 아들'을 뜻한다. 즉 다른 피조물과 달리 하나님에 의해 선택된 단 하나의 자식을 말한다. 이와 같은 표현에는 아버지와 아들 사이에 존재하는 특유의 신비관계가 내포되어 있다. 여기에 사용된 명사 독생자는 3장 16절과 18절에도 등장한다.

영광의 그리스어 'doxa'(히브리어 'kabod')는 명예, 명성, 영예를 뜻한다. 이 단어는 하나님의 자기계시와 인간의 존귀와 존엄이라는 두 가지 의미를 지닌다. 여기에는 앞의 경우로 사용된다. 하나님 스스로의 영광은 이제 아들의 영광으로 넘어간다. 요한복음 17장에 나오는 예수님의 고별설교 기도를 보면 '창세전의 영화'가 사랑의 선물로 그리스도에게 주어진다(요 17.22.24). 죄와 어둠의 인간은 예수님과 하나가 됨으로써 드높은 영광의 자리로 옮겨진다.

14행을 종결짓는 마지막 문장은 영광의 시현으로 인한 '은혜와 진리의 충만'을 송축한다. 은혜란 아무 조건없이 하나님에 의해 베풀어지는 호의이며, 진리는 예수님에 의해 도달될 수 있는 하나님의 현실이다. 두 단어는 '충만'(pleroma)으로 인해 더욱 밀착된다. 명사 '충만'은 영지주의자가 생각하듯 신적 존재의 절대적 본질을 나타내는 철학적 개념이 아니다. 그것은 현실로 경험될 수 있는 지각의 요소이다. 요한은 예수님의 영광에서 원래의 순수한 '충만'을 보고 있다. 골로새서 1장 19절에도 유사한 표현이 등장한다. "아버지께서는 모든 충만으로 예수 안에 거하게 하시고." 여기에는 '충만'이 '모든 충만'으로 확대, 강화된다. 인간에게 계시되는 신적 속성의 총화는 그리스도 안에 '거주함'으로 인해 완전하게 된다.

14행의 종결부는 16-17행으로 이어진다. 16행은 예수 그리스도에 의한 '은혜의 시대'를 선포한다. 모세의 율법을 넘어서는 새로운 복음은 '은혜 위에 은혜'로 강조된다. '위에'로 번역된 그리스어 전치사 'anti'는 '... 대신에', '... 에 대한 보충으로'의 뜻이다. 이것은 은혜의 교체와 교환을 말한다. 모세의 은혜는 이제 그리스도의 은혜로 대체된다. 17행에는 '은혜와 진리'가 예수 그리스도에 의해 주어진 사실이 강조된다. 풍성한 은혜의 축원은 찬가를 끝맺는 18절에서 '독생자'의 자기계시로 귀결된다.

본래 하나님을 본 사람이 없으되 아버지 품속에 있는 독생하신 하나님이 나타 내셨느니라

구약에 의하면 피조물인 인간이 여호와 하나님을 보거나 만나는 것은 불경의 죄에 속한다. 그러나 '은혜의 시대'에는 예수 그리스도를 통해 하나님 아버지와 직접 대면할 수 있다. 오해를 자아내기 쉬운 명사구 '독생하신 하나님'은 로고스로서의 독생자의 의미를 강조하는 비유적 표현이다. 예수님을 하나님과 동등의 자격으로 승화하여 표현한 것이다. 특별한 서술부 '품속에 있다'는 이 사실을 뒷받침하는 현실적 표현이다. 자동사 '나타내다'는 이야기하다, 해석하다를 뜻한다. 예수님은 하나님의 완전한 중재자이다. 장엄한 로고스 찬가는 아들에 의한 아버지 영광의 축송으로 막이 내린다.

로고스 찬가로 불리는 요한복음 서곡은 창조의 말씀에 내재한 예수님의 '선존재'가 인간의 몸으로 변화된 사실을 증언하고 있다. 성육신의 개념으로 규정된 기본명제는 이미 초대교회에서 기독교신학의 원리로 정립된다. 여기에 해당하는 라틴어 용어 'incarnatio'(그리스어 sarkosis)는 '육신으로 변화시키다'를 뜻하는 동사 'incarno'의 명사형이다. 신성을 지닌 예수님이 죄 많은 인간인 우리와 하나가 된 것은 더할 수 없는 은혜의 선물이다. 참된 복음의 신앙은 여기에 근거한다. 창조의 말씀인 로고스에 관한 요한의 심오한 통찰과 신학적 해석은 특정한 시대와 사상을 초월하여 영원히 빛을 발한다.

5. 로마서의 인사말 표제

로마서를 열어주는 1장 1-7절은 서신형식의 머리에 해당하는 표제의 인사말(salutatio)이다. 고대서신의 서언에 연결된 도입부는 보통 발신자, 수신자, 인사말의 세 부분으로 구성된다. 발신자와 수신자의 제시는 서로 다른 집단 사이의 상호소통을 원활하게 하기 위해 주어진다. 로마서에는 특별하게 서두의 내용에 문서의 기본방향이 제시된다. 그것은 한마디로 **예수 그리스도의 복음에 의한 은혜의 계시이며 성취이다.** 구원의 은혜는 인사말뿐만 아니라 서신 전체를 인도하는 주도 모티브이다.

은혜의 그리스어 명사 'charis'는 하나님이 스스로의 뜻에 맞아 베푸는 호의를 말한다. 이에 연관된 동사 'chrei'는 기뻐하다, 감사하다를 뜻한다. 여기에 해당하는 히브리어 명사는 'chen'이다. 은혜는 죄인을 향한 하나님의 대가 없는 호의이며 애호이다. 로마서 3장 24절에 의하면 인간의 죄에 대한 사면은 '은혜로 값없이' 이루어진다. 이것은 기독의 구원을 이해하는 기초이다.

로마서의 서두는 다른 서신과 구분된다. 그것은 한편의 '신학 프로그램'이라 할 수 있다. 동방의 편지형식을 보여주는 도입부는 전체의 구성에서 발신자와 수신자의 제시와 축복의 소망의 두 요소를 포함한다. 편지의 발신자는 인사말을 전하기 전에 자신의 신분과 서신의 성격을 밝히고 있다.

이것은 수신자가 미지의 이방인 교회이기 때문이다. 로마 공동체는 바울이 세운 교회가 아니며 방문한 적도 없는 낯선 대상이다. 따라서 발신인의 의도와 구상에 관해 미리 알릴 필요가 있다. 편지의 서두와 마지막에는 로마교회의 방문계획이 구체적으로 언급된다(롬 1:8-17,15:22-33). 15장 28절에는 로마를 거쳐 서바나로 가리라고 기록되어 있다.

　인사말의 구성과 문체도 다른 서신과 구분된다. 일곱 절에 걸친 기다란 단락은 중간의 단절이 없이 하나로 이어진다.

　　예수 그리스도의 종 바울은 ... 은혜와 평강이 있기를 원하노라

　단락 전체를 일관되게 연결하는 특별한 서법은 여러 개의 작은 단위로 구성된 복합단락을 동일한 맥락에서 읽게 한다. 단락의 구성에서 보면 첫 절과 마지막 절 사이에 놓여있는 다섯 절은 둘째 절을 열어주는 '이 복음'에 관한 서술이다. 다시 말해 상세한 복음의 설명이 인사말의 대부분을 차지한다. 서신의 표제를 기술하는 저자의 주안점은 **구원의 복음으로의 안내**이다. 이 기본지침은 편지의 본론에 해당하는 1장 16절-15장 13절에서 일관되게 추구된다. 본론의 마지막에는 교구인을 향한 축원의 말씀이 주어진다(15:7-13).

　서신의 발신자는 자신에게 주어진 선교사명의 제시로 편지를 시작한다(1:1). 주어 바울로 시작되는 과거문에서 일반명칭 예수 그리스도는 원문에서 '그리스도 예수'로 바꾸어 표기되어 있다. 이것은 새로운 메시아의 존재를 강조하는 어법이다(우리말 성경에는 '예수 그리스도'로 번역되어 있다).

　　예수 그리스도의 종 바울은 사도로 부르심을 받아 하나님의 복음을 위하여 택
　　정함을 입었으니

두 부분으로 구성된 문장의 서두에서 바울은 '예수 그리스도의 종'으로 규정된다. 명사 '종'의 그리스어 'douloi'는 모든 권한이 주인의 손에 달려 있는 예속자이다. 그는 흔들리지 않는 충성과 무조건의 복종심을 소유한 자이다. 이 명사는 구약시대로부터 하나님이나 왕을 섬기는 고귀한 직분의 명칭으로 통한다. 서술부 '부르심을 받아'는 직접적 소명을 가리키는 상황어이다. 수동형식으로 표현된 구문은 서신의 종결부에서 성도의 호칭으로 전이된다. 사도는 하나님에 의해 특별히 파송된 자이다. 여기에는 예수님과 '함께한' 열한 제자 이외에 후세의 복음전파자도 포함된다.

문장의 마지막에 등장하는 수동형 과거분사 '택정된'은 '가려내어진'을 뜻한다. 고대 그리스어 동사 'aphorizo'는 구별하다, 선택하다, 규정하다를 뜻한다. 즉 특정한 인간이 사도로 선택된다. 갈라디아서 1장 15절에도 동일한 표현이 등장한다. '나를 택정하시고'. 특별하게 사용된 동사와 과거분사 부가어는 부활의 예수님이 개인적으로 소명을 부여한 사실을 가리킨다. 고린도전서 15장 8-11절에는 이에 관한 자세한 증언이 나온다. '하나님의 복음을 위하여'는 '하나님의 복음을 설파하기 위하여'를 뜻한다. 의미 있는 부사구는 선별된 사도의 사명을 분명하게 지시한다. 회심한 바울의 삶의 목적은 한마디로 '하나님의 복음을 전하는' 것이다.

저자가 복음의 근원을 하나님에게 두는 것은 특별한 의미를 갖는다. 그것은 복음의 전파가 인간적 판단에서 나온 것이 아님을 명시한다. 갈라디아서 1장 12절에는 '예수 그리스도의 계시' 때문이라고 밝히고 있다. 그리스도가 스스로 죄인 앞에 출현하여 계시한 일은 복음의 진리에 관한 확신을 갖게 한다. 명사 복음은 여기에서 하나님과 예수 그리스도에 동시에 관계된다. 즉 근본적으로 하나이다.

바울은 복음의 내용을 서술하기 전에 한가지 중요한 사실에 주의를 돌리고 있다. 그것은 자신의 사명이 유대민족에게 주어진 하나님 계시의 연속이라는 사실이다. 예수 그리스도에 관한 복음은 선지자에 의해 약속되어있다. 1장 2-3절에 거듭하여 등장하는 구문 '그의 아들에 관하여'는 '선존재'의 개념에 연관된다. 예수 그리스도는 처음부터 지금까지 창조의 하나님과 함께한 유일무이의 자식이다.

사도 요한이 서곡의 찬가에 강조한 로고스의 인칭화는 바울에 의해 뒷받침된다. 억눌린 이스라엘 민족의 해방에 관한 기쁜 소식은 구약성서에 이미 예언되어 있다. 이 지적은 이사야 40장 9절을 상기시킨다. 여기에서 '아름다운 소식'을 전하는 희망의 사신은 바로 복음의 전파자이다.

> 아름다운 소식을 시온에 전하는 자여 너는 높은 산에 오르라 아름다운 소식을
> 예루살렘에 전하는 자여 너는 힘써 소리를 높이라

이어지는 3-4절은 복음의 대상인 예수 그리스도에 관한 서술이다. 인사말의 중심을 형성하는 두 절은 명료한 운문의 시행으로 되어있다.

> 1:3 육신으로는 다윗의 혈통에서 나셨고
> 1:4 성결의 영으로는 죽은 자들 가운데서 부활하사
> 능력으로 하나님의 아들로 선포되셨으니

세 단계로 전개된 두 절은 초대교회에 알려진 신앙고백 도식이다. 기독교교리의 전통을 형성한 모형적 구문은 특별한 수사법에 의거한다. 즉 앞에 언급된 하나님의 아들이 동일한 병행구조로 서술된다. 나란히 놓여있는 세 행은 예수 그리스도의 존재를 이원적으로 진술한다. 이것은 성육신 사상에 나타나있는 기본입장이다.

육신과 성령은 지상적 인간이며 동시에 천상의 아들이라는 그리스도의

존재적 본질을 조명하는 두 측면이다. 첫째, 예수 그리스도는 육신의 면에서 다윗의 혈통에 속한 지상의 인간이다. 이것은 사무엘하 7장 12-14절에 나오는 나단의 약속에 근원을 두고 있다. 육신에 의한 예수님의 오심은 다윗의 자손으로 기대된 메시아의 예언에 대한 현실적 성취이다. 둘째, 성령의 차원에서 죽은 자 가운데서 부활하여 '능력으로 선포된' 하나님의 아들이다. '성결의 영'은 성스러움의 영이라는 뜻으로 성령의 또다른 표현이다. '죽은 자들 가운데서 부활하사'는 바울이 예수 그리스도의 부활을 증거하기 위해 사용하는 도식적 문구이다. 고린도전서 15장 4절에는 다음과 같이 기록되어있다.

장사지낸 바 되셨다가 ... 사흘만에 다시 살아나사

1장 4절의 후반을 시작하는 '능력으로'에서 능력은 그리스어 명사 'dynamis'를 가리킨다. 그것은 기적을 일으키는 폭발적 행위와 작용을 말한다. 다시 말해 하나님에게 속한 영원한 생명의 힘이다. 이 단어는 마가복음 12장 24절에도 부활의 사실을 설명하기 위해 사용된다. "하나님의 능력도 알지 못함으로..." 로마서에도 '하나님의 능력', '성령의 능력' 등으로 계속하여 등장한다. 1장 16절에는 복음이 '하나님의 구원의 능력'으로 규정된다. 이 능력은 영적인 힘, 영원한 구원을 선사하는 하나님의 행동이다. 15장 19절에는 복음전파의 성공적 기적이 사도의 행위가 아니라 '성령의 능력'에 의한 것임이 천명된다.

부사구 '능력으로'는 '선포되었다'에 연결된다. 이 과거동사는 '임명되어 공표되었다'의 뜻이다. '능력으로 선포되었다'는 '성령의 힘으로 인정되었다'로 바꾸어 쓸 수 있다. 하나님의 아들은 부활의 복음을 통해 하나님이 스스로 천명한 유일의 아들이다. 이제 1장 4절의 내용은 다음과 같이 정리된다. **예수님은 성령의 '능력'으로 부활하고 승천하여 하나님의 아들로 완전하게 선포되었다.** 이것이 앞에 제시된 '그의 아들'의 진정한 의미이다. 영적 능력에 의한 부활은 8장 11절에 구체적으로 진술된다.

1장 4절의 명제는 저자의 다른 서신에서 그리스도 찬가로 발전한다. 빌립보서 2장 6-11절은 그 모형이다. 원시교구의 찬가에서 형식을 취한 서두의 노래는 빌립보의 교인을 겸손과 비하의 성품으로 인도하려는 데 목적이 있다. 숭고한 문체로 구사된 여섯 연의 운문은 예수 그리스도의 자기 비하와 희생을 부각시키고 있다. 그것은 비천한 몸으로 세상에 내려온 이후 부활에 의해 천상으로 올려진 '주님'의 상이다. 낮아짐의 길을 통한 드높임은 마지막 절에서 영광의 칭송으로 귀결된다(빌 2:11).

> 모든 입으로 예수 그리스도를 주라 시인하여 하나님 아버지께 영광을 돌리게 하셨느니라

윗문장의 전반부 "예수 그리스도를 주라 시인한다"는 1장 4절의 종결부와 일치한다. "우리 주 예수 그리스도시니라." 여기에서 '우리 주'는 다음 절에 나오는 '그의 이름'과 함께 호칭의 변화를 지시한다. 복수일인칭 주어 우리에 연결된 '주님'은 모든 사람의 구원자이다. 편지의 발신자와 수신자는 하나님의 능력 안에서 하나가 된다. 이것은 교구서신을 작성하는 중요한 배경이다(1:5).

> 우리가 은혜와 사도의 직분을 받아 그의 이름을 위하여 모든 이방인 중에서 믿어 순종하게 하나니

'우리'로 시작되는 문장은 앞의 문구에 연결되어있다. '우리 주'의 고백은

사도의 사명에 대한 진술로 이어진다. 그것은 한마디로 '은혜의 사도직'이다. 기독교인을 심하게 핍박하던 율법학자 바울이 복음을 담대하게 전파하게 된 것은 오로지 하나님의 은혜 때문이다. 고린도전서 15장 10절에는 다음과 같은 고백이 나온다.

　　내가 나된 것은 하나님의 은혜로 된 것이니

　바울의 삶, 사도의 직분, 복음의 사역을 감당할 수 있는 능력의 전수, 이 모든 것이 하나님의 은혜에 기인한다. 은혜는 용서와 사죄에 연유하며 '능력'에 연결되어 있다. 은혜의 능력을 부여받은 자는 자신의 삶을 하나님의 사역을 위해 바친다.

　'은혜의 사도직'을 위임받은 자는 그리스도의 '이름을 위하여' 자신의 사명을 수행한다. 성서어 '이름'은 존재의 정체성을 대언하는 명사이다. 그 내용은 이방의 족속을 '믿어 순종하게 하는' 것이다. 순종은 겸손의 믿음으로 구원자 앞에서 신뢰의 마음으로 낮아지는 것이다. 사도의 선교목적은 '믿음의 순종'을 세우는 것이다. 이 사실은 맺음말의 서두인 15장 18절에도 반복된다. "이방인들을 순종하게하기 위하여". 바울이 이방인의 사도가 된 것처럼 로마의 교구인들도 그리스도의 신앙으로 하나님의 은총에 참여하게 된다. 이어지는 성도의 축원은 여기에 연유한다.

　마지막 7절은 표제 인사말의 결어이다. 두 부분으로 된 복합문장에서 전반은 수신자의 성격에, 후반은 기원의 내용에 관계된다. 이미 앞의 6절에서 '너희'로 불린 상대방은 '부르심을 받은 성도'이다. 명사 성도는 구약의 신명기 33장 2-3절과 다니엘서 7장 27절에 이미 등장하는 용어이다. 그것은 하나님에 의해 선택된 거룩한 백성을 말한다. 이와 같은 의미가 새로운 시대의 공동체로 전이된다.

'모든 성도'는 이스라엘뿐만 아니라 전세계의 성도를 지시한다. 당시의 로마교구는 유대인과 이방인이 모두 모여있는 초지역의 공동체이다. 일곱 절의 인사말을 끝맺는 축원의 문장은 다음과 같다.

하나님 우리 아버지와 주 예수 그리스도로부터 은혜와 평강이 있기를 원하노라

위의 진술문은 바울이 예수 그리스도로부터 받아들여 자신의 서신에 사용하는 기본도식이다. 고린도전서 1장 3절, 갈라디아서 1장 3절, 데살로니가전서 1장 1절에도 동일한 문장형식이 사용된다. 바울은 자신의 축원을 통해 스스로 받은 은혜의 선물을 모든 교구인에게 나누어주고 있다. 축원의 대상인 **은혜와 평강**은 하나님 사랑의 힘이며 현실이다. 여기에는 히브리어와 그리스어 명사의 의미가 합쳐져 있다. 따라서 모든 성도를 위한 공통의 범주가 된다.

은혜는 이제까지 기술된 내용의 총화이다. 하나로 연결된 기다란 단락은 이 중심어에 의해 인도된다. 특별하게 위임받은 사도직의 근원으로 제시된 은혜는 이제 신실한 교구성도를 위한 기원의 대상이 된다. 평강의 그리스어 'shalom'은 초기공동체에 사용된 인사말로 '영혼의 평화'를 뜻한다. 즉 하나님에 의해 사랑을 받는다는 내적 경험과 감사의 표시이다. 동시에 은혜를 받은 자가 살아가는 삶의 방식이다. 은혜와 평강은 성스러운 공동체의 구성원에게 주어지는 하나님과 예수 그리스도의 선물이다.

6. 고린도전서의 '사랑의 아가'

고린도전서 13장 1-13절은 '사랑의 아가'로 명명된다. 그것은 고귀한 언어형식으로 쓰인 사랑의 칭송이다. 따라서 찬가의 범위에서 시의 텍스트로 읽을 수 있다. 아가서에서 취한 용어 아가는 고귀한 노래를 뜻한다. 열세 절로 구성된 장엄한 노래는 서신작가인 저자의 탁월한 시적 능력을 증거한다. 풍성한 문학적 표현으로 가득 찬 운문의 작품은 신약성서에 등장하는 가장 아름다운 사랑의 노래이다. 고린도 교회에 보내진 서신에 실린 한 장의 서술이 오늘날까지 사라지지 않는 영향력을 유지하는 것은 감동을 주는 영적 내용과 함께 형식의 매력이 한몫을 한다.

고린도전서 13장 전체를 차지하는 다원적 단락은 '보다 높은 은사'인 사랑을 수사적 문체를 통해 칭송한다. 특히 비유의 표현은 가장 중요한 문체의 특징이다. 시를 시작하는 첫절은 완전한 비유문장으로 서술된다(고전 13:1).

> 내가 사람의 방언과 천사의 말을 할지라도 사랑이 없으면 소리나는 구리와 울리는 꽹과리가 되고

두 부분으로 구성된 복합문장의 후반에서 사랑이 없는 '나'를 비유하는 두 개의 비유상 '소리나는 구리'와 '울리는 꽹과리'는 무익하고 방해가 되는 소음을 가리킨다. 이와 같은 비유법은 사랑의 가치를 강조하기 위해 사용된다. '소리나는 구리'와 '울리는 꽹과리'는 고린도교회 교인에게 디오니소스와 키벨레(Cybele) 여신의 성전을 통해 잘 알려져 있는 대상이다.

사랑은 신약성서의 기본주제이다. 세 편의 공관복음, 요한복음, 로마서에는 사랑의 주제가 여러 문맥에서 거듭하여 다루어진다. 사랑과 '사랑하

다'는 요한복음의 중심개념이다. 하나님은 절대사랑의 주체이다. 가장 탁월한 사랑의 표현은 하나님이 자신을 믿는 모든 사람을 구원하기 위해 독생자를 세상에 보냈다는 증언이다(요 3:16).

하나님이 세상을 이처럼 사랑하사 독생자를 주셨으니 이는 그를 믿는 자마다 멸망하지 않고 영생을 얻게 하려 하심이라

로마서 12장 9-13절은 사랑의 아가와 병행하는 사랑의 단락이다. 여기에는 율법의 사랑이 어떻게 행동으로 옮겨지는가를 서술한다. 다섯 절의 단락을 시작하는 첫절의 문장 "사랑에는 거짓이 없나니 악을 미워하고 선에 속하라"는 고린도전서 13장 5절의 마지막 부분과 유사하다. "사랑은 악에 편입되지 않는다." 마지막 절에는 소망으로 기뻐하며 재앙에서 인내하고 기도에서 완강하라고 권유된다. 세 겹의 격려는 오로지 사랑의 힘에 의해 가능해진다.

요한1서 4장 7-21절은 '사랑의 장'으로 불린다. 방대한 복합단락은 '서로 사랑하라'(요일 4:7-12)와 '사랑 안에 머물다'(4:13-16)의 두 부분으로 구성된다. 열다섯 절에 걸친 사랑의 서술은 간결한 선언 '하나님은 사랑이다'로 시작된다(4.8). 라틴어 문장 'Deus caritas est'로 자주 인용되는 성서구절은 하나님의 존재에 관한 최고의 은유이다. 하나님의 내면적 본질 자체가 사랑이다. 사랑은 그 스스로 사랑인 하나님 안에 뿌리를 박고있다. '하나님은 사랑이다'는 그 의미를 믿음에서 실제로 인식할 때 삶을 변화시키는 가장 강력한 진리이다.

사랑은 고린도전서 13장에서 특별한 문맥으로 사용된다. 사랑에 해당하는 그리스어 명사 'eros'와 'philia'는 성적 사랑과 일반적 애호의 사랑을 말하는 것으로 모두 소유욕을 전제로 한다. 이에 비해 'agape'는 무조건 베푸

는 사랑이다. 그리스어 명사 'agape'는 원래 '사랑의 식탁'이라는 뜻이다. 아가페의 사랑은 로마서 5장 8절에서 대속의 죽음을 통한 십자가 사랑으로 표현된다.

우리가 아직 죄인 되었을 때에 그리스도께서 우리를 위하여 죽으심으로 하나님께서 우리를 위한 자기의 사랑을 확증하셨느니라

바울은 당시의 고린도교회에 성행한 지나친 은사의 열정에 대해 사랑의 가치로 맞서고 있다. 사랑의 절대화라는 주제는 이와 같은 배경에서 올바로 이해된다. 고린도교회 교인들이 방언을 시도하는 방식은 디오니소스 제식과의 밀접한 연관을 보여준다. 여러 단락을 거쳐 전개된 사랑의 서술은 사랑을 최고의 위치로 승화하는 한 행의 결구로 끝난다. 시 전체를 마무리짓는 마지막 행은 숭고한 사랑의 찬양이다.

전체의 구성은 크게 세 부분으로 나누어진다. 도입부에 해당하는 1-3행에는 모든 은사에 앞서는 사랑의 가치가, 이어지는 4-7행에는 사랑의 구체적 행위가, 마지막 8-13행에는 종말의 시점에 드러날 사랑의 영속적 가치가 지적된다. 사랑의 서술은 찬가의 진행에서 세 단계를 통해 점진적으로 움직인다. 처음의 세 행에는 사랑의 가치와 필요성이 일인칭자아 주어 '나'의 발안을 통해 증언된다. 수사적 가정법 문장도식 '... 할지라도 사랑이 없으면 ... 이다'는 모든 것에 우선하는 사랑의 본질을 강조한다.

사랑의 주제는 이언(異言), 예언, 지식, 믿음과 대비되어 서술된다. 첫행에서 '천사의 혀'로 비유된 이언이란 순간의 열정에 의한 기이한 방언으로 다른 사람이 알아듣지 못하는 말을 의미한다. 믿음에 사랑이 전제되는 것은 사랑이 없는 믿음이란 내용이 없는 껍데기에 불과하기 때문이다. 기독교인의 자유와 사랑을 서술하는 갈라디아서 5장 서두에 나오는 짤막한 선언

에는 믿음의 행위가 사랑에서 알 수 있다는 사실이 지적된다(갈 5.6).

> 그리스도 예수 안에서는 할례나 무할례나 효력이 없으되 사랑으로써
> 역사하는 믿음뿐이니라

강한 설득력을 지닌 문장의 처음을 장식하는 부사구 '그리스도 예수 안에서'는 그리스도의 믿음에서 하나로 연합하고 상호공동체를 소유한 사람들의 삶의 방식을 지시한다. 그곳에는 할례나 무할례나 아무런 의미를 갖지 못하며 심지어 방해요소가 된다. 오로지 예수님의 삶에서처럼 사랑에 뿌리를 박은 믿음만이 중요하다. 사랑의 행위를 규정하는 동사 '역사한다'는 '활동하여 힘을 나타낸다'는 뜻이다. 즉 활력적인 사랑의 능력에서 믿음의 결과가 확인된다.

둘째 단락의 첫절에는 문장의 주어가 '나'에서 사랑으로 옮겨진다. 즉 사랑의 인칭화를 통해 사랑의 행위가 다양한 형태로 기술된다. 여기에 다채롭게 나열된 사랑의 행위는 당시의 고린도교회 교인의 행동에 연관되어 있다. 단일형태의 문장구도 '사랑은 …하다'는 네 행 전체를 관류한다. 동일한 문장형식의 **반복적 병행**은 단락 전체를 통일된 구조에서 읽게 한다. 문장의 표현방식에서 보면 8개의 부정동사와 7개의 긍정동사가 동시에 사용된다. 이로 인해 악의 극복과 선의 실행이 함께 조명된다. 선행하는 세 절을 이어받는 마지막 7절에는 사랑의 본성이 관용, 믿음, 희망, 인내로 정리된다. 제2부의 결론은 한마디로 부족함이 없는 사랑의 완전성이다.

둘째 단락을 구성하는 네 개의 병렬문을 루터 성서 개역본(2017)에 의거하여 번역하면 아래와 같다(고전 13:4-7).

> 13:4 사랑은 참을성이 있고 친절하다. 사랑은 시기하지 않는다. 사랑은 악의

를 추구하지 않는다. 사랑은 부풀리지 않는다.

13:5 사랑은 불손하게 행동하지 않는다. 사랑은 자신의 것을 추구하지 않는
다. 사랑은 스스로 격분하지 않는다. 사랑은 악에 편입되지 않는다.

13:6. 사랑은 불의를 즐거워하지 않는다. 그러나 사랑은 진리를 즐거워한다.

13:7 사랑은 모든 것을 견디어낸다. 사랑은 모든 것을 믿는다. 사랑은 모든 것
을 소망한다. 사랑은 모든 것을 인내한다.

8-13행의 셋째 단락은 이제까지 서술된 내용에서 한걸음 더 나간다. 여
섯 행의 단락을 열어주는 8행은 앞단락의 계승이며 동시에 해당하는 단락
의 전제이다(고전 13:8).

사랑은 언제까지나 떨어지지 아니하되

경구형식의 간결한 문장은 '사랑은 결코 소멸되지 않는다'로 바꾸어 쓸
수 있다. 여기에는 사랑의 영원한 능력이 암시되어 있다. 이 명제는 시의
결구에서 구체적으로 증명된다. 이어지는 9-12행의 네 행은 진전된 내용
의 서술로 마지막 행을 예비한다. 산문형식이 포함된 결론부에는 사랑의
완성이 종말의 차원에서 개진된다. 새로운 문체로 표현된 12행이 중심을
형성한다.

우리가 지금은 거울로 보는 것 같이 희미하나 그때에는 얼굴과 얼굴을 대하여
볼 것이요
지금은 내가 부분적으로 아나 그때에는 주께서 나를 아신 것 같이 내가 온전
히 알리라

두 단위로 구성된 복합문장은 인칭대명사 주어 '우리'와 '나'를 통해 '지금'과 '그때'의 상황을 서로 대조하고 있다. 구체적으로 '거울'과 '얼굴', 부분과 온전의 대조이다. 앞의 경우는 어린아이의 희미함과 어른의 명료함을, 뒤의 경우는 현재와 종말의 인식을 지시한다. 아이와 어른은 각기 미성숙과 완숙의 시점을 지시한다. **사랑의 진정한 의미와 가치는 마지막 구원의 시점에 하나님의 영광과 함께 분명하게 드러난다.** 이것이 마지막 단락의 핵심이다.

위의 인용문에서 유의할 부분은 사랑의 개념이 두 지각행위로 표현된다는 사실이다. 즉 사랑은 '봄'과 인식의 작용을 통해 그 의미가 올바로 파악된다. 사랑의 이해는 본질적으로 '보다'와 '알다'에 근거를 두고있다. 세 단계에 걸쳐 진행된 사랑의 찬미는 하나의 문장으로 종식된다(13,13).

> 그런즉 믿음, 소망, 사랑, 이 세 가지는 항상 있을 것인데 그중의 제일은 사랑이라

결과를 지시하는 접속부사 '그런즉'으로 시작되는 결구는 이제까지 기술된 내용의 총화이다. 발언자의 확고한 의지를 보여주는 종결문의 주어는 믿음, 소망, 사랑의 세 요소이다. 이들은 복음의 성격을 지시하는 중심어이다. 서로 다른 세 개의 개념은 자동사 '머물다'에 의해 하나로 통합된다. 우리말 성경에서 '항상 있다'로 번역된 서술부는 존재의 영속을 넘어 우주적 완성을 지시한다. 이와 같은 의미는 종말의 시점을 강조하는 9-12행에 이미 암시되어 있다.

이어지는 후반부는 앞에 지적된 세 항목 가운데 마지막에 위치한 사랑에 최우선의 권리를 부여한다. 원본의 구절에 정관사가 주어진 '가장 큰 것'은 그리스어 문법에서 최상급이 아니라 비교급이다. 즉 '보다 큰 것'을

의미한다. 이제 시 전체의 내용을 총괄하는 마지막 행은 다음과 같이 재구
성될 수 있다.

　믿음, 소망, 사랑은 항상 존재한다. 잘 알려진 3화음이다. 그러나 사랑이
다른 두 요소보다 더욱 크다. 그것은 우리 마음속에 부어진 하나님의 사랑
이다.

　세 요소의 자리매김에서 마지막에 불린 사랑이 '제1의' 자리로 승격한 것
은 믿음과 소망의 결실이기 때문이다. 사랑은 모든 것을 포용하는 최후의
승리자이다. 이와 같은 결정적 말씀에는 **하나님의 사랑**이 근저에 놓여있
다. 찬가의 주제 사랑은 마지막에 이르러 무한한 절대사랑으로 귀결된다.
'사랑의 아가'는 우리의 삶과 영혼을 새로운 차원으로 인도하는 위대한 하
나님 사랑의 칭송으로 대단원의 막이 내린다.

제1장 기독교 시의 의미와 기능

  기독교 시는 기독교의 주제와 내용을 다룬 시를 의미한다. 장구한 세월에 걸친 세계문학의 발전사를 조망해보면 일반적, 세속적 사실과 사건이 아닌 기독교, 특히 성서의 주제와 모티브를 다룬 시가 수없이 발견된다. 개인의 신앙고백이 동반된 이와 같은 문학작품은 대부분 성서의 말씀에 대한 깊은 감동과 영적 영감에서 탄생한다. 기독교 시는 성서와 밀접하게 연관되어 있다. 이런 점에서 성서 시와 기독교 시는 같은 차원 위에 있다.

  기독교 시는 오랜 역사를 지닌 기독교문학의 일부이다. 기독교 문학이라는 용어는 기독교가 생성된 그리스와 로마문화에서 이미 형성된 개념이다. 기독교 문학에는 기독교를 다룬 광범한 문학적 표현, 즉 소설과 같은 서사문학, 시, 희곡, 기독교 전설, 수필, 수기, 일기, 자서전 등이 모두 포함된다. 우리가 앞으로 취급할 기독교 시는 주로 서정시와 노래의 형태로 쓰여진 시작품을 말한다. 서로 연결된 두 장르는 다른 문학형식에 비해 서정성과 음악성이 뚜렷하다. 율격과 리듬에 의해 지배되는 서정시는 노래로 작곡되기에 적합하다. 오늘날 교회예식에 자주 불리는 찬송가와 복음성가는 대부분 서정시를 음악으로 가공한 것이다. 따라서 그 의미와 분위기를 완전하게 파악하기 위해서는 근거로 사용된 시의 내용과 형식에 관한 지식이 필수적이다.

신학과 문학의 영역에서 기독교문학 혹은 기독교 시에 관한 연구는 다른 장르와 주제에 비해 미미한 상태에 있다. 종교와 문학의 두 분야에 연관된 복합주제는 전통적 학문연구의 수행에서 정통의 주제에 소속되지 않는다. 여기에는 여러 가지 이유를 생각해 볼 수 있다. 오랜 역사를 자랑하는 신학과 문헌학에는 각기의 학문성격에서 제기된 문제의식에 적합한 주제와 대상이 존재한다. 분화사의 발전과정에서 활성화된 기독교문학은 여기에서 제외된다. 또다른 이유는 연구자가 신학과 문학의 양면에 정통한 자질과 능력을 소유해야 하기 때문이다. 소위 학제간 연구의 필요성과 연구방법이 체계적으로 개진된 것은 인문학연구의 발전사에서 그리 오래된 일이 아니다.

이런 점에서 1987년에 발표된 크란츠(Kranz)(1921-2009)의 단행본 〈기독교문학이란 무엇인가? 주제, 사실, 데이타〉는 기독교 시 연구에서 독보적 업적이라 할 수 있다. 독일 영문학자이며 가톨릭작가인 그는 기독교문학에 관한 다수의 저서를 집필한 이 방면의 전문가이다. 크란츠는 오랜 기간에 걸쳐 추적한 세밀한 자료조사와 이를 바탕으로 삼은 사실연구를 통해 기독교문학에 관한 전체적 조망을 완성한다. 집필의도가 서언에 밝혀진 의미있는 책자에서 기독교문학은 중심내용, 저자, 수신자와 영향, 중재수단의 네 항목으로 나누어 기술된다.

첫번째 요소인 중심내용에는 기독교문학과 비기독교문학을 구분하는 기준인 **기독교성**이 무엇인가 하는 것이 문제가 된다. 기독교성 혹은 기독교적인 것은 신학과 교회의 영역에서 자주 사용되는 용어이다. 그럼에도 불구하고 정확한 개념정의에는 복잡한 문제가 수반된다. 신학자와 시인 사이에도 견해의 일치를 찾아보기 힘들다. 저자는 주어진 난제를 해결하기 위해 견본이 되는 텍스트의 관찰로 시선을 돌린다. 그러나 그 어떤 결론을 유도하는 대신에 특별한 방법을 택하고 있다. 두 장에 걸친 서술의 마지막에는 기독교문학을 주제로 삼은 1986년의 학제간 심포지움에서 정리된 기독교문학의 정의가 적절한 대안으로 제시된다.

"기독교문학은 예수 그리스도에 의해 사로잡힌 인간이 기록하는 문학이다. 여기에는 사로잡힌 것의 본질적 특성이 인식된다."

두 부분으로 구성된 복합문장에는 기독교문학이 예수 그리스도와의 내면적, 영적 관계에서 규정된다. 논란의 대상이 되는 기독교성은 예수 그리스도에 의한 **'사로잡힘'**에 의해 규정된다. 이와 같은 결론은 추상적 범주에 속하는 기독교의 특성을 구체적 사실의 논증을 통해 명료하게 밝히는 것이다.

위에 인용한 기독교문학의 정의는 쿠셀(Kuschel)이 자신의 역저 〈독일어권 현대문학에 나타난 예수님〉(1978)의 서두에 제시한 기독교문학의 개념규정과 통한다. 그는 서론의 제2장 '기독교문학이란 무엇인가?'에서 기독교문학에 관해 다음과 같이 설명하고 있다(2쪽).

"그러므로 -신학적으로 규정하여- 이론과 실제에서 예수 그리스도와의 분명한 긍정적 연관을 지닌 모든 것은 기독교적이라고 부를 수 있다."

위의 문장에는 기독교적인 것이 '예수 그리스도와의 분명한 **긍정적 연관**'으로 규정된다. 문자의 근원에서 보더라도 기독교라는 용어는 그리스도에 연원한다. 예수 그리스도는 기독교의 주체이며 본질이다. 이런 점에서 기독교성의 정의가 그리스도와의 관계에 의거한다는 사실은 당연한 귀결이다.

마지막 넷째 단계에 해당하는 중재수단은 언어적, 문학적 수단을 의미한다. 여기에는 언어, 서사문학, 서정시, 희곡, 중재의 제도가 소속된다. 우리의 주제설정과 연관하여 관심을 끄는 부분은 첫째 항목으로 선정된 **언어**이다. 기독교 문학과 비기독교 문학을 구분하는 주된 기준은 서술된 내용과 함께 이를 표현하는 문체방식이다. 역량있는 기독교작가와 시인은 자신의 사유, 명상, 착상을 적절하게 표현하기 위해 고유의 언어를 사용한다. 따라서 작품에 구사된 언어형식과 특징은 기독교문학의 정체성을 보증하는 기본요소이다. 전통있는 교회노래는 주로 경건의 언어로 작성된다. 영적 특성이 강한 바로크 서정시와 노래에는 시대의 정감에 맞는 격정의 문체가 활발하게 구사된다. 현대의 기독교 노래에는 인기있는 대중음악에 부응하는 멜로디의 변화가 이루어진다.

아래에는 크란츠가 서술한 언어양식의 구체적 내용을 요약하여 설명하려 한다(54-56쪽). 모든 기독교작가는 일반적 문필가와 마찬가지로 자신과 수신자에게 즐거움을 선사하는 언어예술품을 생산하려 한다. 그는 교육적 목적을 의도하는 경우에도 독서를 즐기려는 독자의 욕구를 무시하지 않는다. 설교자조차도 청중이 졸지 않도록 하기 위해 서사이야기나 예화를 중간에 끼워넣는다. 이와 같은 '설교동화' 수록집은 12세기에서 18세기에 이르기까지 존재한다. 이와 비교되는 모음집은 명랑한 신학으로 표현되는 오늘날의 '웃음의 교리문답서'에 발견된다.

비기독교 독자를 향한 기독교문학은 언제나 언어문화의 문제와 마주친다. 이에 관해서는 원시기독교의 그리스와 라틴문학, 초기의 기독교 게르만 문학, 아시아, 라틴아메리카, 아프리카의 선교문학이 수많은 실례를 제공한다. 문학비평과 문학연구는 일반적으로 기독교문학에 독립된 문체가 존재하지는 않는다고 지적한다. 이와 같은 주장은 부분적으로 옳다. 독일

문헌학자이며 비교문학 연구가인 아우어바흐(Auerbach) (1892-1957)의 명언을 기억하자. 그는 '복음서에 의해 **새로운 문체**가 문학에 도입되었다'고 지적한다. 네 편의 복음서 저자가 자신의 문서에 사용한 언어방식은 기독교 문학의 형성에 직접, 간접으로 작용한다.

특히 요한계시록의 문체는 종말의 비전을 표현하는 20세기 초반의 현대시에 강한 영향력을 행사한다. 새시대의 문학을 표방하는 초기표현주의 시인들은 자신의 시작품에서 파국과 종말의 정감을 잘 나타내기 위해 요한계시록의 언어로 복귀한다. 여기에서 고전적 묵시어는 개별시의 성격에 맞게 가공되고 변용된다. 초기표현주의 서정시에 관한 연구에는 이에 관한 구체적 내용이 제시되어 있다. 예를 들어 초기표현주의 시인이 선호한 반복, 회귀, 축적, 병행 등의 어법은 유대의 묵시문학에 자주 사용된 수사형식이다.

문학적 수단의 두 번째 요소인 서정시에는 기독교 시의 근원적 본질이 조명된다. 서정시는 초기부터 성서와 기독교가 고향이다. 에베소서 5장 19절은 다음과 같이 노래한다.

시와 찬송과 신령한 노래들로 서로 화답하며
너희의 마음으로 주께 노래하며 찬송하며

두 행의 첫행에는 시가 찬송과 신령한 노래와 동일한 차원에서 언급된다. 여기에는 시와 영적 노래의 긴밀한 연관이 제시되어 있다. 이와 같은 사실은 후세에 생성된 기독교노래의 근원으로 볼 수 있다.

서정시는 모든 문학장르 가운데에서 믿는 자를 움직이는 것, 즉 감사, 찬송, 기쁨, 후회, 동경, 의심, 슬픔, 분노, 사랑, 실패 등의 정감을 가장 직접적으로 표현한다. 교구노래는 처음부터 가르침과 교화를 위한 유용한 수단으로 사용된다(골 3:16).

> 그리스도의 말씀이 너희 속에 풍성히 거하여
> 모든 지혜로 피차 가르치며 권면하고
> 시와 찬송과 신령한 노래를 부르며
> 감사하는 마음으로 하나님을 찬양하고

골로새서 3장에 명명된 복합어 '시와 찬송과 신령한 노래'는 에베소서 5장의 구문과 일치한다. 사도 바울은 시, 찬송, 노래를 동일한 범주로 서술하고 있다.

여덟 장으로 구성된 저서에서 제7장은 신학을 위한 기독교문학의 요청에 관해 서술하고 있다. 이와 같은 논제는 기독교문학의 정체성을 설명하는 또다른 근거가 된다. 정신사의 발전에서 기독교문학이 갖는 신학적 함의는 여러 이론가와 작가에 의해 개진된다. 예를 들면 단테의 서신(1319), 하만(Hamann)의 〈현재미학〉(1762), 밀턴과 현대시인에 관한 샤토브리앙(Chateaubriand)의 고찰 등이다. 신학자 틸리히(Tillich)는 "우리가 오늘날 인간의 종교적 자세를 이해하려면 현대문학으로 시선을 돌려야 한다"고 지적한다. 바르트는 모든 언어로 불리는 교회와 공동체의 노래는 기독교문학이라고 말한다.

기독교 시인과 기독교 신학자는 계시언어에서 해답을 찾고, 계시의 사건을 명백하게 드러낸다는 점에서 공통된다. 두 엘리트 그룹은 해석과 창작의 활동에서 유추와 상징에 의거한다. 대화와 소통을 원하는 시인은 상상력으로 작업하고 언어의 비유수단을 활용한다. 논증적으로 주장하고 가르치려는 신학작가는 주로 이성으로 작업하면서 언어의 개념에 의지한다. 신학자는 추상적으로 자연, 은총, 죄, 구원에 관해 논증한다. 시인은 상상적으로 구체적 인간상황과 믿음의 체험을 표현한다. 기록된 말씀을 통해 계시를 증거하는 성서는 거대한 부분이 시의 특성을 갖고 있다.

크란츠의 저서에서 독자에게 실제적으로 유용한 정보를 제공하는 부분은 마지막에 첨부된 주요작품 리스트이다. 매우 상세하게 작성된 목록에는 서기 150년에서 1971년에 이르는 1,800년의 오랜 기간에 걸쳐 생성된 기독교문학 텍스트가 소개되어 있다. 작가의 이름과 작품의 제목이 표기된 리스트는 그리스와 라틴문학에서 시작하여 20세기 종반에 이르는 유럽문학을 포괄한다. 선정된 작품의 형식에서 보면 서정시와 노래가 주를 이룬다. 이미 그리스와 라틴문학에서 두 장르는 하나의 차원에서 다루어진다. 중세에는 운문의 전설과 비가가 중요한 장르로 대두된다. 고대에 형성된 비가는 근세와 현대의 기독교 시에서 중요한 위치를 차지한다.

방대한 분량에 달하는 목록에서 근세 이후에 생성된 기독교 시의 내역을 추려보면 아래와 같다.

1524 Luther 노래집

1633 Herbert 〈성전〉 영문 서정시

1667 Gerhardt 〈영적 명상기도〉 서정시

1776 Lavater 〈100편의 영적 노래〉

1801 Novalis 〈영적 노래〉

1837 Eichendorff 〈시집〉

1851 Droste-Hülshoff 〈영의 해〉

1918 Hopkins 〈시집〉 라틴어

1919 Claudel 〈추방자의 미사〉 프랑스어 서정시

1930 Eliot 〈재의 수요일〉 영문 시

1943 Eliot 〈네 개의 4중주〉 영문 연작시

1950 Ungaretti 〈약속된 땅〉 이탈리아어 시

1951 Bonhoeffer 〈저항과 순종〉 수기와 시

1956 Lavant 〈거지의 그릇〉

1957 Jouve 〈시집〉 프랑스어

1961 Hagelstange 〈그 해의 노래〉

1964 Cardenal 〈라틴아메리카 시편〉 스페인어 서정시

　　　Meister 〈시집〉

위의 목록에서 보면 영미권과 유럽, 즉 독일, 프랑스, 스페인, 이탈리아 등의 유럽국가 작품이 대부분이다. 이것은 일차적으로 독일 영문학자인 저자 크란츠의 관심분야에 기인한다. 그러나 실제적으로 기독교 서정시의 원래 고향은 기독교 선교가 제일 먼저 이루어진 유럽대륙이다. 이에 비하면 기독교 선교가 늦어진 아프리카와 아시아에는 기독교 시의 전통이 상대적으로 미약하다.

저자의 후기에 의하면 1970년대 이후에도 많은 기독교작가가 등단한다. 그 가운데 적지 않은 인물이 세계적으로 유명한 작가로 성장한다. 20세기 후반 이후로는 대중음악의 영향을 받은 **영적 노래**가 청중의 커다란 호응을 얻는다. 교회예식뿐만 아니라 사회의 문화행사에도 선호되는 인기있는 노래는 기독교 서정시의 텍스트를 멜로디로 옮긴 것이다. 작곡가에 의한 음악적 가공에는 원본의 율격이나 리듬이 중요하게 고려된다.

현대문화의 발전에서 얼마 전부터 활성화된 **기독교 시의 음악화**는 오늘날 흥미로운 학제간 연구대상으로 부상한다. 여기에는 원래의 서정시가 어떠한 방식으로 음악작품으로 이전되며 그 과정에 일어난 변화가 어떠한 기능을 발휘하는가 하는 문제가 주로 다루어진다. 이와 같은 연구는 기독교 시와 교회노래의 상관성과 인접성에 관한 유용한 결과를 약속한다. 음

악학자와 문헌학자의 긴밀한 협동이 요구되는 복합주제는 앞으로도 계속해서 추진되어야 할 미해결의 과제이다. 시학과 음악학의 접목은 결코 수월하지 않은 합동연구를 위한 전제이다.

이제 기독교 시의 의미와 기능을 정리해보기로 하자. 기독교 시는 기독교의 주제와 내용을 다룬 시이다. 기독교 시는 원래의 개념에서 일반적, 세속적 시와 구분된다. 그러나 실제적으로는 일반적 시와 중첩되는 경우가 적지 않다. 일반적 시에도 기독교의 문제가 다루어지며 기독교 시에도 세속적, 일상적 주제와 소재가 표현의 대상이 된다. 기독교 시인과 비기독교 시인을 엄밀하게 가르기란 어려운 일이다. 서양서정시의 역사에서 보면 명성있는 시인의 작품에 기독교와 성서의 중요한 주제와 모티브가 넓은 조망에서 심오한 성찰을 통해 서술된다.

우리의 주제전개에서 중요한 역할을 하는 기독교 시의 기능은 세 가지로 설명될 수 있다. 첫째, 기독교 시는 서정시의 역사적 발전에 크게 기여한다. 20세기 서정시의 형성에는 기독교 시가 선구적 역할을 한다. 적지 않은 재능있는 시인에 의해 작성된 기독교노래는 서정시의 새로운 개척에 크게 기여한다. 20세기 후반에 왕성한 창작활동을 전개한 노래시인의 작품은 서정시의 현대사에서 하나의 획을 긋고 있다.

둘째, 기독교 시는 기독교노래의 이전으로 시와 노래, 문학과 음악 사이의 거리를 제거하는 통합의 기능을 지닌다. 원래부터 밀접한 관계에 놓여 있는 시와 노래는 기독교 시와 기독교노래에서 더욱 밀착된다. 이제 두 장르는 하나의 차원에서 관찰되고 이해된다. 기독교노래의 분석에는 서정시의 형식특성이 필수사항으로 고려된다. 여기에는 시행과 시연의 구조, 언어의 음향과 음조, 율격, 박자, 리듬 등이 소속된다. 서정시의 시학은 기독교노래를 해석하는 일차적 범주이다. 여기에는 때로 음악학의 접근방법이 유용한 결과를 약속한다.

셋째, 기독교 시는 기독교인뿐만 아니라 신앙과 거리가 있는 일반인에게도 기독교에 귀의하는 값진 기회를 제공한다. 그것은 마치 박물관이나 미술관을 방문한 비기독교인이 한점의 종교적 예술작품 앞에서 감명을 받아 신앙의 세계로 들어가는 것과 같다. 시, 성화, 종교적 조각과 같은 예술품은 독자와 관찰자의 마음을 움직이고 영안을 열게 하는 막강한 힘을 지니고 있다. 일반대중에 의해서도 사랑받는 기독교노래가 청중의 영혼을 일깨운 사례는 기독교노래의 수용사 연구에서 증명된다.

제2장 기독교 시의 이해를 위한 두개의 전제

이 장에는 앞으로 서술할 기독교 시의 역사와 그 내용의 이해를 위한 두 개의 전제를 제시하려 한다. 하나는 시와 노래의 인접성이다. 기독교 시와 기독교노래의 생성과 발전에는 시와 노래의 친밀한 관계가 근저에 놓여있다. 문학과 음악의 영역에 속하는 두 개념은 동일한 뿌리를 갖고 있다. 예술의 기원에는 시와 노래가 구분되지 않는다. 원시의 제식행사에서 주술되는 노래의 가사는 민요의 시이다. 시는 그대로 노래로 불리며 노래는 시를 바탕으로 만들어진다.

다른 하나는 기독교 시와 성서 시의 개념에 관한 응용이다. 오랜 전통을 지닌 두 용어는 최근에 들어와 그 의미와 범위가 확대된다. 성서와의 관계에서 볼 때 기독교 시와 성서 시는 주로 성서본문을 해석한 시이다. 여기에는 물론 저자 자신의 관점과 판단이 중요하게 작용한다. 기독교 시인은 자신의 관점과 시각에서 성서구절을 읽고 그 내용과 과정을 고유의 문체에 의거하여 시작품으로 표현한다. 그러나 이와 같은 일반적 경향과 달리 선정된 성서구절의 메시지에 대한 반응과 답변을 성서 시로 생각하는 견해가 대두된다. 독자의 정서적 반응을 중요하게 고려하는 접근방법은 최근의 수용사 연구를 주도하는 기본방향이다.

1. 시와 노래의 인접성

시와 노래는 엄격하게 말하면 서로 구분된다. 노래는 악기의 반주를 동반하는 멜로디인데 반해, 시는 언어로 표현된 텍스트이다. 그러나 두 장르는 감정과 사상을 나타내기 위해 시행과 시연을 사용한다는 점에서 공통된다. 음악시는 멜로디와 시가 연결된 복합장르이다. 음악시보다 자주 사용되는 용어 노래시는 보통 다수의 단락, 즉 시연으로 구성된다. 노래시의 구성은 개별문맥에 따라 변화될 수 있지만 기본구조는 어디까지나 시행과 시연이다. 시행과 시연은 시와 노래를 형성하는 공통분모이다.

한마디로 시와 노래는 밀접하게 연관되어 있다. 고대문화에는 두 장르가 분리되지 않는다. 예술의 근원에서는 시와 노래가 하나이다. 시는 낭송되면서 동시에 불리는 문학형식이다. 원시의 제식행사에는 시, 노래, 춤이 하나로 어우러진다. 춤은 시와 노래에 표현된 내용을 신체동작으로 나타내는 행위예술이다. 서정시의 어원인 고대 그리스어 명사 'lyrikos'는 '리라'(lyra) 악기의 연주를 뜻한다. 서정시는 원래 악기가 동반된 노래이다. 서정시의 특징인 율격, 운, 음향은 청각작용에 관계된다. 즉 지각의 면에서 음악에 연결된다. 음악의 기본요소인 멜로디, 리듬, 박자는 서정시의 분석과 이해에 그대로 적용된다.

시와 노래의 인접성은 우선 시의 장르이름 자체에 드러난다. 찬가, 애가, 민요, 발라드, 송가, 조가 등의 명칭에는 이미 노래의 의미가 포함되어 있다. 이와 같은 명칭은 시가 곧 노래라는 사실을 지시한다. 서정시의 장르에 속하는 민요는 전통적으로 불리는 노래이다. 프랑스어 명사 'ballade'에 연원하는 발라드는 노래의 전통 아래 있는 서사적 시이다. 특히 찬송가는 시와 노래를 합친 복합명칭이다. 찬송가를 뜻하는 독일어 중성명사 'Gesang'은 노래, 노래하다에서 조성된 집합명사이다. 찬송가는 시의 형태인 가사와 곡조로 구성된 혼합작품이다.

시와 노래의 긴밀한 관계는 오랜 문화사의 발전에서 증명된다. 고대 그리스에서 오늘날에 이르기까지 서정시는 끊임없이 노래로 작곡되어 악기의 반주와 함께 불린다. 오늘날의 매체문화에서 시와 음악의 관계는 시와 미술의 경우보다 더욱 가까운 것으로 인식된다. 시와 음악은 음의 예술이라는 점에서 공통된다. 두 장르의 일원화 경향은 예술의 원천으로의 복귀라 할 수 있다. 오늘날 활성화된 시와 음악의 근접을 예술의 생성사에서 그 근거를 찾는 일은 비교예술의 연구에서 매우 흥미로운 과제이다.

낭만주의 시기에는 시의 음악화가 더욱 강화된다. 대부분의 낭만주의 서정시는 부를 수 있는 노래로 구상된다. 1823년에 쓰인 유명한 뮐러(Müller)의 〈보리수〉는 그대로 부를 수 있는 서정시이다. 6연시의 도입행으로 "성문 앞 우물 곁에 서있는 보리수"는 누구나 흔히 듣는 인기있는 노래 가사이다. 슈베르트는 1827년 〈겨울여행〉이라는 제목아래 24편의 노래로 구성된 노래 연작집을 작곡한다. 연작집의 완전한 제목은 '겨울여행, 뮐러의 노래연작집'이다. 이와 같은 틀에서 서정시 〈보리수〉가 예술가곡으로 이전된다. 작곡가이며 중요한 민요수집가인 질허(Silcher)에 의한 슈베르트 곡목의 가공에는 원래의 작품이 민요로 형성된다.

20세기 후반의 팝음악에는 시와 노래의 환상적 결합이 이루어진다. 이와 같은 결합은 노래텍스트에 의해 생성된다. 서정시에 의해 영감을 받은 노래텍스트는 멜로디에 깊은 의미를 부여하고 넓은 폭의 감정을 중재한다. 노래텍스트의 의미와 기능에서 예술가와 청중 사이의 깊은 관계가 형성된다. 청중은 노래텍스트와 동일화되어 그곳에서 자신의 감정을 다시 발견하는 기회를 얻는다. 노래텍스트는 인간의 삶을 움직이는 힘을 갖는다. 노래텍스트가 없다면 팝음악은 오늘날과 같은 위치에 도달하지 못하였을 것이다.

시와 노래의 인접성을 보여주는 역사적 근거는 성문서이다. 구약성서를 구성하는 기본유형인 시문학의 모형인 시편은 운문의 시이며 노래이다. 시편의 히브리어 명사 'tehillim'은 칭송, 찬미가를 뜻한다. 즉 찬미, 칭송의 노래이다. 가장 중요한 시편형식인 칭송시편은 후세에 발전한 찬가의 근원이며 모형이다. 신구약성서에는 수많은 크고 작은 찬가가 등장한다. 시편의 저자로 통용되는 다윗은 시인이며 노래연주가이다. 커다란 하프를 손에 들고 연주하는 성자 다윗은 전형적인 다윗 왕의 초상화이다.

시와 노래의 밀접한 관계는 이미 제시한 두 개의 성서구절에 의해 뒷받침된다.

시와 찬송과 신령한 노래들로 서로 화답하며 (엡 5.19)

시와 찬송과 신령한 노래를 부르며 (골 3.16)

구약의 시문학인 시편의 고유특성인 시와 노래의 일원화는 신약시대에 바울의 서신으로 이어진다. 자신의 서신 여러 곳에서 문학적, 시적 문체를 구사한 바울은 시와 노래를 동일한 범주로 보고 있다. 이와 같은 성서의 근원은 기독교문학의 형성에 깊이 침투한다.

시편의 음악성은 풍성한 시편의 음악적 수용사에 의해 확인된다. 시편은 수많은 작곡가에 의해 다양한 방식으로 작곡된다. 시편의 작곡은 우선 개별사조에 의거하여, 즉 르네상스, 바로크, 낭만주의, 20, 21세기로 나누어 관찰된다. 여기에는 개별사조의 음악양식이 시편의 작곡에 반영된다. 시편의 언어적 힘은 의성어를 선호하는 바로크 음악에 적합하게 나타난다. 시편은 20세기 서정시인에게도 의미있는 소재로 받아들여진다. 특히 고난과 파국을 즐겨 다루는 고난시인에게는 고난시편이 고전적 모형으로 작용한다.

루마니아 태생의 독일 유대시인 첼란(Celan)은 홀로코스트의 희생자인 고난시인이다. 그의 시를 각인하는 고난과 구원의 복합주제는 성서에 바탕을 두고 있다. 그의 중년기 시 〈찬미가〉(1963)는 구약의 시편을 다시 해석한 현대적 시편이다. 영미권에도 널리 소개된 성찰시의 집필로 첼란은 '마지막 시편작가'로 명명된다. 첫연의 세 행에는 세 차례에 걸친 부정대명사 주어의 병행적 사용으로 신적 창조행위가 회의적으로 서술된다. 이와 같은 도입부는 시 〈찬미가〉를 '반시편'(Anti-Psalm)으로 보게 하는 동인이 된다.

그러나 둘째 연에는 첫연과 달리 창조주를 향한 우리 인간의 사랑이 '꽃피움'의 비유로 표현된다. '꽃을 피우는' 것은 하나님의 창조와 구원에 대한 감사의 응답이다. 꽃의 개화는 마지막 연의 처음 두 행에서 장미꽃의 결실로 이어진다. 여기에서는 '암술대'와 '꽃실'의 결합에 의해 '붉은 화관'이 생성된다. 시적 명사구 '붉은 화관'의 음향을 규정하는 모음중첩, 즉 음악적 조화는 다음의 복합명사 '자색어'와 '가시'로 이어진다. 의미있는 세 시어의 조음에서 이루어진 'o'와 'ü'모음의 연속은 시연 전체에 밝은 분위기를 조성한다.

종결연의 후반에는 새로운 시적 상징 '자색어'의 출현과 함께 극적 시의 전환이 이루어진다. 그것은 시의 서두에 암시된 탄식의 노래에서 **구원의 찬미가로의** 이전이다.

우리가 노래부른 자색어
그 위에서
오 가시 위에서.

비유의 복합조어 '자색어'는 성서의 맥락에서 고난과 동시에 구원을 상징한다. 왕의 권위를 나타내는 자주색은 고난의 빛깔이다. 조롱과 고난을 당한 예수님이 입고 있던 옷은 자주색이다. '자색어'와 동격으로 사용된 명사 '가시'는 십자가에 매달린 예수님의 머리 위에 씌워진 가시관을 연상시킨다. 자주색과 가시에 의해 상징된 십자가의 죽음은 우리를 위한 희생적 구원을 의미한다.

4연시 전체의 전개는 부정의 역학을 통해 **새로운 찬미가**로 귀결된다. 그것은 '반시편'이 아니라 고전적 찬미가의 의미있는 시대적 응용이다. 유대신비론의 전통에 뿌리를 박고 있는 영적 시인은 자신이 경험한 시대의 고통을 표현하기 위해 히브리 시문학의 보화인 시편으로 돌아간다. 이 어려운 과제를 해결하기 위해 시인이 당시에 선호한 '부정의 시학'에 의존하고 있다. '부정의 시학' 혹은 '부정의 미학'은 중기시집 〈아무도 아닌 자의 장미〉를 이해하는 기본범주이다.

홍미로운 사실은 20세기의 대중음악에도 고전적 시편이 활발하게 수용된다는 사실이다. 맥클린(McLean)의 유명한 인기앨범 〈아메리칸 파이〉에 수록된 팝송 〈바빌론 강가에서〉가 하나의 예이다. 여기에는 바빌론 포로의 애가인 시편 137편의 형식과 내용이 그대로 반영된다. 시편 137편을 구성하는 아홉 절의 시는 다음과 같은 도입시행으로 시작된다(시 137:1).

우리가 바벨론의 여러 강변 거기에 앉아서 시온을 기억하며 울었도다

시편의 저자는 바빌론 망명기에 이스라엘 민족이 바빌론 강가에서 시온을 기억하며 통곡한 과거의 장면을 시적 언어를 통해 표현하고 있다. 이와 같은 슬픔의 노래가 21세기 대중음악으로 이입된다. 〈아메리칸 파이〉는 1971년 10월 24일 미국의 노래제작자이며 가수인 돈 맥클린(Don McLean)

(1945년 생)에 의해 출간된 두 번째 스튜디오 앨범이다. 아홉 행의 가사에는 시편 137편 1절에서 가져온 서두의 세 행이 세 차례에 걸쳐 동일하게 반복된다.

물가에서, 바빌론 물가에서
우리는 당신의 시온을 위해 울고 또 울었다.
우리는 당신을 기억한다. 우리는 당신을 기억한다. 우리는 당신의 시
온　을 기억한다.

마치 마법의 주술 같은 세 행의 중간시행 "우리는 당신의 시온을 위해 울고 또 울었다"는 시편의 구절에 관한 현대적 재구성이다. 20세기 후반의 팝송 가사 저자는 바빌론 포로가 강변에 주저앉아 부르짖은 통한의 노래에 깊이 동화되어 있다.

2. 성서구절의 답변 성서 시

기독교 시와 성서 시는 기독교문학의 범위에서 함께 관찰된다. 엄밀히 말하면 기독교 시는 기독교를 다루는 시이고, 성서 시는 성서의 주제와 내용을 다루는 시이다. 그러나 실제적으로 두 용어는 같은 문맥 아래 사용된다. 성서구절에 의거하여 작성된 시는 성서 시이며 동시에 기독교 시이다. 기독교 시는 적지 않은 경우 성서본문의 읽기에서 출발한다. 성서의 독서는 기독교 시의 생성을 위한 토양을 제공한다. 기독교 시와 성서 시의 작성에는 특별한 방법이나 기본형식이 요구되지 않는다. 기독교 시인은 그 어떤 원칙이나 범주에 구애받지 않고 비교적 자유롭게 자신의 종교적 영감을 표현할 수 있다.

슈뢰터(Schroetter)는 2017년의 저서 〈성서의 시. 기독교 서정시〉에서 기독교 시와 성서 시에 관한 고유의 개념을 제시하고 있다. 저자는 짤막한 서언에서 자신의 책에 관해 다음과 같이 설명한다(1쪽).

"이 작은 책은 성서텍스트의 해석을 위한 시도가 아니라 특정한 성서구절에 관한 답변을 발견하는 노력이다. 저자가 성서구절의 내용을 어떻게 이해하며 성서구절이 어떻게 저자에게 작용하며 여기에서 내가 개인적으로 무엇을 느끼는가를 찾는 작업이다."

위의 인용문에는 성서 시와 기독교 시에 관한 독자적 견해가 표명되어 있다. 두 용어는 성서텍스트를 해석하는 시라기보다 '내가' 성서구절의 독서에서 '느낀 것'을 시의 형태로 표현한 글이다. 한마디로 저자의 성서 시는 선정된 성서구절에 관한 **'개인적' 답변**이다. 성서구절의 읽기에서 야기되는 개인적 반응을 성서시로 규정하는 슈뢰터의 관점은 일반적 이론이나 논리에서 발견하기 어려운 소박하면서도 참신한 착상이다.

독자는 작은 부피의 책을 읽어나가는 동안 저자가 선정된 성서구절에 대해 어떻게 반응하는지 파악할 수 있다. 이와 같은 작업은 성서의 수용연구에서 의미있는 결과를 약속한다. 텍스트의 수용연구에서 중요한 점은 수신자의 반응이다. 여기에는 정서적, 지각적 요소에 대한 분석이 요구된다. 아래에는 수많은 분량의 성서본문 가운데 처음의 세 개만을 대상으로 어떠한 답변이 주어지는지 살펴보려 한다. 저자가 선정한 성서구절은 대부분 신약성서에 집중된다. 구약의 경우에는 시편과 예레미야서와 같은 일부문서에 제한된다.

제일 먼저 소개된 예는 마태복음의 종반단락에 제시된 두 절의 비유담화이다(마 25:35-36). 독자의 내면에 깊이 호소하는 감동의 말씀은 세계심판에 관한 기다란 단락(마 25:31-46)의 중간에 등장한다.

25:35

　내가 주릴 때에 너희가 먹을 것을 주었고

　목마를 때에 마시게 하였고

　나그네 되었을 때에 영접하였고

25:36

　헐벗을 때에 옷을 입혔고

　병들었을 때에 돌보았고

　옥에 갇혔을 때에 와서 보았느니라

위의 여섯 행에 대한 저자의 답변은 아래와 같이 주어진다.

　너희는 나에게 의의 빵을 주었다.

　인간성의 음료를.

　너희는 나를 받아들였다.

　너희는 나를 사랑의 외투로 입혔다.

　너희는 사랑과 동정으로 나를 건강하게 만들었다.

　너희의 돌보는 도움이 감옥에 있는 나를 동반하였다.

　너희는 이 모든 것을 나를 위해 수행하였다.

　모든 다른 것보다 훨씬 더 많다.

　나는 너희 앞에 허리를 숙여 인사한다.

성서본문의 문장구조에 병행하는 앞의 여섯 행은 본문의 내용과 약간 다르게 표현된다. 즉 '먹을 것'은 '인간성의 음료'인 '의의 빵'으로, 옷은 '사랑의 외투'로, 병의 돌봄은 '사랑과 동정'의 치유로, '와서 봄'은 '돌보는 도움'으로 대체된다. 이와 같은 '고쳐쓰기'에는 저자 자신의 관점이 투영되어 있다. 6행의 성서 시는 제시된 성서구절에 관한 독서경험의 반영이다.

마지막 세 행은 앞의 여섯 행에서 유도된 결론이다. 여기에는 '나를 위해 모든 것을 감행한' 너희의 친절한 돌봄에 대한 감사의 뜻이 표명되어 있다. '너희 앞에 허리를 숙여 인사하는' 것은 최고의 존경의 표시이다. 두 절의 성서본문에 관한 답변인 아홉 행의 시는 서언에 지적된 것처럼 저자가 '개인적으로 느낀 것'의 진솔한 기록이다. 이와 같은 사실은 이어지는 다른 시의 경우에도 마찬가지로 적용된다.

두 번째 예는 잘 알려진 간음한 여인의 이야기이다. 아홉 절 단락의 서두에는 서기관과 바리새인이 음행의 현장에서 잡혀온 여인을 끌고와 '가운데 세우고' 모세의 율법에 따라 돌로 쳐 죽일 것인지 묻는다(요 8:3-5). 이에 대해 예수님은 다음과 같이 답변한다(요 8:7).

너희 중에 죄 없는 자가 먼저 돌로 치라

간결한 한절의 명령문은 저자에 이해 다섯 행의 시로 답변된다. 처음의 세 행은 여인에게 돌을 던지려는 자는 죄가 없이 순수해야 한다고 강조한다.

네가 돌을 던지려면
죄가 없이 순수하다는 것을

스스로 느껴야 한다

이어지는 두 행에는 재판관이 되려면 돌을 땅에 내려놓아야 한다고 지적된다.

네가 재판관이 되려면
돌을 내려놓아라.

요한복음의 성서구절은 저자의 답변시에서 매우 적절한 형태로 재구성된다. 여기에는 남을 정죄하기 전에 자신이 죄가 없이 순수한지 살펴보아야 한다는 자아인식의 요구가 들어있다.

세 번째 예는 마태복음 서두의 마귀의 시험장면에 나오는 유명한 '말씀의 양식'에 관한 발언이다(마 4:4).

사람이 떡으로만 살것이 아니요 하나님의 입으로 부터 나오는 모든 말씀으로 살 것이라

마치 성스러운 격언처럼 들리는 한절의 복합문장은 기독교인의 삶을 위한 지침으로 자주 인용되는 구절이다. 저자는 귀중한 예수님의 비유말씀에 대해 간략한 5행시로 답변하고 있다.

인간은 빵을 필요로 한다.
그렇지 않으면 그는 죽은 존재이다.
모든 장소에서
하나님의 입으로 말해지는

말씀 역시 수많은 기적을 통고한다.

위의 다섯 행에서 중요한 부분은 마지막 두 행이다. '하나님의 입에 의해' 선포되는 말씀은 '수많은 기적을 생산한다'. 그것은 빵을 먹지않은 인간이 생명의 양식으로 죽지 않고 사는 기적이라기보다 하나님의 권능의 말씀에 전적으로 의지할 때 놀라운 기적이 발생한다는 의미이다. 마태복음에 드물지 않게 사용되는 과장법으로 표현된 복합문장은 마귀의 유혹을 물리치려면 일상의 음식이 아니라 하나님의 입에서 나오는 말씀에 집중하라는 강한 경고이다.

제3장 게르하르트의 노래시 해석

1. 여섯 편의 교회노래

이 장에는 독일 루터교 신학자이며 저명한 노래시인 게르하르트(Paul Gerhardt)의(1607-1676) 시를 다루려 한다. 그는 오늘날에도 독일에서 가장 사랑받는 찬가시인으로 통한다. 최초의 완전한 모음집은 1667년 베를린 음악감독 에벌링(Eberling)에 의해 출간된 거대한 시집 〈영적 명상기도〉이다. 여기에는 120편의 노래가 서언과 주해와 함께 수록되어 있다. 전통있는 독일 복음찬송가 책(EKG)에는 그의 노래텍스트 26편이 수록되어 있다. 거대한 복음찬송가 책은 독일어권 교회에 사용되는 최초의 공통된 찬송가 책이다.

방대한 분량에 달하는 그의 시 가운데 비교적 널리 알려진 것은 '일요신문'의 편집자 하멜(Hamel)이 2019년 3월 22일에 발간된 신문의 '교회음악 고전가' 시리즈에 소개한 여섯 편의 교회노래이다. 교회노래는 교회의 예배예식에 불리는 노래로 대부분 민속어로 작성된다. 교회노래의 모티브는 주로 교회력, 성서, 기독교인의 삶의 경험에서 취해진다. 교회노래의 창시자는 자신의 노래를 통해 미적으로 가치있는 문학을 생성한 종교개혁가 루터이다. 그의 문학적 모형은 시편, 제식노래, 라틴어 찬가, 중세에 연원하는 축제노래이다.

독자들이 알아야할 대상으로 하멜에 의해 지목된 여섯 편의 시는 〈나는 여기 당신의 구유 옆에 서로 있습니다〉, 〈내 가슴이여 나가라. 그리고 기쁨을 구하라〉, 〈너희 길을 명령하라〉, 〈모든 것을 감사하고 영예를 가져오라〉, 〈이제 모든 숲이 휴식하고 있다〉, 〈내가 어떻게 당신을 받아들여야 합니까?〉이다. 상이한 주제와 대상을 다룬 여섯 편의 시는 발표된 이후 교회노래로 작곡되어 복음찬송가 책에 편입된다. 물론 120편의 노래 가운데에는 위의 여섯 편 이외에 중요하게 취급되는 대상이 상당수 존재한다.

영적 노래 〈너희 길을 명령하라〉는 이별과 슬픔, 무엇보다 하나님의 신뢰를 표현한다. 둘째 연의 전반에 해당하는 네 행은 다음과 같이 서술한다.

네가 평안하려면
주님을 신뢰해야 한다.
너의 일이 잘 유지되려면
그의 사역을 주시해야 한다.

둘째 행의 동사 '신뢰하다'는 성서의 문맥에서 '믿다'를 가리킨다. 명사 신뢰는 믿음, 신앙과 같은 의미로 사용된다. '주님의 신뢰'는 주님을 향한 믿음을 지시한다. 시의 제목을 대언하는 짧은 첫행 "너희 길을 명령하라"는 시편 37편 5절에 근거한다.

네 길을 여호와께 맡기라
그를 의지하면 그가 이루시고

첫행을 구성하는 명령문 동사 '맡기라'는 '명령하라'와 동일한 의미를 나타낸다. 서술문으로 번역된 시행의 후반 역시 원본에는 명령문으로 표기된다. 즉 "그에게 의지하라. 그가 이룰 것이다"로 읽는 것이 더 좋다. 열두 연은 도입시행의 지침아래 하나님의 신뢰를 항상 새로운 연관과 비교로 전개한다. 시를 마감하는 마지막 두 행은 '하늘로 들어가는 우리 길'을 노래한다.

그리하여 우리 길은
틀림없이 하늘을 향해 들어간다.

시의 첫행에 명명된 '너의 길'은 여기에서 '우리 길'로 이전된다. 그것은 '하늘로 들어가는' 축복의 통로이다. 하나님의 신뢰를 향한 긴 노정은 하나님나라의 거주로 종식된다.

9연 시 〈이제 모든 것을 감사하고 영예를 가져오라〉는 하나님에게 감사하며 계속해서 배려와 도움을 청하라는 감사의 노래이며 찬가이다. 첫연의 네 행은 찬가의 특성을 분명하게 보여준다.

이제 모든 것을 감사하고 영예를 가져오라.
너희들 세계의 인간이여
천사가 언제나 하늘에서
칭송을 선포하는 주님.

이어지는 둘째 연의 네 행은 특이하게 〈벤시라의 책〉 50장에 연결되어 있다.

용기를 내라 그리고 음향으로
최고의 선 하나님을 노래하라.
그는 어디에서나 자신의 기적과
위대한 일을 수행한다.

외경에 속하는 구약의 후기문서 〈벤시라의 책〉은 루터교에서 16-17세
기에 자주 읽힌다. 그리고 교회음악의 형성에 영감을 제공한다. 이런 근거
에서 시인의 찬가에 부분적으로 도입된 것으로 보인다.

영적 저녁노래 〈이제 모든 숲이 휴식하고 있다〉는 여름노래 〈내 가슴이
여 나가라. 그리고 기쁨을 찾아라〉와 함께 가장 잘 알려진 독일문학의 시
작품이며 교회노래의 경전으로 인정받고 있다. 두 작품에는 하나님의 창
조사역에 근거하는 자연세계의 체험이 나타나 있다. 9연 시 〈이제 모든 숲
이 휴식하고 있다〉는 하루의 날이 어떻게 저무는가를 서술한다. 첫연의 전
반에 해당하는 세 행은 '온세계가 잠이 드는' 숲의 휴식을 노래한다.

이제 모든 숲이 휴식하고 있다.
가축, 인간, 도시, 들판이.
온 세계가 잠이 든다.

셋째 연의 처음 세 행에는 낮이 지나가는 초저녁의 하늘풍경이 '별들의
빛남'으로 표현된다.

이제 낮이 지나갔다.
금빛 작은 푸른 하늘의 전당에서
별들이 찬란하게 빛난다.

시 전체를 마감하는 마지막 세 행은 하나님을 향한 축복의 기원이다.

　하나님 당신들을 행복하게 잠들게 하여 주십시오.
　당신들의 침상과 천사의 무리 주위에
　금빛 무기를 놓아주십시오.

　온 세계가 잠이 드는 저녁의 상황서술로 시작된 9연 시는 당신들을 위한 복된 잠의 청원으로 종식된다. 이어서 '당신들의 침상과 천사의 무리주위에 금빛 무기를 놓아달라'고 간구한다. 숲의 휴식은 하늘풍경의 찬란함을 거쳐 '당신들'을 위한 복된 잠의 청원으로 귀결된다.

　전원시의 성격을 보여주는 서정시는 18세기 말에 집필된 유명한 클라우디우스(Claudius)(1740-1815)의 시 〈달이 떠올랐다〉의 모형으로 인정받고 있다. 저녁노래로 명명되기도 하는 7연 시는 1779년 〈뮤즈연감〉(Musen-Almanach)에 최초로 수록되어 출간된다. 정확한 생성날자는 알려져있지 않지만 1778년으로 추정된다. 둘째 연은 시 〈이제 모든 숲이 휴식하고 있다〉의 반향을 분명하게 보여준다.

　세계는 어떻게 그리 고요한가
　그리고 황혼의 덮개에서
　그렇게도 친밀하고 사랑스러운가!
　고요한 방으로.
　당신들 낮의 슬픔이
　잠이 들고 잊혀지는 곳에.

　대강절 찬가에 속하는 10연 시 〈내가 어떻게 당신을 받아들여야 합니까?〉는 한편으로 틀거리를 형성하는 동사 '받아들이다'와 '껴안다'에 의해 규정되는 1-5연으로 구성된다. 전반의 다섯 연은 그리스도의 오심에 대한 개인적 인사말로 인간을 향한 하나님의 사랑을 전개한다. 이와 같은 내용은 슬기롭고 미련한 열 명의 처녀에 관한 비유이야기(첫연의 '횃불')와 대강절 첫 일요일의 이야기인 예루살렘 입성과 연관하여(둘째 연의 '종려나무 가지') 서술된다.

다른 한편으로 후반의 6-10연은 목회의 위로로 수치, 곤궁, 두려움에 처해있는 교회를 향한다. 이 경우에는 요한계시록에 지적된 심판의 다가옴(제6연의 '문 앞에 서있는' 오는 자, 계 3:20)과 연관하여 이루어진다. 7-10연의 네 연에는 대강절의 중심인 그리스도의 오심이 연속해서 지적된다.

7연 그는 온다. 그는 … 모든 두려움을 달래기 위해 온다.
8연 그는 온다. 그는 위로와 진정한 구원으로 온다.
9연 그는 온다. 그는 온다. 왕으로.
10연 그는 세계심판자로 온다.

독일 복음성가책에 11번으로 수록된 노래텍스트는 교회노래 작곡가이며 베를린 니콜라이 교회의 성가대 지휘자인 크뤼거(Crüger)에 연원한다. 10연 시를 열어주는 첫연은 바흐의 성탄 오라토리움(BWV 248)에 약간 변화된 형태로 사용된다. 즉 제1연의 3-4행은 유보된다. 4/4 박자의 악보에 제시된 텍스트 버전은 여섯 행으로 구성된다.

내가 어떻게 당신을 받아들여야 합니까?
내가 어떻게 당신을 만나야 합니까?
오 예수님 예수님

나 자신에게 횃불을 놓아주십시오.

당신을 기쁘게 하는 것이

나에게 알려지고 알 수 있도록.

2. 〈나는 여기 당신의 구유 옆에 서 있습니다〉

제2장과 제3장에는 성탄노래 〈나는 여기 당신의 구유 옆에 서 있습니다〉와 여름노래 〈내 가슴이여 나가라. 그리고 기쁨을 찾아라〉가 해석된다. 후세에 즐겨 인용되는 두 편의 시는 서로 다른 주제를 다루고 있다. 앞의 시가 아기예수의 탄생에 기인하는 상념과 묵상을 서술한다면 뒤의 시는 풍성한 여름의 자연체험을 통한 하나님의 창조사역을 칭송한다. 15연 7행시의 동일형식에 의거하는 두 노래는 모두 1653년 크뤼거에 의해 출간된 복음찬송가 책(EG 37,503)에 수록된다.

시 〈나는 여기 당신의 구유 옆에 서 있습니다〉는 교회노래의 중요한 유형인 성탄노래에 속한다. 성탄 기간에 사용되는 성탄노래는 기독교예배에 불리고 가정이나 성탄축하 행사에 상이한 형태로 응용된다. 나아가 합창단에 의해 공연되는 음악회의 중요한 대상이 된다. 수많은 고전적 성탄노래는 현대의 팝음악, 민속음악, 유행가에서 새로운 형식으로 가공된다. 보다 상세한 개념정의에는 성탄노래와 대강절 노래가 구분된다. 대강절 노래는 자주 구약의 연관 아래 약속된 메시아의 도래에 관한 동경을 표현한다. 성탄노래는 이와 달리 아기예수의 탄생을 축하한다.

에브레히트(Ebbrecht) 목사는 20세기의 신학자 본회퍼의 유명한 시 〈선한 능력에 의해〉에 관한 2018년 강연의 서두에서 시 〈나는 여기 당신의 구유 옆에 서 있습니다〉를 '가장 아름다운 성탄노래의 하나로' 칭송하고 있다. 그는 강연의 도입부를 장식하는 성탄노래의 성격에 관한 서술에서 게르하르트의 성탄노래를 비교적 상세하게 소개하고 있다. 이것은 본회퍼가 1943년의 감옥서신에서 게르하르트의 노래를 회상하고 있기 때문이다. 단절된 삶을 영위하던 고독한 구금시인은 이 시기에 처음으로 시 〈나는 여기 당신의 구유 옆에 서 있습니다〉를 발견하였다고 적고 있다.

"나는 지금까지 이 시로 부터 많은 것을 얻지 못하였다. 우리가 이 시를 받아들이기 위해서는 오랫동안 홀로 있으면서 묵상하며 읽어야 한다. 그것은 모든 언어에서 비범한 방식으로 채워져있고 아름답다. 약간 수도적이며 신비롭다. 그러나 그만큼 많은 것을 지니고 있다. 그것은 우리 옆에 나와 그리스도를 보여준다. 그리고 그것이 의미하는 것은 이 노래 자체보다 더 훌륭하게 말해질 수 없다."

본회퍼의 편지에 기록된 단락의 서두에는 게르하르트의 시를 읽는 방법이 제시되어 있다. 그것은 '오랫동안 홀로 묵상하며 읽는' 것이다. 이 의미있는 지적은 기독교 시에 내재된 심오한 특성을 지시하는 표현이다. '묵상의 독서'는 아기예수의 탄생을 축하하는 즐거운 성탄노래의 이해에도 적용된다. 시 〈나는 여기 당신의 구유 옆에 서 있습니다〉는 성탄시기에 일반적으로 부르는 성탄노래와 구분된다. 여기에는 독자의 **깊은 영적 묵상에 의해** 해명될 수 있는 많은 부분이 들어있다. 이런 의미에서 성탄노래의 수용에서 중요한 위치에 있다.

7행형식에 의거하는 15연 시는 아기예수가 태어난 구유를 바라보는 '나'의 느낌과 심정을 다양한 측면에서 서술한다. 7행의 구성에서 전반의 네 행은 교차운, 후반의 세 행은 동일운을 형성하고 있다. 문체의 사용에는 '나'의 진술과 이인칭단수 명령문이 교차한다. 전체 시의 진행에는 15연 시를 시작하는 일인칭단수 대명사 주어가 14연에 이르러 이인칭단수 대명사 주어로 이전된다. 일인칭 자아의 발언은 전기적 자기서술이 아니라 교회신앙의 자기증언이다. 바로크 시기에 쓰여진 시의 정감을 지배하는 경건은 후일의 경건주의 경건성을 예시한다.

시를 열어주는 첫연에서 '나'는 요셉과 마리아처럼 아기예수가 태어난 '구유 옆에' 서있다. 이것은 예수 그리스도의 탄생에 관한 완전한 동일화 체험이다. 이와 같은 체험은 신비로운 출생사건의 계시와 하나가 되는 감정이입 상태에 기인한다. 이어지는 다양한 상념과 정감은 여기에 비롯된다. '구유 옆에' 서있는 자신의 상황을 서술한 첫행에 이어진 둘째 행에는 예수님이 '나의 생명'으로 고백된다. "오 예수님 당신은 나의 생명입니다."

둘째 행의 전반에는 첫째 행에 호명된 예수님의 행위가 수사적 어법으로 기술된다.

당신은 당신의 사랑으로
나의 혈관과 피를 채웠습니다.
당신의 아름다운 영화, 달콤한 형상이
완전하게 나의 심정 속에 놓여있습니다.

위의 네 행은 예수님과 나의 혼연일체에 관한 탁월한 증언이다. 처음의 두 행은 최후만찬 예식에 거행된 포도주의 분배와 연결된다. 여기에서 붉은 포도주는 예수님이 제자들에게 내어준 피를 상징한다. '나의 피'를 채워준 예수님의 속성은 바로 사랑이다.

나중의 두 행은 인간창조의 사역을 규정한 동형상 원리를 상기시킨다. 셋째 행에 등장하는 두 개의 명사 '영화'와 '형상'은 여기에 연결된다. 특별한 의미로 사용된 '형상'은 창조주의 본질과 정체성을 지시하는 성서어이다. 창세기에서 인간창조의 근원으로 지적된 하나님의 '형상'은 시에서 예수님으로 이전된다. 예수 그리스도는 하나님의 '형상'을 지닌 하나님의 아들이다. 넷째 행에서 '영화'와 '형상'이 '나의 마음속에 놓여있다'는 서술은 예수님과 '나'의 '완전한' 내면적 일치를 지시한다.

넷째 연에는 시의 표제에 암시된 성탄의 정감과 체험이 드러난다. '나'의 실존을 지배하는 '깊은 죽음의 밤'에 주어진 '나의 태양'은 어둠을 비추는 빛의 존재를 지시한다. '어둠의 빛'은 로고스(logos)인 예수 그리스도의 오심을 칭송하는 요한복음 서곡의 중요한 모티브이다. '나'에게 환하게 비쳐오는 태양은 '빛, 생명, 기쁨, 환희'이다. 네 요소 가운데 두 번째로 언급된 생명은 첫연의 마지막을 규정하는 진솔한 고백을 상기시킨다. 태양은 '나'에게 '믿음의 빛'을 선사한다. 마지막 행은 당신이 지닌 '광채의 미'에 대한 축송이다.

다섯째 연은 앞연의 보완적 계승이다. 여기에는 '나'와 당신의 직접적 대면이 이루어진다.

　　나는 당신을 기쁨으로 바라본다.
　　스스로 지치지 않게 볼 수 있다.
　　나는 더 이상 아무것도 할 수 없기에
　　경배하며 머물러 서있다.

위의 네 행에서 짧은 넷째 행은 시의 제목에 제시된 '서있음'의 행위에 연관된다. '서있음'은 단순한 행위가 아니라 경배의 자세이다. 이어지는 세 행에는 '나의 감각'이 '심연'으로, '나의 영혼'이 '넓은 바다'로 비유된다. '심연'은 깊은 저변의 영역을 지시하는데 비해 '광활한 바다'는 무한성과 풍성함을 나타낸다. 깊이와 넓이에 관계된 두 비유상은 감각과 영혼의 심화와 확대를 표현한다.

일곱째 연에는 과거의 '나'의 고난에 대응하는 당신의 직접적 부름이 친밀의 호칭 '너의 친구'로 대언된다. 후반의 네 행에는 '나'의 죄를 사면해주는 당신의 은총이 강조된다. 앞에 명명된 '너의 친구'는 '나의 형제'로 교체된다. 마지막 두 행은 일곱 행 전체의 서술에 대한 간단한 요약이다.

너는 정말로 선한 대상이다.
나는 너의 빚을 지불한다.

제10연에는 첫연에 제시된 구유의 모티브가 새로운 차원에서 조명된다. 시연의 전반은 사랑스러운 별이 구유에 누워있기를 소망한다. 황금빛 요람은 고귀한 아기의 위대한 주님에 속한다. 제13 연에는 시행의 주어가 일인칭단수 대명사 나에서 이인칭단수 대명사 당신으로 이전된다. 당신은 세계의 열정이나 육체의 즐거움에 관해 물어보는 것이 아니라 우리에게 동화되어 우리의 장소에서 괴로워한다. 그리고 재앙과 가난을 거쳐 나의 '영혼의 영광'을 추구한다.

제14연은 다시금 일인칭단수 주어 나로 복귀한다. 여기에는 당신이 나의 구세주가 되는 하나의 희망이 강조된다. "나는 당신을 나의 가슴속에 영원히 간직하고 싶다." 이어지는 세 행은 당신을 향한 나의 간절한 바람을 표현한다.

내가 당신의 작은 구유가 되게 하여 주십시요.
오십시요. 오십시요. 그리고 나의 곁에 머물러 주십시요.
당신과 모든 당신의 기쁨을 선사하여 주십시요.

마지막 종결행은 나의 사유를 통한 진지한 고백이다. 처음의 두 행은 당신을 섬기는 나의 부족함이 지적된다. 이어지는 다섯 행은 당신과 나의 관계에 관한 총체적 요약이다.

> 당신은 모든 것의 창조주입니다.
> 나는 먼지와 흙입니다.
> 그러나 당신은 당신을 즐겨 바라보는 자를
> 결코 경시하지 않는
> 경건한 손님입니다.

처음의 두 행은 창세기에 기록된 인간창조의 사역으로 돌아간다. 나와 당신의 관계는 먼지와 흙과 창조주로 규정된다. 이어지는 세 행에는 창조주가 먼지와 흙에 불과한 인간을 결코 경시하지 않는 '경건한 손님'으로 명명된다. 명사구 '경건한 손님'은 하나님과 예수 그리스도의 동일화를 지시하는 비유어이다. 아기예수가 탄생한 구유 옆에서 이루어진 성찰은 예수 그리스도와 하나님의 일치관계에 관한 착상으로 종식된다.

3. ⟨내 가슴이여 나가라. 그리고 기쁨을 구하라⟩

영적 여름노래 ⟨내 가슴이여 나가라. 그리고 기쁨을 구하라⟩는 게르하르트의 시 가운데 가장 유명한 작품으로 알려져있다. 풍성한 채색의 비유로 채워진 민속멜로디의 텍스트는 여름노래의 신학상징을 드러낸다. 모든 자연상은 하나님의 세계를 지시한다. 지상의 정원은 시의 진행에서 점차 **낙원으로** 이전된다. 열다섯 연의 시는 기교적으로 조직되어 있다. 전체 시의 진행에는 체계적인 주어교체가 이루어진다. 1연에 제시된 일인칭단수 자아의 주어형식은 8-9연에 다시 등장한다. 2-7연을 관류하는 3인칭단수 주어형식은 10연에 다시 사용된다. 종결부를 형성하는 11-15연은 1연과 8-9연을 규정한 일인칭단수 자아의 주어형식이다.

17세기 중엽에 쓰여진 시는 1653년 작곡가 크뤼거의 노래책 제5판에 최초로 인쇄된다. 그리고 1993년의 독일 복음찬송가 책(EG 503)에 수록된다. 여기에 제시된 아름다운 멜로디의 텍스트는 독일 작곡가이며 작가인 하더(Harder)(1775-1813)에 연원한다. 그가 작곡한 60편의 노래 가운데 50편에는 기타반주가 동반된다. 그에 의해 제작된 노래멜로디는 그 시기에 커다란 반응을 일으킨다. 경쾌하고 즐거운 멜로디의 톤을 보여주는 영적 여름노래는 민속시인 횔티(Hölty)의 시 〈봄의 노래〉와 함께 지속적 인기를 누린다. 2연 시는 〈하늘은 푸르고 계곡은 녹색이다〉로 시작한다.

6행 형식의 15연 시는 aabccb의 각운도식에 의거한다. 즉 여섯 행의 구성에서 처음의 두 행은 동일운, 나중의 네 행은 교차운을 형성한다. 이와 같은 이원적 각운구조는 시연 전체를 두 파트로 나누어 통일된 맥락에서 읽게 한다. 시연의 기본형식을 규정하는 약강조(Jambus)의 율격은 점진적 고양과 상승의 리듬을 조성한다. 제1연의 낭송에는 첫행의 '가슴'과 '기쁨', 둘째 행의 '시간', 셋째 행의 '선물'과 넷째 행의 '장식'에 강세가 놓인다. 네 개의 명사는 시연전체의 내용을 대언하는 시어이다.

전체 시의 전개는 나를 향한 촉구에서 자연의 찬탄을 거쳐 다시금 나의 소원으로 돌아온다. 자연의 축복은 하나님의 선물이다. 여름꽃, 산, 들판, 새, 동물 등의 다채로운 자연묘사는 근본적으로 **창조의 미**에 근거한다. 창조질서와 창조의 미는 창조주 하나님에 의한 천지창조 사역의 기본원리이다. 15연 시는 상이한 길이의 세 부분으로 구성된다. 처음의 일곱 연은 아름다운 자연의 묘사이며 중간의 8-11연은 그리스도의 정원으로 지상의 미를 능가하는 **하늘풍경에** 초점을 맞춘다. 마지막 파트인 12-15연은 자연의 서술에서 나의 소원과 희망의 진술로 넘어간다.

이제 전체 시의 내용과 형식을 시연의 순서에 따라 살펴보기로 하자. 이 인칭단수 명령문 형식의 첫째 연은 자기자신을 향한 촉구이다. 시의 제목을 지시하는 도입연에서 말걸기의 상대역은 '나의 가슴'이다. '나의 가슴'은 밖으로 나가서 '기쁨을 추구할' 시적 주체이다. 여기에서 자연체험의 발언자가 자아의 존재라는 사실이 명시된다. 시연의 전반은 사랑스러운 여름의 계절에 하나님의 선물인 아름다운 정원의 장식을 바라보라고 요구한다. 후반에는 이와 같은 장식이 어떻게 나와 당신을 위해 치장되었는지 주시하라고 지적된다. 도입시의 발언에 이미 하나님의 선물인 축복의 자연에 관한 시인의 관점이 드러나 있다.

둘째 연은 비유형식에 의거한 자연묘사이다. 풍성한 잎의 나무가 서있고 지상의 영역은 녹색 옷으로 먼지를 덮고 있다. 수선화와 튤립은 '솔로몬의 비단'보다 훨씬 더 아름다운 옷을 입고 있다. 이 대목은 마태복음 산상수훈의 보화축적과 근심에 관한 단락에 나오는 내용의 여운이다(마 6.29).

그러나 내가 너희에게 말하노니 솔로몬의 모든 영광으로도 입은 것이 이 꽃 하나만 같지 못하였더라

둘째 연에 사용된 세 개의 시어, 수선화, 튤립, 솔로몬은 독일어 원문에서 특별한 문법적 변형의 현상을 보여준다. 이와 같은 언어유희는 비유의 표현을 시적으로 장식하는 기능을 발휘한다.

셋째 연을 구성하는 자연묘사는 종달새와 작은 비둘기의 비상, 그리고 꾀꼬리의 노래소리이다. 이어서 자연시의 요소인 산, 언덕, 계곡, 들판이 호명된다. 넷째 연에는 암탉이 자신의 백성을 인도하고 황새가 자기 집을 지으며 작은 참새가 새끼들을 먹인다. 그리고 민첩한 사슴과 가벼운 노루가 기뻐하며 언덕에서 나와 깊은 풀밭으로 뛰어간다. 여기에 서술된 새와

짐승의 행위는 태고의 동산인 낙원의 풍경을 예시준다. 다섯 째 연에 제시된 대상은 목가의 자연이다. 모래속으로 소리를 내며 흘러기는 냇가, 풍성한 그늘을 형성하는 미르테(은매화), 즐거움으로 외치는 초원, 그리고 양떼와 목동. 여섯째 연에는 끈기있는 벌 떼가 이리저리 날아다니며 고귀한 꿀의 식사를 찾는다. 달콤한 포도나무의 강한 즙은 매일처럼 새로운 강함과 힘을 가져다준다.

여덟째 연에는 서정적 자아가 등장하여 자기자신에 관해 발언한다. 하나님의 위대한 행위가 나의 모든 감각을 일깨워 나는 휴식할 수가 없다. 모든 것이 노래할 때 나도 함께 노래를 부른다. 그리고 가장 고귀한 자에게 울려나오는 것이 나의 가슴에서 흐르도록 한다. 아홉째 연에서 나의 상념은 가난한 지상에서 이 세계 이후에 존재할 풍성한 '하늘의 장막'과 황금빛 성으로 향한다. 두 비유명사는 종말의 시점에 이루어질 천상의 도시에 관한 예시이다. 황금빛 성은 하늘에서 내려온 예루살렘 성을 지시한다(계 21:2,10).

이어지는 세 연은 선행하는 연에 제시된 내용의 보완적 진전이다. 열째 연에서 처음의 두 행은 '그리스도의 정원'을 특징짓는 고귀한 즐거움과 밝은 광채를 찬양한다. 수천의 천사가 지칠 줄 모르는 입술과 소리로 할렐루야를 칭송할 때 그것은 어떻게 울려나올 것인가! 열한 번째 연은 온화하고 자애로운 하나님을 향한 나의 기도이다. 내가 하나님의 보좌 앞에서 나의 종려나무를 들 수 있다면 나는 천사의 방식에 따라 수천 개의 아름다운 종려나무로 하나님의 이름의 가치를 높일 것이다.

열두 번째 연은 내가 아직 육체의 멍에를 지니고 있기 때문에 조용히 침묵할 수 없다고 지적한다. 나의 가슴은 영속해서 하나님의 칭송으로 기울어야 한다. 열세 번째 연의 전반은 나의 영의 축복을 원하는 도움의 외침이다. 이 축복은 내가 끊임없이 피어나도록 인도하는 하늘의 축복이다. 후반의 세 행은 영적 여름노래의 에센스이다.

> 신의 은총의 여름이
> 나의 영혼에 이르거나 늦거나
> 믿음의 열매를 맺게하여 주십시요.

하나님의 은총인 풍요로운 자연에서 기쁨을 추구하는 영적 시는 여기에서 잠정적 결론에 도달한다. 그것은 한마디로 '믿음의 열매'를 수확하는 것이다. 성서의 시어 '믿음의 열매'는 이제까지의 서술이 움직인 종반의 목표점이다. 이어지는 두 종결연은 여기에 근거하는 나의 기원을 새로운 차원에서 개진한다.

열네 번째 연에는 내가 좋은 나무가 되어 뿌리를 낼 수 있도록 나의 마음속에 하나님의 영의 공간을 마련해달라고 기원한다. 그리고 내가 하나님의 영예를 위해 하나님 정원의 아름다운 꽃과 식물을 보존하게 해달라고 청원한다. 열다섯 번째 연은 시 전체의 총화이다. 그 내용은 나의 간절한 기도형식으로 표현된다.

> 나를 낙원으로 선택하여 주십시요.
> 그리고 마지막 노정에 이르기까지
> 육체와 영혼이 신선해지도록 인도하여 주십시요.

낙원의 부름받음과 육체와 영혼이 신선함은 기도자가 간구하는 두 가지 소원이다. 중간행을 구성하는 부사구문 '마지막 노정에 이르기까지'는 종말의 시점에 구현될 하나님나라의 도래를 지시한다. 아홉째 연에 지적된 '하늘의 장막'에 담긴 의미는 종결연의 처음 세 행에서 구체적으로 드러난다.

제4장 20세기의 기독교 시

1. 일반적 양상

오랜 역사를 지니는 기독교 시는 현대에 들어와서도 활발하게 전개된다. 이와 같은 현상은 기독교 시가 심한 시대의 변화에도 불구하고 여전히 불변의 가치를 발휘한다는 사실을 증거한다. 2011년 쿠셀(Kuschel)에 의해 간행된 단행본 〈1945년 이후의 독일 서정시를 위한 독본〉의 선행제목은 '하나님의 시'이다. 기독교 시의 새로운 측면을 지시하는 '하나님의 시'는 저자에 의해 1945년 이후의 독일서정시를 대언하는 상징적 용어로 사용된다. 기독교 서정시는 풍성하고 다채로운 양상을 보이는 20세기 유럽 문학의 노정을 안내하는 지표로 설정된다.

슐뤼터(Schlütter)는 2001년의 박사학위 논문 〈기독교문학과 1945년 이후의 경전화〉에서 기독교문학이 1945년 이후의 문학에서 '경전화'되는 과정과 내용을 상세하게 분석하고 있다. 논문의 제1권은 1945년 이후의 기독교문학에 나타난 전통과 진전의 양상을 서술한다. 제2권에는 문학이론의 관점에서 본 기독교문학의 의미가 개진된다. 두 단계의 논증을 거쳐 기독교문학의 '경전화'가 정립된다. 슐러터의 논문은 기독교문학이 기독교와 교회에 해당되는 전문영역이 아니라 일반성과 보편성을 지닌다는 사실을 증거한다.

　20세기의 서정시는 18세기와 19세기와 다른 양상을 보인다. 흔히 모더니즘으로 규정되는 20세기는 문학과 예술에서 새로운 가치를 추구하는 혁신적 시기이다. 20세기 초반에 강력한 힘으로 대두된 아방가르드 예술은 새로운 시대의 요구에 부응하는 진취적 운동이다. 유럽대륙의 전후시에는 세계 제2차대전의 비극과 참상이 중요한 이슈로 다루어진다. 독일 나치즘체제 아래에서 철저한 검열의 대상으로 억압을 받은 기독교 시인들은 전쟁이 종식된 이후 자유로운 분위기에서 국가사회주의의 오도된 이데올로기를 비판한다.

　개신교 신학자 티데(Thiede)가 1985년에 발간한 두 권의 저서 〈20세기의 기독교 서정시〉에는 괴스(Goes)와 베르겐그뤼(Bergengruen)을 비롯한 15명의 시인이 서술대상의 목록에 오른다. 아래에는 티데의 저서에 중요하게 소개된 괴스와 베르겐그륀의 기독교 시를 살펴보려 한다. 독일작가이며 개신교 신학자인 괴스(1908-2000)가 창작활동을 전개한 기간은 1932년에서 1998년에 걸쳐있다. 따라서 20세기 중반에서 종반에 이르는 60여 년의 광범한 기간을 포괄한다. 연대기에 의거한 그의 작품리스트를 보면 서정시가 창작의 초기단계부터 중요한 위치를 차지한다. 이미 1932년에 최초의 시집 〈운문〉, 1934년에 시모음집 〈목자〉, 1942년에 〈선한 동료. 만남〉이 발표된다.

　전후시기에 해당하는 1950년에 출간된 서사이야기 〈불안한 밤〉은 반전문학의 계열에 속한다. 전쟁의 단편으로 표기되기도 하는 산문 텍스트는 두 차례에 걸쳐 영화로 각색되고 1958년까지 12개의 언어로 번역된다. 괴스의 서정작품에는 유럽 유대주의에 대한 독일인의 거대한 죄악이 고발된다. 1960년에 집필된 시 〈벗어날 수 없는 사슬〉의 마지막 연은 "벗어날 수 없는 사슬이 목을 죄인다"라고 서술한다.

시인의 작품집 발간은 그의 사후에도 계속해서 이루어진다. 2008년 게르하르트에 의해 간행된 시선집 〈시집〉은 원고의 최종본에 의거한 새로운 작품집이다. 시인의 초상이 표지에 인쇄된 책자에 실린 시들은 훼손되지 않은 세계를 향한 동경을 표현한다. 괴스의 작품 가운데 비교적 널리 알려진 것은 초기시 〈최초의 발걸음〉이다. 4행형식의 3연시는 시인의 인생관과 문학관을 대언한다. 마지막 연의 네 행은 시 전체의 내용을 총괄하는 결론이다.

> 그대 용감한 발걸음이여 과감하게 걸어가라.
> 거대한 세계는 너의 것이다.
> 나의 아이여 우리는 마지막 발걸음 이후에
> 다시금 함께 있으리라.

위의 네 행에서 처음의 두 행은 '과감한 발걸음을 걸으라'고 지시한다. 그리고 '세계와 너의 발걸음은 크다'라고 선언한다. 이것은 첫연의 도입행을 구성하는 발언 "너의 최초의 발걸음은 작다"에 대한 완전한 역전이다. 이어서 마지막 발걸음 이후에 실현될 '우리의 함께 있음'이 약속된다. 지상의 발걸음이 끝나면 영원한 하나님의 나라가 주어진다.

괴스는 2000년 2월 3일 92세를 일기로 자택에서 사망한다. 짧은 6행시 〈묘비명〉에는 다음과 같이 적혀있다.

> "너는 나의 것이다."
> 죽음은 말한다.
> 그리고 위대한 거장이 되려한다.
> 소용없는 일 -

나의 주님은 나에게 약속하였다.

"너는 나의 것이다."

간단한 형식의 고백시에는 진실한 개신교 목사이며 신학자인 시인의 신앙관이 잘 나타나 있다. 6행시 전체를 둘러싸는 순환구절 "너는 나의 것이다"는 하나님 자신에 의한 구원의 약속을 증거하는 은혜의 발언이다.

비교적 긴 분량의 서정시 〈다윗의 꿈〉은 위에 언급한 두 편의 시와 다르게 성서이야기에 근거한다. 여기에는 요나단, 사울 왕, 우리아와 밧세바, 이새 등 다윗과 관계된 인물의 이름이 직접 거명된다. 여덟 행으로 구성된 5연시는 회의어린 두 행의 의문문으로 시작된다.

어디로 가는가? 나를 지탱하고 밝혀주는
삶의 물결이여, 어디로 가는가?

일인칭 자아 '나'의 발언으로 전개된 묵상시는 다섯 단계의 과정을 거쳐 목표에 도달한다. 지나간 들판전투의 흔적을 회상하는 마지막 연에는 별들의 속삭임에서 나오는 말씀과 약속이 주술된다. 두 행의 종결문은 새로운 '나'의 비전에 관한 고백이다.

나는 꿈을 꾼다. 어둠속의 광야
그리고 목자, 빛, 어린양.

'나'의 꿈의 세계인 '어둠속의 광야'에 나타난 대상은 목자, 빛, 어린양이다. 세 개의 모티브는 다윗의 삶과 사고를 규정하는 중심요소이다.

베르겐그륀은 19세기 위대한 작가의 후예로 연마된 언어와 고전적이면서도 긴장에 가득 찬 구성으로 특징지워지는 소설, 단편, 시를 집필한다. 그는 기독교적 휴머니즘의 세계상을 거대한 우화와 비유이야기에 담아 표현하는 화자이다. 기독교와 서구 휴머니즘은 그의 전작품을 관류하는 세계관이다. 그의 서정시는 능숙한 언어와 서사적 간결이 특징이다. 베르겐그륀의 중요한 시집은 주로 1930년에서 1950년에 이르는 성숙기의 창작시기에 집중된다. 이 기간에 발표된 시 모음집을 열거해보면 〈카프리(Capri)〉(1930), 〈여리고의 장미 - 시집〉(1936), 〈시집〉(1945), 〈진노의 날 - 하나의 문학〉(Dies irae)(1945), 〈질문과 응답〉(1950), 〈신성한 세계 -시집〉(1950) 등이다.

연작시집 〈진노의 날〉의 틀에 속한 시 〈마지막 현현〉은 제3제국이 멸망에 이른 시점에 쓰여진다. 네 행으로 구성된 5연시는 미를 추구하는 객관성에서 최후의 심판을 서술한다. 일인칭단수 대명사를 주어로 삼는 문장의 서술은 '나'와 '당신들'의 관계에 의거한다. 이 상호관계는 다섯 연 전체를 관류하는 기본도식이다. 이인칭복수 대명사 '당신들'은 '나'의 행동에 대응하는 상대역이다.

첫행에서 은폐형식으로 등장한 '나'는 시의 제목에 암시된 구원자 하나님이다. '마지막 현현'은 보이지 않는 하나님이 최후의 시점에 지상에 출현함을 지시한다. 서정적 자아는 시 전체의 전개과정에서 '다양한 인물'로 나타난다. 마지막 연에 이르면 '채찍에 의해 찢겨진' 죄수 예수님과 동일화된다. 그는 최후의 심판을 수행할 엄정한 심판자이다. '나'의 인식에 관한 부인으로 시작된 5연시는 심판자 '나'의 존재에 관한 확인의 물음으로 종식된다.

나는 이제 심판자로 온다. 당신들은 이제 나를 알아보는가?

1940년에서 1949년 사이에 쓰여진 완숙기의 시 〈신성한 세계〉는 〈마지막 현현〉과 다른 주제를 다룬다. 비유어 '신성한 세계'는 1950년에 간행된 시집의 표제로 선정된다. 4행형 5연시의 정형시는 교차운 도식과 4강조의 강약격 율격에 의거한다. 강약격 율격에 의한 하강의 톤은 시의 리듬에 안정감을 부여한다. 1행과 3행의 각운은 여성운인데 비해 2행과 4행은 남성운이다. 여성운의 대부분을 차지하는 약한 묵음 'en'은 시 전체에 부드럽고 경쾌한 분위기를 조성한다.

전통적 자연시의 면모를 보여주는 작품의 주제는 삶과 **자연의 순환**과 신성함이다. 자연의 순환은 둘째 연의 처음 두 행과 셋째 연 후반의 두 행에 명백하게 표현된다.

둘째 연의 처음 두 행

가장 내면에 위치한 둥근 원 깊숙이
원의 핵심이 편안하고 신성하게 쉬고 있다.

셋째 연 후반의 두 행

열매와 꽃이 영원히 교차한다.
남쪽과 북쪽을 향한 새의 행렬.

자연의 순환이라는 주제의 설정에는 무서운 전쟁과 재앙의 시기에 왜 신성한 자연을 송축하는가 하는 문제가 제기된다. 이에 대한 답변은 시 전체의 읽기에서 자연스럽게 주어진다.

고통의 시간에 너의 심장에서
핏방울이 튀어오르면 알고 있어라.
누구도 세계에 상처를 입힐 수 없다.
껍데기만 긁힐 뿐이다.

가장 내면에 있는 원의 깊숙한 곳에
원의 핵심이 편안하게 쉬고 있다.
모든 창조의 사물과 함께
너는 언제나 그 핵심에 참여한다.

엄격한 선이 영원하게
파손되지 않은 채 계속해서 활동한다.
열매와 꽃이 영원히 교차한다.
남쪽과 북쪽을 향한 새들의 행렬.

바위가 자라나고 강이 미끌어진다.
이슬이 상하지 않은 채 떨어진다.
그대에게 영원히
휴식과 나그네의 노정이 주어진다.

새로운 구름이 멀리서 타오른다.
새로운 산봉우리가 누적된 채 서있다.
결코 보여지지 않는 별에서
달콤한 원기의 회복이 그대에게 적중할 때까지.

계절의 소멸과 생성의 영원한 순환은 스스로 편안함과 안정성을 지닌다. 이인칭단수 대명사 '너'의 호명으로 독자에게 말을 거는 인간은 '나그네의 노정'이 부여된(4연 4행) 자연의 구성원이다. 삶의 순환은 표지판처럼 시 전체를 관류한다. 자연순환의 양상은 북쪽에서 남쪽으로 날아가는 철새와 열매와 꽃의 교체처럼 긍정적 시각에서 서술된다. 여기에는 자연, 대지, 인간이 황폐화되거나 멸망하지 않는다는 사실이 강하게 암시된다. 세계대전으로 야기된 인간의 고통과 곤궁은 지상의 껍데기만을 상처낼 뿐이다. 창조세계의 깊은 내면은 신성하게 보존된다.

마지막 두 연은 새로이 형성된 자연의 상을 노래한다. 천상의 세계를 지시하는 자연모티브 구름은 자동사 '타오르다'에 의해 규정된다. 활기찬 성장을 의미하는 비유동사 '타오르다'는 지각작용, 즉 시각과 촉각에 강하게 호소한다. '결코 보여지지 않는 별'의 자연에는 '그대에게 적중되는' '달콤한 원기의 회복'이 지적된다. 추상의 의미를 내포한 명사구는 앞의 자연상에 제시된 '타오름'과 통한다. 형용사 '달콤한'은 미각작용에 관계된다. 시인은 시를 마감하는 종결부에서 새로이 조성된 자연의 서술을 통해 인간에게 주어지는 '영원한 휴식'을 구가한다.

2. 20세기 후반의 노래작가

20세기 후반에 이루어진 기독교 시의 발전에는 '새로운 영적 노래'가 중요한 자리를 차지한다. 20세기 중반 대중음악의 영향 아래 대두된 '새로운 영적 노래'는 기독교와 교회의 범위를 벗어나 사회의 문화형성에 커다란 영향력을 행사한다. 오늘날에도 수많은 재능있는 노래제작자에 의해 기독교 시인의 서정시가 영적 노래로 이전된다. 일부의 경우에는 노래제작자가 직접 자신이 집필하고 작곡한 노래를 연주한다.

여기에는 우선 세계적으로 알려진 두 명의 중요한 노래작가 베르트 (Werth)와 피츠를 소개하려 한다. 독일의 '새로운 영적 노래'의 발전에 크게 기여한 이들의 업적은 20세기 후반의 음악사에서 하나의 획을 긋고 있다. 저널리스트, 서적작가, 노래제작자인 베르트는 이 시대의 저명한 기독교노래 제작자의 한 사람이다. 이미 14세부터 자신의 고유한 노래를 만들기 시작한 그가 집필하고 작곡한 노래는 다수의 CD나 청취용 책자로 제작되어 널리 보급된다. 가장 유명한 베르트의 노래는 얀츠(Janz)가 멜로디를 붙인 〈너는 너이다〉(《그것을 결코 잊지 말아라》, 1976)와 니치(Nitsch)가 작곡한 〈오랜 슬픔 이후의 축제처럼〉(1988)이다.

　앞의 노래는 삶과 지혜의 경험으로 가득 찬 조용한 소품으로 '영혼을 위한 청각의 휴가'이다. '새로운 영적 노래'에 속하는 찬가인 뒤의 노래는 후렴의 구문 '화해가 그렇다'로 표기되기도 한다. 함축형식의 문장은 후렴의 네 행에서 첫째 행과 셋째 행을 장식한다.

　화해가 그렇다.

　진정한 평화는 그처럼 존재해야 한다.

　화해가 그렇다.

　베푸는 것과 용서하는 것이 그렇다.

　4행형식의 3연시 〈너는 너이다〉는 1976년에 작성된 악보에서 4/4 박자의 멜로디로 표시된다. 그 구체적 내용은 전승된 악보 〈그것을 결코 잊지 말아라〉에서 확인할 수 있다. 작곡가 얀츠가 기타를 치며 노래를 부르는 유튜브 영상에서 가장 인상적인 대목은 강한 톤으로 정점을 형성하는 후렴의 셋째 행에 이어진 마지막 종결행이다.

너는 너이다... 너는 클루이다. 받아들여라. 그래 너는 너이다.

네 부분으로 구성된 시행의 전개에는 반복되는 마지막 파트 '너는 너이다'가 매우 완만한 템포로 특별한 음조에 의해 처리된다. 이로써 세 연으로 구성된 경쾌한 노래의 연주가 지워지지 않는 반향을 남기며 종식된다.

1946년 태생의 피츠(Fietz)는 가수, 노래제작자, 작곡가, 조각가 등의 여러 분야에 종사한 다중재능 예술가이다. 이미 수많은 '새로운 영적 노래'를 제작하여 발표한 그의 세계적 명성은 특히 신학자 본회퍼의 마지막 옥중시 〈선한 능력에 의해〉의 세팅으로(1970) 더욱 상승된다. 고독한 구금시인이 희망의 새해를 기다리며 집필한 서정시는 노래로 작곡되어 전세계에 널리 보급된다. 독일 복음찬송가집에 실린 피츠의 노래텍스트는 오늘날에도 교회예식과 교회행사에 즐겨 사용되는 인기있는 레파토리이다.

피츠가 피아노를 반주하며 직접 연주하는 유튜브 영상은 2021년 9월 28일 조회수 171,875회를 기록한다. 70세의 고령을 맞이하는 노가수가 자신이 작곡한 노래에 동화되어 열광적으로 노래를 부르는 모습은 청중의 가슴속에 지워지지 않는 인상을 남긴다. 1944년 12월 약혼녀 마리아에게 보낸 성탄인사 편지에 동봉된 서정시 〈선한 능력에 의해〉는 깊은 영적 영감에 의해 쓰여진 위로와 격려의 텍스트이다. 일곱 연으로 구성된 노래는 20세기 후반을 넘어 오늘의 시대에도 통용되는 보편적 작품이다. 이런 점에서 관심있는 신학자에 의해 거듭하여 의미있는 해석의 대상으로 선정된다.

인터넷 영상매체에는 15명의 잘 알려진 독일의 노래작가가 사진과 함께 소개된다. 여기에는 Mey, Grönemeyer, Reiser, Lindenberg, Wecker, Wader, Biermann, Poisel, Knyphausen, Mayberg, Lesch, Prosa, Frevert, Depenbusch, Dota가 소속된다. 주로 1970년대에 활동한 재능있는 노래

작가들의 중요한 공통점은 사회비판과 사회적 불의를 시의 주제로 삼는 정치참여의 성향이다. 1970년대는 1968년에 일어난 대학생운동이 사회혁신의 거대한 파문을 일으킨 격동의 시기이다.

여기에는 15명의 노래작가 가운데 다섯 명을 골라 중요한 작품을 설명하려 한다. 메이(Mey)는 널리 알려진 독일의 노래제작자, 가수, 기타연주자이다. 그는 2009년까지 27편의 노래를 발표한다. 그는 특히 공감을 자아내는 노래텍스트와 특징있는 목소리로 유명하다. 그의 노래는 시적 언어와 인상적 멜로디에 의해 각인된다. 적지 않은 노래시는 자주 개인의 경험을 넘어 사회비판, 정치적 주제, 사랑의 주제로 넘어간다. 가장 거대한 그의 히트곡은 의심할 나위없이 〈구름 위에서〉이다. 이 노래는 1974년에 공개된 이후 오늘날에도 즐겨 듣는 고전작품으로 진전된다. 독일에서는 여행의 즐거움과 자유를 위한 찬가로 통한다. 세 차례에 걸쳐 불리는 여덟 행의 후렴 가운데 첫행은 자주 인용되는 관용구로 수용된다.

구름 위에는 자유에 한계가 없을 것임에 틀림없다.

1950년 태생의 음악제작자 라이저(Reiser)는 1970년에서 1985년까지 활동한 '돌 진흙 항아리'(Ton Steine Scherben) 밴드의 가수이며 중심인물이다. 그가 자신의 동료와 함께 창립한 밴드는 독일에서 가장 영향력 있는 1970년대의 락밴드이다. 1985년 밴드가 해체된 이후 그는 솔로예술가의 길을 걷는다. 그의 카리스마 목소리와 심오한 노래텍스트는 오늘날에도 많은 사람에게 깊은 감동을 선사한다.

그의 힛트곡은 1986년에 제작된 〈6월의 달〉이다. 시대를 초월하는 고전작품으로 평가되는 발라드는 동경과 낭만성을 다룬 우울한 사랑의 노래이다. 비인칭주어로 표현된 압축문장 '그것은 지나갔다'와 '안녕!'을 뜻하는

'바이바이'(bye bye)가 교체되는 다섯 행의 후렴은 아홉 행의 시연에서 네 차례에 걸쳐 반복된다.

> 그것은 지나갔다.
> 바이바이 6월의 달
> 그것은 지나갔다.
> 그것은 지나갔다.
> 바이바이.

라이저는 1996년 8월 20일 심근경색 중세의 악화로 46세의 나이에 삶을 마감한다. 공적으로 발표된 사망원인은 내적 출혈에 의한 혈액순환 중지로 알려져 있다. 그의 삶의 동반자가 한때 락스타로 활발하게 활동한 예술가가 자신의 농가에서 무기력하게 쓰러져 있는 것을 발견했다. 그의 시체는 자신이 선호한 소유물인 사과나무 아래에 매장된다. 갑작스러운 그의 죽음은 독일 노래제작의 역사에서 거대한 손실이다. 다른 예술가에게 미친 그의 강한 영향력은 오늘날까지 지속된다.

노래제작자, 작가, 배우인 베커(Wecker)는 1970년부터 음악적 창작활동을 시작한다. 그의 노래의 특징은 고유의 목소리이다. 히트곡인 발라드 〈Willy〉는(1978) 독일 노래제작의 고전이다. 그의 작품은 인종주의 위험성, 외국인에 대한 적개심, 관용의 결여를 주제로 삼는다. 2021년에 새로이 발표된 가장 최근의 버전은 2020년에 발생한 하나우(Hanau)의 총기난사 사건에 대한 비판이다. 가공할 만한 테러는 43세의 Ratjhen이 아홉 명을 총으로 쏘아죽인 후에 자신의 어머니와 자신도 살해한 참극이다. 연방범죄수사청(BKA)은 편집중 망상에 사로잡힌 살인자의 행동을 극우파와 종족주의 신념에 의한 것으로 판단한다.

1942년 태생의 바더(Wader)는 가장 영향력 있는 독일 노래제작자로 손꼽힌다. 그는 1970년대에 사회비판의 노래로 커다란 인기를 획득한다. 그의 노래는 전쟁, 자본주의, 사회적 불의를 주제로 삼는다. 그의 음악은 감동을 자아내는 노래텍스트, 청각에 호소하는 기타반주, 탁월한 소리로 특징지워진다. 가장 유명한 그의 작품은 민요풍 노래 〈오늘은 여기, 내일은 저기〉이다. 나그네의 노정과 자유의 삶의 양식을 다룬 노래는 독일 노래제작의 고전으로 평가된다. 1972년에 제작된 앨범 〈일곱 노래〉에 처음으로 소개된 작품은 항상 도상에 머무는 인간의 삶의 감정을 다룬다.

4행형식의 6연으로 구성된 서정시는 작곡된 노래의 가사에서 6행의 세 연으로 축소된다. 세 연 사이에 세 개의 후렴이 삽입된다. 여덟 행의 후렴은 원래 시의 마지막 연에 연결된다. 세 부분으로 구성된 가사를 열어주는 첫연의 두 행은 각운도식에서 동일운을 형성한다. 함축적이고 간결한 문체로 표현된 두 도입행은 노래의 주제와 내용을 예시하는 지표이다.

오늘은 여기, 내일은 저기
나는 이곳에 있을 수 없다. 나는 떠나야 한다.

방랑하는 삶의 행로를 지시하는 시의 표제는 20세기 초반에 대두된 '반더포겔'(Wandervogel) 운동에 연결된다. 철새를 뜻하는 '반더포겔'은 주로 청소년에 의해 주도된 집단 도보행군을 말한다. 1896년에서 1933년의 기간에 걸쳐 전개된 청년운동은 자연에 대한 사랑 속에서 나약한 도시청년을 대자연의 품으로 인도하여 심신을 단련시키는 목적을 추구한다.

1960년대 이후 활발하게 활동한 노래제작자이며 서정시인인 비어만(Biermann)의 시집은 독일 전후문학에서 가장 많이 판매된 작품에 속한다. 그는 자신의 노래에서 사회정의, 정치적 억압, 개인의 자유를 위한 투쟁을 다룬다. 정치적 행동주의자인 그에게 적극적 사회참여와 정열적 음악의 작곡으로 수많은 상이 주어진다. 2022년 3월 24일에는 그의 삶의 업적에 대한 공로로 제1회 'Arik Brauer' 방송인 상이 다른 두 명의 저널리스트와 함께 수여된다.

비어만의 명성은 1968년에 제작된 노래 〈격려〉로 널리 알려진다. 밝고 가벼운 각운이 지배하는 5연시는 네 연 전체가 인칭단수 대명사 '그대'를 주어로 삼는다. 마지막 연에만 일인칭복수 대명사 '우리'가 주어로 등장한다. 시연전체가 병행형식으로 서술된 시에는 주변세계를 지배하는 위기 상황에도 불구하고 경직되거나 불쾌하게 느끼지 말라는 충고가 제시된다. 도입부의 두 연을 시작하는 두 행은 동일하게 "그대여 이 가혹한 시기에/ 경직되지 말라"고 당부한다. 이와 같은 경고는 이어지는 두 연에서 유사한 방식으로 계속된다. 종결연의 여섯 행은 다가오는 봄을 기다리는 낙관적 비유의 에필로그이다.

이 침묵의 시기에
우리는 침묵하기를 원하지 않는다.
나뭇가지에서 녹색이 피어난다.
우리는 모든 사람에게 그것을 보여주고 싶다.
그러면 그들은 알게 된다.
그러면 그들은 알게 된다.

3. 제네티(Zenetti)의 '새로운 영적 노래'

사제시인이며 노래제작자인 로타르 제네티(Lothar Zenetti)(1926-2019)는 2012년 9월 28일 사제기념의 값진 축하가 증정된 영적 스승의 장인이다.

그는 풍성한 업적을 남긴 긴 창작기간 동안 서정시를 비롯하여 단편이야기와 예술과 음악에 관한 20권 이상의 책을 집필한다. 그가 발표한 서정시는 점차 20세기 기독교문학의 고전으로 인정된다. 독일 국립도서관의 서지목록에는 48종에 달하는 그의 출판물이 등재되어 있다. 다수의 언어로 번역된 시의 텍스트는 무려 150편이 노래로 작곡된다. 이처럼 왕성한 음악적 가공은 바로크 노래시인 게르하르트의 모형에 비견된다.

전통있는 개신교 찬송가집에는 제네티의 노래 네 편이, 가톨릭 성가집에는 여섯 편이 수록되어 있다. 인기있는 노래텍스트 〈밀알은 죽어야 한다〉와 〈이 아이를 축복하라〉는 두 모음집 모두에 등장한다. 두 편의 작품은 '새로운 영적 노래'의 기독교 찬가로 정착된다. 알파벳 대문자 약칭 'NGL'로 표기되는 **'새로운 영적 노래'**는 20세기 중반에 대중음악의 영향 아래 대두된 교회노래의 유형이다. 교회예식의 범위를 넘어 일반 문화행사에도 즐겨 도입된 새로운 음악장르는 20세기 후반 전체에 걸쳐 하나의 붐을 형성한다. 그 막강한 영향력은 오늘날까지 이어지고 있다.

제네티의 시는 깊은 영성과 인간의 정서를 표현하는 섬세한 감각이 특징이다. 한마디로 감성의 세계를 통과하는 시적 여행으로 비유된다. 그가 자신의 작품에 사용한 단어와 비유는 비교할 수 없는 **언어의 광채**를 발휘한다. 그의 시는 우리 자신과 우리의 정감을 보다 잘 이해하고 삶의 근본 문제에 관한 성찰로 인도하는 초대이다. 독자는 그의 언어가 지닌 아름다움과 깊은 영적 영감에 마음이 움직인다. 문학평론은 그의 시가 "가슴을 울리며 영을 일깨우는 작은 보석" 이라고 높이 평가한다.

제네티의 시에는 사랑이 중요한 위치를 차지한다. 그는 유대감, 헌신, 정열의 감정을 정서적이면서도 깊은 의미를 발휘하는 방식으로 서술한다. 그의 언어는 안정과 보호를 향한 동경을 느끼게 하며 독자의 가슴속에 깊이 작용한다. 그밖에도 손실과 슬픔, 희망과 행복의 주제가 즐겨 다루어진다. 제네티는 복합적 주제를 탁월한 시적 언어를 통해 구체적으로 서술함으로써 독자와 텍스트 사이에 깊은 연관을 조성한다. 그의 시는 세월이 흘러도 변하지 않는 보편적 복음을 중재한다. 그가 구사한 시적 언어와 그가 다룬 깊은 주제는 모든 연령층의 인간에게 공감과 감동을 자아낸다.

제네티의 작품은 다양한 특성에도 불구하고 한가지 공통점을 지닌다. 그것은 인간을 격려하고 하나님의 흔적으로 들어가 힘과 용기를 얻으라는 권고이다. 2012년에 출간된 두터운 시집의 표제를 형성한 비유구문 '그의 흔적 위에. 믿을만한 확신의 텍스트'는 시인의 작품성격을 대언한다. 함축된 의미를 지니는 표현 '확신의 텍스트'는 인간에게 주어진 격려의 약속을 보증한다.

시모음집 〈ㄱ의 흔적 위에. 믿을만한 확신의 텍스트〉의 표제는 10년 전에 나온 시집 〈로타르 제네티, 그의 근처에서. 신뢰의 텍스트〉에 연결되어 있다. 여기에는 시 〈우리〉에서 〈우리는 오고 간다〉에 이르는 17편 시의 텍스트가 제시되어 있다. 이들은 상이한 형식으로 다양한 주제와 내용을 다룬다. 제일 먼저 소개된 3연시 〈우리〉는 복수일인칭 대명사 '우리'를 주어로 삼는 열두 행의 진술문으으로 구성되어 있다. 이와 같은 총체적 병행구조는 시 전체를 통일되고 일관된 맥락에서 읽게한다.

제1연의 네 행은 '우리는 보지 못한다', 제2연은 '우리는 듣지 못한다', 제3연은 '우리는 할 수 없다'와 '우리는 … 는다'의 문장도식에 의거한다. 시 전체의 전개에서 보면 세단계의 부정형 서술을 거쳐 긍정의 행위로 넘어간다. 긍정의 행위를 표현하는 마지막 두 행은 전체의 총화이다.

우리는 그를 멀리서 찾으며 그는 가까이 있다.
우리는 그를 찾지 못하나 그는 와있다.

마지막 연에 새로이 등장한 3인칭 단수대명사 '그'가 누구인지는 시에 나타나있지 않다. 그러나 전후문맥으로 보아 선행하는 연의 마지막에 지적된 '말씀'의 주체 하나님을 지시하는 것으로 보인다. 이제 두 행의 종결문은 다음과 같이 정리된다. '우리는 하나님을 찾지 못하지만 하나님은 이미 우리 곁에 존재한다.'

시모음집 〈그의 흔적 위에. 믿을만한 확신의 텍스트〉에 실린 1971년의 시 〈밀알은 죽어야 한다〉는 평신도 사이에 가장 널리 읽혀지는 '제네티 노래'이다.

밀알은 죽어야 한다.
그렇지 않으면 홀로 있게 된다.
한사람은 다른 사람에 의해 살아간다.
누구도 홀로 존재할 수 없다.
믿음의 신비
죽음 속에 삶이 있다!

주님은 자신의 생명을 내주었다.
빵처럼 자신을 분배하였다.
이 빵을 먹는 자는
자신의 죽음을 선포한다.
믿음의 신비
죽음 속에 삶이 있다!

이 신비를 축하하는 자는
빵처럼 스스로 존재하여야 한다.

그는 모든 인간의 고통에서
자신을 쇠진한다.
믿음의 신비
죽음 속에 삶이 있다!

주님은 많은 인간을 위한 빵으로
우리를 선택하셨다.
우리는 서로를 위해 살며
사랑만을 헤아린다.
믿음의 신비
죽음 속에 삶이 있다!

　6행형식의 4연시는 제목의 표기처럼 밀알의 비유에서 영감을 얻은 성서
시이다. 밀알의 죽음을 주제로 삼은 비유담화를 열어주는 첫절은 자주 인
용되는 유명한 성서구문이다(요 12:24).

한 알의 밀알이 땅에 떨어져 죽지 아니하면
한알 그대로 있고
죽으면 많은 열매를 맺느니라

　시인은 요한복음의 시행을 약간 변형하여 서술한다. 그에게 밀알의 죽
음은 공존의 삶을 위한 전제이다. 원래의 성서본문 결론인 풍성한 열매의
수확은 죽음을 통한 영생의 획득으로 규정된다. '죽음 속의 삶'은 놀라운
'믿음의 신비'이다. 비유의 의미를 지닌 명사구 '믿음의 신비'는 디모데전서
3장 9절에 나오는 용어이다.

경건한 성서 시는 성찬의 의미를 해석하는 노래, 예식행사에 거듭하여 주술되는 '믿음의 신비'를 다시 한번 다르게 표현한 노래, 서정시의 전통적 문체수단인 시연, 운, 후렴을 창조적으로 가공한 노래이다. 교차운 도식의 시연을 지배하는 것은 각운 'en'의 여성운이다. 보통 묵음으로 발음되는 약한 음조의 음절은 시 전체에 부드럽고 경쾌한 정감을 조성한다. 모든 시연의 종결부를 구성하는 두 행의 후렴 "믿음의 신비/ 죽음 속에 삶이 있다!"는 시 전체를 이해하는 핵심이다.

여섯 행으로 구성된 4연시는 네 단계의 논리에 의거하여 개진된다. 첫 단계에는 일상의 자연현상에 시선이 주어진다. '밀알은 죽어야만 한다, 그렇지 않으면 열매를 맺을 수 없다. 둘째 단계에는 예수님이 우리를 위해 생명을 내어준다. 그의 죽음은 우리를 위한 생명의 제공이다. 셋째 단계에는 우리가 동료의 고통에서 우리를 '쇠진하게' 함으로써 예수님을 따라야 한다고 지적된다. 네 번째 마지막 단계에는 사랑의 공존의 비전에서 예수님의 사명이 실현된다.

서정시 〈밀알은 죽어야 한다〉는 시가 쓰여진 다음 해인 1972년 오스트리아 작곡가 라우어만(Lauermann)에 의해 멜로디가 붙여진다. 하나님의 칭송 'GL 210'으로 표기된 4/4 박자의 악보는 세 파트로 구성된다. 제1부에는 첫연의 1-2행이, 제2부에는 3-4행이, 제3부에는 5-6행이 세 차례에 걸쳐 반복된다. 세 단계는 동일하게 '백성', 제1테너, 제2테너의 순서에 의해 인도된다. 두 명의 테너 이후에는 제1베이스와 제2베이스가 가사의 내용이 없이 표기되어 있다. 라우어만의 노래가사는 4연시의 첫연만을 대상으로 삼고있다.

1972년에 발표된 시 〈예수 그리스도의 십자가〉는 일년 전에 쓰여진 시 〈밀알은 죽어야 한다〉처럼 음악적 가공으로 유명해진 작품이다. 5연시의 구성에는 첫연의 세 행이 마지막 연에 동일하게 서술된다. 즉 시 전체의 틀거리를 형성하고 있다.

예수 그리스도의 십자가는
존재하는 모든 것을 관통하여
모든 것을 새로이 만든다.

아무도 감행하지 않는 것 당신들은 그것을 감행하여야 한다.
아무도 말하지 않는 것 당신들은 그것을 말해야 한다.
아무도 생각하지 않는 것 그것을 생각하도록 감행하여야 한다.
아무도 시작하지 않는 것 그것을 수행하여야 하다.

아무도 '그렇다'를 말하지 않을 때 당신들은 그것을 말해야 한다.
아무도 아니요를 말하지 않을 때 아니요를 말해야 한다.
모든 사람이 의심할 때 믿도록 감행하여야 한다.
모든 사람이 함께 할 때 홀로 서있어라.

모든 사람이 칭찬하는 곳에 의심을 가져라.
모든 사람이 조롱하는 곳에 조롱하지 마라.
모든 사람이 인색한 곳에 베풀어라.
모든 것이 어두운 곳에 빛을 생산하라.

예수 그리스도의 십자가는
존재하는 모든 것을 관통하여
모든 것을 새로이 만든다.

위의 시는 교차운과 약강조 율격에 기초하는 정형의 서정시이다. 여기에는 둔탁한 톤과 울리는 톤이 서로 교차된다. 시의 내용은 대중의 자세에 대한 거부의 요구이다. 우리는 아무런 생각이 없이 여론의 경향을 받아들일 것이 아니라 자신의 이미지를 형성하고 고유의 견해를 창출하여 제시하여야 한다. 다시 말해 독자적으로 사고하고 새로운 길을 걸어가야 한다.

5연시의 처음과 마지막은 '예수 그리스도의 십자가가 모든 것을 새로이 만든다'는 사실에 의해 지배된다. 삶과 존재의 새로운 출발을 지시하는 이와 같은 혁신적 위로의 기초 위에서 이어지는 세 연의 요구가 의미를 발휘한다. 모든 것을 '가능하게 만드는' 종교의 도덕은 단순하게 명령하고 요구하는 철학의 도덕과 구분된다. 바로 여기에서 제네티의 노래시는 **격려의 텍스트**로 규정된다. 격려는 현실화, 도전, 내면화와 함께 시인의 시를 각인하는 핵심주제이다.

시 〈예수 그리스도의 십자가〉는 바이어른의 노래제작자 베커에 의해 기독교노래로 작곡된다. 다방면의 재능을 지닌 그는 "탁월한 공연자 자질과 불굴의 집중력을" 소유한 예술가이다. 그는 제네티의 5연시에 멜로디를 부여하는 과정에서 시의 틀거리를 형성하는 첫 연과 마지막 연을 제거하고 호소의 성격을 지닌 세 개의 중간 연만을 대상으로 삼는다. 작곡가에게는 세 단계에 걸쳐 전개된 실천적 요구의 내용이 음악적 전이에 적합한 것으로 나타난다. 그 결과 5연시의 제목 '예수 그리스도의 십자가'는 '아무도 감행하지 않는 것'으로 바꾸어 표기된다.

2008년에 제작된 오디오 CD 〈앵콜 라이브〉에는 제네티의 3연시 〈아무도 감행하지 않는 것〉이 비교할 수 없는 방식으로 해석되어 가공된다. 다음 해인 2009년에 방출된 유튜브 영상에는 작곡가 베커의 감동적 연주가 시청자 앞에 연출된다. 여기에는 피아노 반주의 전주곡에 이어 첫째 연이 낭송된다. 이어서 둘째 연과 셋째 연이 격정의 정감으로 불린다. 특히 반복하여 열창되는 후렴형식의 마지막 연이 강한 톤으로 청중의 가슴을 울린다.

모든 사람이 칭찬하는 곳에 의심을 가져라.

모든 사람이 조롱하는 곳에 조롱하지 말라.

모든 사람이 인색한 곳에 선사하도록 감행하라.

모든 것이 어두운 곳에 빛을 생산하라.

제5장 20세기 신학자 본회퍼의 감옥시

서언
- 우리는 왜 지금도 본회퍼의 시를 읽는가?

20세기의 신학자 본회퍼(1906-45)는 일반적으로 독일 국가사회주의 체제의 불의에 항거한 저항신학자로 알려져 있다. 그러나 그의 생애의 마지막 단계인 짤막한 구금기간 동안 집필된 10편의 유고시는 강한 저항투쟁자와 다른 모습을 우리에게 보여준다. 그것은 **인간과 시인으로서의** 본회퍼의 이미지이다. 삶과 실존의 한계상황에서 생성된 시들은 다양한 주제를 다루고 있다. 그러나 구금신학자의 사고와 체험을 표현한다는 점에서 일치한다. 독자는 오늘날 비극적으로 처형당한 신학자가 남긴 귀중한 감옥시(옥중시)를 읽으면서 새로운 본회퍼의 인물과 만나게 된다.

우리가 오늘날 본회퍼의 시를 읽는 이유는 세 가지로 정리될 수 있다. 첫째, 시와 노래를 즐긴 예술가로서의 본회퍼의 면모를 알 수 있다. 그가 구금기간에 집필한 열 편의 시에는 음악적 특성과 기능이 내재해 있다. 이것은 적지 않은 그의 유고시가 후세에 활발하게 노래로 작곡된 근거가 된다. 둘째, 본회퍼의 신학사상 발전에서 중요한 위치에 있는 '후기의 전향'이 어디에 있는지 파악할 수 있다. 흔히 **시학적 신학**의 범주에서 설명되는 의미있는 만년의 전회는 구금시의 세밀한 분석에서 명료하게 드러난다.

셋째, 세계제2차대전이 종료되기 직전에 쓰여진 본회퍼의 시가 오늘의 우리에게 던지는 살아있는 의미를 확인할 수 있다. 주로 시인의 주변인물을 수신자로 삼은 작품이 전하는 메시지는 당시의 시대상황을 넘어 어려운 고난의 시기를 살아가는 이 시대의 인간에게도 동일하게 적용된다. 독자는 단순하면서도 의미깊은 언어를 구사한 서정시에서 커다란 위로와 희망을 얻을 수 있다. 이와 같은 사실은 후세에 제작된 복음의 노래에서 더욱 강화된다. 본회퍼의 시와 노래가 독자와 청취자의 감동을 자아내는 것은 그속에 내재된 현실성과 활력성에서 근원을 찾을 수 있다.

1. 시인으로서의 본회퍼

그것은 종말이다. 나에게는 삶의 시작이다.

위의 인용문은 저항의 신학자 본회퍼가 죽기 직전 감옥동료에게 남긴 마지막 말이다. 그는 1945년 4월 9일 아침에 교수형에 처해진다. 두 부분으로 구성된 간결한 복합문장은 죽음의 고통과 공포 가운데에서 생명의 부활을 확신하며 고백한 최후의 증언이다. 여기에는 죽음과 삶을 바라보는 본회퍼의 기본자세가 요약되어 있다. 죽음은 끝, 종말이지만 확고한 부활신앙을 가진 자에게 **새로운 삶을 위한 출발**이다. 후세의 기독교인에게 잊히지 않는 유언을 남긴 구금신학자는 실제로 공포의 처형장에서 마지막 기도와 함께 평안하고 의연하게 죽음을 맞이한다.

1906년 2월 4일 독일 브레슬라우(현재 폴란드 영토)에서 출생한 본회퍼는 39세의 나이에 삶을 마감한다. 그러나 20세기의 개신교 신학자 가운데 그처럼 교회와 사회 속에 깊이 침투한 인물은 유례를 찾아보기 힘들다. 독일

국가사회주의 정권에 항거한 그의 강한 열정과 그의 삶, 죽음, 저술은 독일국경을 넘어 전세계에 걸쳐 커다란 주목을 받고 있다. 미국 뉴욕에서 제공된 좋은 일자리를 포기하고 조국으로 돌아온 본회퍼는 1943년 나치집단에 의해 체포되어 테겔(Tegel) 감옥소에 구금되어 있다가 1945년 4월 9일 플로센뷔르그(Flossenbürg) 집단수용소에서 히틀러의 명령으로 처형당한다.

불의의 독재정권에 강하게 항거하다 희생당한 본회퍼의 삶과 사상을 기리는 기념비는 오늘날 독일과 폴란드 여러 곳에서 발견된다. 그의 출생지 브레슬라우의 옛광장에 위치한 엘리사벳(Elisabeth) 교회에는 독일 조각가 비더만(Biedermann)(1947년생)이 1996년 4월에 제작한 청동 토르소가 설치되어 있다. 150cm의 높이를 지닌 연한 황금빛 토르소의 직사각형 신체가 백색 원형석판 위에 외로이 서있다. 그것은 외형의 형상에서 십자가를 연상시킨다. 동일한 조각작품이 신학자가 1932년 설교하고 세례를 베푼 베를린 광장의 시온교회 앞뜰을 장식한다. 1988년에 제작된 토르소는 가슴부위를 비롯한 여러 곳이 심하게 긁혀나가 검은 자국으로 변해있다.

성 베드로 교회의 외부 전면에는 1979년부터 본회퍼를 추모하는 플레어(Fleer)(1921년생)의 기념비가 설치되어 있다. 성 베드로 교회는 독일 함부르크에서 가장 오래된 다섯 교회 가운데 하나이다. 낡은 붉은 벽돌 담벽의 벽감 앞 정사각형 석판 위에 세워진 진회색 입상은 구금자 의복을 입고 똑바로 서서 정면을 응시하는 본회퍼의 모습을 연출한다. 십자가 모양으로 서로 겹친 채 위로 올려진 두 손은 굵은 밧줄로 결박되어 있다. 오른손 손가락의 제스처는 승리의 표시이다. 강제로 체포된 자의 눈동자는 크게 열려있다. 귀중한 청동조각은 하나님에 대한 헌신의 신앙으로 죽음을 맞이한 순교자의 상이다.

세계 제2차대전이 종식된 이후 '시대의 순교자' 본회퍼의 삶과 사상은 다시 찾은 자유의 분위기 속에 새로이 조명된다. 1954년 9월 독일도시 빌레

펠트의 베델(Bethel)에 150명의 신학자와 관련인사들이 10년 전에 불행하게 삶을 마감한 신학자의 유산을 조사하고 일반에게 중재하기 위하여 귀한 자리를 마련한다. 베델은 베델 재단으로 유명한 빌레펠트 도시의 구역이다. 1956년에 출간된 기록문서 〈성숙된 세계. 디트리히 본회퍼를 기념하여〉는 역사적 모임에서 얻어진 산물이다. 4권으로 구성된 책자는 1928-45년 동안의 본회퍼 저술 연구를 위한 자료집이다.

본회퍼 연구의 발전에는 그의 절친한 친구이며 동역자인 베트게(Bethge) (1909-2000)의 희생적 노력이 초석이 된다. 본회퍼 전기가로 알려진 그는 본회퍼의 질녀 슐라이허(U.Schleicher)의 남편이다. 1944년 8월에 쓰여진 장시 〈친구〉는 구금서신의 중요한 수신자인 베트게에게 증정된다. 시의 종반을 시작하는 여섯 행은 이미 언급된 친구의 존재를 '성실한 협력자'로 표현한다.

먼 곳 가까운 곳에
행복과 불행 가운데
한 사람이 다른 사람에게서
자유와
인간성을 향한
성실한 협력자를 인식한다.

4-5행에 지적된 '자유와 인간성'은 저자가 자신의 생애를 통해 일관되게 추구한 두 개의 덕목이다. 이념시 〈자유로 가는 길의 노정〉의 제목을 형성한 자유는 본회퍼 연구서에 거듭하여 표제로 선정된다. 인간성은 삶과 학문에서 동일한 길을 걸어간 본회퍼와 베트게를 묶어주는 고리이다.

베트게는 2015년에 출간된 본회퍼 전집(독일어 약칭 'DBW')의 제작에서 주된 발행인으로 활동한다. 모두 17권으로 구성된 방대한 전집의 분량은 무려 10,331 페이지에 달한다. 맑은 청색 표지로 장정된 17권의 책을 일렬로 세워놓은 광고사진에는 저자 디트리히 본회퍼의 완전한 필기체 서명이 전체의 폭을 장식한다. 8명의 동료가 개별책자의 발행인으로 참여한 상세한 역사비평본은 본회퍼 연구사의 기념비적 업적이다. 본회퍼가 남긴 거의 모든 저술과 기록문서가 16권으로 분할되어 수록된다.

2005년 베트게에 의해 간행된 귀중한 저서 〈저항과 순종. 구금기간의 서한과 수기〉는 전집의 제8권을 장식한다. '구금기간의 서한과 수기'라는 부제가 붙은 책자는 이미 1951년 동일한 제목으로 출간된 〈저항과 순종〉의 완성본이다. 후세에 자주 인용되는 '저항과 순종'은 구금신학자의 사유를 규정한 기본범주이다. 무려 812 페이지에 달하는 두터운 책자에는 신학자의 부모, 친구에게 보낸 편지와 수기가 수록되어 있다. 본회퍼 생애의 마지막 2년에 해당하는 구금기간은 네 단계로 나누어 기술된다.

1. 심문의 시기. 1943.4-6
2. 판결의 기다림. 1943.8-1944.4
3. 쓰러짐의 시점까지의 감내, 1944.4-7
4, 좌절 이후. 1944.7-1945.2

본회퍼의 서신에 관해서는 구금신학자와 자신 사이에 교환된 수많은 서신을 상세하게 소개한 저널리스트 작가 베르트(1951-)의 저서 〈심연의 삶에 관하여〉(2020)가 풍성한 자료를 제공한다. 서신의 수신자와 발신자 이름이 부제로 표기된 자전적 책은 인간이 '삶의 심연의' 나락에서 어떻게 살아가야 하는가를 증언한다. 본회퍼 서신의 연구에 관한 유용한 정보와 데이타가 담겨있는 귀중한 기록문서에는 친구 베트게와 발신자의 부모에게 보낸 편지와 함께 본회퍼와 저자의 시가 포함되어 있다. 저자는 의미있는 서언에서 저서를 집필하는 자신의 입장을 솔직하게 밝히고 있다.

"나는 그에게 편지를 썼다. 단순하게 그렇게. 그가 우리에게 편지를 썼기 때문이다. 그래 실제로 우리는 아니다. 구금기간의 그의 시와 편지는 그의 부모, 그의 약혼녀, 함께 갇힌 동료, 그의 친구들을 위한 것이었다. 그러나 친구들 가운데 한 사람인 베트게가 후일 편지들을 출간하였다. 그리하여 그 편지들은 우리, 나를 위한 편지가 되었다.

이 편지들은 오랫동안 나와 동행하였다. 1967년 나는 그 편지들을 알곱 별로 표기된 GTB 포켓북으로 재생하였다. 그 제목은 16번째 '저항과 순종'이었다. 이제 나는 마침내 대답하였다. 그리고 다시 물어보았다. 50년 이상의 세월이 흐른 후에. 다른 시기로 부터. 다른 세계와 삶의 경험과 함께. 나는 인간 디트리히 본회퍼의 시대와 세계로 들어가는 입구를 만들려고 노력하였다. 그의 사상, 감정, 삶의 의욕, 죽음의 공포, 믿음과 양심의 결단으로 들어가는 입구. 그리고 많은 것이 시간을 넘어 그가 처형된지 75년이 지난 오늘에도 어떻게 영감을 주며 도전적인가를 알고 놀랐다."

베르트의 서언은 본회퍼의 서신이 오늘날에도 중요한 의미를 지닌다는 사실을 증언한다. 우리는 구금의 신학자가 남긴 귀중한 서신에서 그가 어떻게 엄청난 고통과 좌절에 믿음의 힘으로 대처하였는가를 확인하게 된다. 그것은 1944-45년의 위기시대에만 해당되는 것이 아니라 오늘의 현실에도 동일하게 통용된다.

감옥시의 생성에서 중요한 역할을 한 인물은 약혼녀 마리아(Maria von Wedemeyer)이다. 그녀에게 보낸 편지에 '나의 가장 사랑하는 마리아'로 명명된 여인과 신학자와의 특별한 관계는 2010년에 의해 출간된 문서 〈신부서한 감방 92〉에 수록된 서신에서 알 수 있다. 1943년에서 1945년에 이르는 약혼기간에 이루어진 서신교환은 공간의 분리를 넘어, 서신검열과 나이, 출신의 차이에도 불구하고 깊은 사랑이 어떻게 발전되었는가를 보여준다. 상대적으로 늦은 시점에 발표된 〈신부서한〉은 나치체제 아래에서 감행된 저항운동에 관한 증언의 하나이다.

본회퍼의 신학사상은 여러 학자에 의해 저항의 개념으로 대변된다. 2013년에 출간된 여류신학자 티츠(Thietz)의 저서 〈디트리히 본회퍼. 저항 속의 신학〉의 서언에서 저자는 삶과 사고는 본회퍼에게 밀접하게 연계되어 있다고 전제한다. 그의 특별한 삶의 여정은 그의 신학에 활력을 불어넣으며, 반대로 그의 신학적 명제는 삶의 경험에 의해 움직인다. 전기적 사실에 연관된 사상의 발전을 추적하는 저술에는 신학자의 유년기와 청년기에서 시작하여 교회와 정치의 저항을 거쳐 구금기간에 이르기 까지의 노정이 기술된다. 마지막 단계에 해당하는 투옥기간에는 오늘날 까지 가장 감동적이고 가장 많이 읽혀진 신학자의 텍스트가 생성된다.

저항신학과 관련된 본회퍼의 이미지에 관해서는 한가지 주목할 점이 있다. 그것은 시간이 지나감에 따라 독일교회가 본회퍼의 인물을 다르게 평가하였다는 사실이다. 즉 일반적으로 통용되는 저항투사가 아니라 **복음의 성자**로 명명하기에 이른다. 이 특별한 존칭에는 순수한 목회자의 상이 최고의 단계로 고양된다. 신학자 본회퍼의 이미지에 커다란 변화를 가져온 새로운 명칭은 그가 스스로 택한 순교의 길을 생각하면 더욱 수긍이 간다. 그는 성서에 기록된 성자들처럼 자신을 버리고 하나님의 신앙을 지킨 헌신의 순교자이다.

저명한 신학자이며 윤리학자인 후버(Huber)는 2006년에 개최된 브레슬라우 본회퍼 국제회의 개막강연에서 '복음의 성자'를 제목으로 채택하고 있다. 그는 본회퍼 자신은 결코 성자가 되려하지 않았으나 거룩함은 그의 신학의 기본주제라고 지적한다. 후버는 본회퍼가 선한 인간이며 성자의 면모를 지니고 있다는 견해에 동조한다. 티츠에 의하면 본회퍼는 "믿음의 모형으로, 믿음의 투쟁에서 성자이다". 삶과 밀접하게 연계된 진지한 믿음은 저항투사 본회퍼를 성자로 보게 하는 원천이다.

베트게를 비롯한 여러 학자에 의해 일찍부터 강조된 구금기간의 본회퍼 작품에 관한 연구는 왕성한 신학연구에 비해 매우 미미하다. 그러나 극단의 한계상황에서 집필된 귀중한 시들은 구금신학자의 실존과 사유를 알게 할 뿐만 아니라 그의 학문적 발전에서 중요한 의미를 지닌다. 즉 본회퍼 생애의 만년에 이루어진 신학적 전회를 이해하는 근거를 제공한다. 이런 점에서 상세하게 관찰할 필요가 있다. 이를 위해서는 전기적 서정시에 관한 실존적, 신학적 해석이 요구된다.

1943년에서 1944년에 이르는 본회퍼의 감옥기간 생활에는 기도, 시, 사유가 하나로 이어져 있다. 구금신학자의 기도에 나타난 영적 삶의 훈련은 오랜 역사를 지닌 기독교노래와 연계되어 있다. 기도시와 노래는 동일한 차원 위에 있다. 실천신학 교수 짐머링(Zimmerling)은 2020년에 제작한 오디오북 〈그러나 당신과 함께 하면 빛이 있다〉에 '감옥의 기도, 시, 사유'라는 부제를 달고 있다. 160페이지로 제한된 청취용 책자에는 감방의 애도설교, 구금자를 위한 기도, 성탄인사, 〈작업을 위한 설계〉, 10편의 시가 포함되어 있다.

운문으로 작성된 글 〈작업을 위한 설계〉에는 '다른 사람을 위한 교회' 라는 본회퍼의 교회관이 개진되는 완전한 버전이 제시되어 있다(본회퍼 전집 8권 560-561쪽).

"교회는 다른 사람을 위해 존재할 때에만 교회이다. 교회는 새로운 출발을 위해 모든 소유를 고통을 겪는 자에게 내주어야 한다."

교회는 인간의 공동생활의 세속적 과제에 참여해야 한다. 즉 지배하는 것이 아니라 도와주고 봉사해야 한다. 위험에 처한 자기이해의 염려에서 나오는 특권의 집착이나 봉사의 소홀함은 교회의 신뢰성을 떨어뜨린다. 교회가 국가와의 관계에서 독립성과 고유의 책임을 다시 획득하기 위해서는 기존의 규율이 수정되어야 한다.

1943년 대강절에 작성된 동료 구금자를 위한 기도는 본회퍼 전집 제8권의 〈저항과 순종. 구금기간의 서신과 수기〉제2부(76-78 페이지)에 실려있다. 세 편의 연쇄기도는 아침기도, 저녁기도, 특별한 곤궁의 기도로 구성되어 있다. 첫 부분을 장식하는 아침기도는 다음과 같이 시작된다.

하나님, 나는 아침 일찍 당신을 부릅니다.
내가 기도하고 내 생각이 당신을 향하도록 도와주십시요.
나는 혼자서 할 수 없습니다.
나의 마음속은 어두울 뿐입니다. 그러나 당신과 함께 하면 빛이 있습니다.

위의 네 행 가운데 넷째 행에 해당하는 두 문장은 짐머링 책자의 제목을 형성한다. 나의 마음은 어둠으로 가득 차 있지만 '당신이 함께 하면' 밝은 빛이 생성된다. 하나님은 '깊음 위에 있는 흑암'에서 빛을 창조한 절대권능의 주체이다(창 1:2-3). 두 연으로 구성된 아침기도 첫연의 제4행은 본회퍼의 복음을 대언하는 문장으로 자주 인용된다.

구금기간의 악조건 하에서 집필된 문서와 저서 가운데 특기할 만한 대상은 〈윤리학〉(Ethics)이다. 이 귀중한 저서는 본회퍼 작품의 정상으로 인정받고 있다. 영문으로 작성된 미완의 저술은 저자의 사후 1955년에 베트게에 의해 최초로 편집되어 출간된다. 1995년 독자적 형태로 발간된 단편의 설계 〈윤리학〉은 현대 세속사회에서의 기독교 역할에 관한 중대한 재해석이다. '윤리학, 책임, 그리스도 존재가 어떻게 함께 사고될 수 있는가?' 라는 기본질문이 사유의 중심을 형성한다.

일찍부터 기독교 윤리학의 주된 공헌으로 인정받은 책자는 2005년 본회퍼 전집 제6권에 수록된다. 새로이 편집된 비평본은 원고의 신중한 재구성을 기초로 번역, 주해된다. 나치세력의 철저한 감시 아래에서도 저자는 역사, 정치, 공적 생활과 기독교인의 관계를 규명하는 기독교 윤리학을 체계적으로 구성한다. 전집의 비평본은 신학자, 윤리학자, 진지한 기독교인이 본회퍼가 제시한 비전의 의미와 타당성을 인식하도록 유도한다.

구금기간에 생성된 본회퍼의 시를 잘 이해하기 위해서는 두 가지 전제지식이 필요하다. 하나는 신학과 음악의 관계이다. 청년 디트리히의 뛰어난 음악적 재질은 가정의 음악교육에 기인한다. 그의 모친과 누이는 모두 노래반주자이다. 모친의 혈통을 물려받은 아들 역시 피아노의 재능의 소유자이다. 음악적 연상작용은 그의 신학사상 발전의 모든 과정에서 증명된다. 그것은 하나님의 말씀에 근거한 신학적 음악비평이라 할 수 있다. 신학적 음악비평은 신학과 음악의 '상호영감'에 의거한다.

음악과 노래는 특히 구금기간의 생활에서 중요한 자리를 차지한다. 비좁은 감방에 고립된 고독자의 정열적 창작의지는 그의 영혼을 움직이는 음악적 충동과 관계가 깊다. 서로 인접한 두 예술인 시와 음악을 묶어주는 언어의 힘은 시학적 신학을 형성하는 토양이 된다. '새로운 신학'의 구성에는 시와 신학뿐만 아니라 시와 음악의 긴밀한 관계도 중요한 역할을 한다. 원래 같은 차원에서 관찰되는 두 장르는 신학의 형성에 새로운 활력을 불어넣는다. 이와 같은 사실은 본회퍼 신학의 개진에서 의미있는 발전을 의미한다.

팡리츠(Panglitz)는 본회퍼 협회(dbv)에서 주관한 2019년의 학술회의에 발표한 강연 〈삶의 다음성(Poyphonie)〉에서 예술애호가로서의 본회퍼의 면모를 강조하고 있다. 그는 본회퍼의 음악신학을 '삶의 다음성'이라는 비유적 용어로 표현한다. 음악의 영역에 사용되는 용어 다음성은 여기에서 삶과 실존으로 이전된다. 구금기간의 서신과 수기에는 여러 곳에 음악에 관한 사변적 발언이 발견된다. 여기에 제시된 내용은 본회퍼 신학의 마지막 단계 해명에 큰 도움이 된다. 그것은 순수한 의미에서 '새로운 공식'이라 할 수 있다.

다른 하나는 신학과 시의 관계이다. 이 범주는 본회퍼 신학의 발전사에서 '시학적 신학'을 향한 후기의 전향에서 의미를 발휘한다. 다른 신학자에게 찾아보기 힘든 고유의 요소는 '새로운 신학'의 정립을 위한 시학의 길이다. 이와 같은 착상은 짧은 기간에 수행된 구금의 묵상에 연유한다. 소위 '신적 시'(Theo-Poesie)로 명명된 복합명칭은 본회퍼 만년의 사상적 전회를 대언한다. 20세기 현대신학에 대두된 용어 '신적 시'는 근원에서 시적 특성을 지닌 성서의 전승에 연결되어 있다. 신구약성서에는 이야기, 노래, 기도, 시가 풍성하게 담겨있다.

특히 감옥시의 상징으로 통하는 마지막 서정시 〈선한 능력에 의해〉는 시학적 신학의 길에서 하나의 정상이다. 믿음의 길을 단계적으로 개진하는 일곱 연의 구성에는 시, 노래, 신학이 하나로 통합된다. 이와 같은 삼위일체의 특성은 개인적 전기시가 공동체에서 불리는 교회노래로 작곡되어 커다란 성공을 거두는 요인으로 작용한다. 노래를 듣는 청중은 시, 노래, 신학의 세 요소가 연출하는 합동공연을 지각적으로 경험한다.

본회퍼의 시에 관한 독자적 연구는 2005년 헨키스(Henkys)의 저서 〈자유의 신비. 전기, 시, 신학〉에 의해 본격적으로 이루어진다. '시인으로서의 본회퍼' 라는 표현도 헨키스의 신간서적에 관한 오펜(Oppen)의 논평에 연유한다. 베를린 훔볼트 대학교에서 실천신학을 강의한 헨키스는 이미 1986년에 본회퍼의 감옥시에 관한 해석서를 발표한 학자이다. 20년이 지나 새로이 집필된 두터운 책의 제목을 규정하는 '자유의 신비'는 감옥시의 성격을 대언하는 상징적 용어이다.

이어지는 부제는 시와 신학의 긴밀한 연계를 지시한다. 시와 신학은 이미 설명한 것처럼 구금시의 성격을 규정하는 기본범주이다. 헨키스의 시해석은 독자를 인간 본회퍼의 기독교저항 아이콘의 배후로 가까이 다가가도록 인도한다. 여기에서 사회적 투쟁과 교회의 저항을 넘어서는 새로운 사유와 착상이 생성된다. 개별시의 해석은 시인의 인간, 삶, 체험의 조명이며 작품의 근원에 대한 추적이다. 때로 난해하게 받아들여지는 성찰시나 종교시의 저변에는 시인 고유의 내면의식이 자리하고 있다.

십자가 창살이 확대된 감옥소의 창문이 제시된 인상적 표지화의 하단에는 흑색 바탕 위에 다음과 같은 문구가 인쇄되어 있다.

"이 시들은 스스로 가교가 되지 않고 한 남자의 삶의 배후에서 외침의 징표로 작용한다."

저자는 자신이 다루게 될 구금시가 삶의 근저에 놓여있는 '외침의 징표'라고 표현한다. '외침의 징표'는 호소와 간구의 성향을 지닌 구금시의 활성적 기능을 나타내는 비유의 용어이다. 그것이 구체적으로 무엇인지는 시인의 내면을 사로잡는 극심한 고통과 이를 극복하려는 강한 의지를 해명하는 실존해석에 의해 밝혀진다.

저서의 서두에는 흥미롭게도 독일작가이며 독문학자인 옌스(Jens)(1923-2013)의 논평이 실려있다.

"전후에 '저항과 순종'이라는 제목으로 베트게에 의해 간행된 구금기간 서한은 본회퍼 신화를 형성하였다. 귀중한 서한에는 잘 알려진 시 〈나는 누구인가?〉와 〈선한 힘에 의해〉가 포함되어 있다. 오랜 기간의 고유역사를 지닌 두 편의 시는 부분적으로 근원에서부터 멀리 떨어져 발전되었다 … 죽음의 감방에서 생성된 시 〈선한 힘에 의해〉가 교회의 진열상자에서 나와 사랑스러운 일몰 앞에 나타날 때 그것은 나에게 낯설게 느껴졌다. 나머지 여덟 개의 시들은 별로 알려지지 않은 것들이다. 잘 알려진 시를 낯설게 만들고 알려지지 않은 시를 가깝게 접근하게 하는 것은 이책의 업적이다. 그리하여 본회퍼는 그의 시 속에서 새로이 나타난다."

예리한 안목의 논평자는 구금기간의 서한이 베트게의 역사적 기록문서 이후 본회퍼 **신화**를 형성하였다고 지적한다. 마지막 감옥시 〈선한 능력에 의해〉는 교회의 영역을 벗어나 결혼식과 장례식과 같은 중요한 행사에도 즐겨 연주될 정도로 인기가 높다. 논평의 종반에는 '알려지지 않은 시에 가깝게 접근하게 하는 것'이 책의 공과라고 지적한다. 이어지는 종결문은 본회퍼의 유고시가 갖는 독자적 의미를 한마디로 요약한 탁월한 구절이다.

"본회퍼는 그의 시 속에서 새로이 나타난다."

크게 두 부분으로 구성된 책의 서론에는 자유의 서정시와 신학적, 문학적 해석에 관한 설명이 선행된다. 자유의 서정시는 '자유의 신비'라는 제목에 걸맞는 구금시의 특징이다. 제1부의 제목은 '본회퍼와 시'이다. 저서의 기본취지를 지시하는 흥미로운 도입부에는 설교에 반영된 시인과 시, 교회노래에 불린 말씀, 언어, 예술, 교회가 다루어진다. 시인과 시에 관한 본회퍼의 관심은 일찍부터 발표된 다양한 설교에 나타나 있다. 신학자가 선호하는 교회노래는 말씀이 시의 언어로 표현된 예술이다.

제2부는 구금기간의 시를 영적, 세속적 노래의 범주에서 설명한다. 시와 노래는 신학자 시인에게 하나로 통합된다. 저서의 후반부에는 최초의 시 〈과거〉에서 마지막 시 〈선한 힘에 의해〉에 이르는 10편의 구금시가 단계적으로 해석된다. 여기에는 잘 알려진 두 편의 시 이외에 상대적으로 별로 알려지지 않은 8편의 다른 시도 포함된다. 특히 〈모세의 죽음〉과 〈요나〉는 성서의 문학적 전이를 보여주는 작품이다. 앞의 경우에는 하나님의 남자 모세의 기도가 나의 기도로 이전된다. 뒤의 경우에는 성서이야기를 가공한 극적 발라드에서 자신의 죽음에 관한 해석이 이루어진다. 곧 닥쳐올 죽음의 숙명은 구금시인에게 피할 수 없는 이슈로 대두된다.

헨키스의 의미있는 저서는 본회퍼의 만년에 생성된 구금시가 그의 삶과 학문에서 차지하는 특별한 위치를 확인하게 한다. 특히 오늘의 시대에 갖는 시의적, 활력적 의미를 터득하게 한다. 책의 독자는 실존적 위협의 한복판에서 쓰여진 고백시에서 기독교인이 죽음과 삶에 어떻게 대처해야 하는가를 배우게 된다. 상이한 주제를 다룬 10편의 감옥시는 삶의 마지막 순간까지 올바르고 굳건한 믿음을 추구한 경건한 구금시인의 영혼을 움직인 영감과 착상에 관한 진술한 표현이다.

신학자 본회퍼가 생애의 마지막 단계인 짧은 구금기간에 집필한 10편의 감옥시는 저항신학자, 저항투사와 다른 인간상을 우리에게 보여준다. 그것은 시와 예술로 영혼을 인도하는 **순수한 복음가**의 상이다. 이미 지적한 본회퍼의 존칭 '복음의 성자'는 여기에서 타당성이 확인된다. 마지막 구금시 〈선한 능력에 의해〉는 삶의 위기에 처한 인간의 영혼을 돌보는 진지한 목회자의 모습을 보여준다. 성탄과 연말의 기간에 쓰여진 서정시는 우리를 '새로운 날'로 안내하는 복음의 노래이다. 독자는 '선한 능력'에 의한 '신기한 보호'에서 하나님의 구원을 체험한다.

2. 아홉편의 감옥시 해석

우리는 다음 두 장에서 본회퍼의 감옥시를 개별적으로 살펴보려 한다. 신학자 생애의 마지막 기간에 생성된 10편의 시는 그의 만년의 삶과 상상을 이해하는 소중한 자료이다. 독자는 작은 분량의 운문 텍스트를 통해 본회퍼가 짧은 구금기간 동안 어떠한 영적 사유에 의해 인도되었는가를 확인한다. 그것은 매우 어려운 환경 속에 살아간 한 개인에게 통용되는 특별한 사실이 아니라 이 시대를 살아가는 우리에게도 해당된다. 다양한 주제와 내용을 다룬 시구들은 여전히 불의와 부정이 지배하는 고통의 시기를 살아가는 모든 인간을 향한 강한 외침이며 호소이다. 여기에는 미래를 향한 위로의 기대와 소망이 표현되어 있다.

제2장에는 시 〈과거〉에서 〈모세의 죽음〉에 이르는 아홉 편의 시가 다루어진다. 구금시를 대표하는 마지막 시 〈선한 능력에 의해〉는 제3장에서 상세하게 분석되고 해석된다. 다루어질 작품 가운데에는 이제까지의 본회퍼 연구사에서 별로 주목받지 못한 대상도 포함된다. 시 〈친구〉, 〈행복과 불행〉, 〈요나〉가 여기에 속한다. 그러나 이 텍스트들도 구금시인의 체험, 사유, 묵상을 해명하는 데 큰 도움이 된다. 따라서 우리는 9편의 시를 균형있게 취급하려 한다. 서술의 순서는 전기적 특성이 강한 시에서 성찰시를 거쳐 종교시로 넘어간다. 그러나 세 부류의 작품은 근본적으로 동일한 기준과 범주에서 관찰된다.

1) 〈과거〉

1944년 6월 5일 약혼녀 마리아의 감옥소 방문 직후 쓰인 3연 시〈과거〉
는 사랑의 이별시이다. 시의 제목을 형성하는 '과거'는 마리아에게 보낸 편
지에 선호된 단어이다. 전기적 사실에 연유하는 시는 과거의 상실에 맞서
는 '슬픔의 시편'을 연상시킨다. '애도시편'은 찬가와 감사의 노래와 함께
시편의 중요한 장르에 속한다. 세 연으로 구성된 작품에는 과거의 의미가
철학적으로 성찰될 뿐만 아니라 약혼녀를 그리워하는 영혼의 움직임이 표
현된다. 이와 같은 이중특성은 고뇌와 기쁨의 '다음성'으로 표현된다.

마리아에게 보낸 편지에 '가장 사랑하는 마리아'로 불린 마리아는 시 전
체의 구체적 출발점이며 동시에 목표이다. '나와 너'의 관계에 의거한 제1
연은 너의 떠나감으로 인한 이별의 고통과 상념을 서술한다.

> 나에게 무엇이 남아있는가? 기쁨, 고뇌, 욕구?
> 내가 아는 것은 이것뿐이다. 그대는 떠나갔고 모든 것은 지나갔다.
> 내가 지금 어떻게 그대를 붙잡는지 그대 느끼는가?
> 그대 마음이 아플 정도로.

제2연은 비교적 길게 서술된 앞뒤의 연과 달리 네 행으로 구성된다. 서
로 병행하는 두 개의 의문문에는 그대로 인칭화된 '삶'과 '과거'가 주어의
역할을 한다. 두 주체의 행위는 의미와 방식에서 서로 연결되어 있다.

> 삶이여, 그대는 나에게 무엇을 하였는가?
> 무엇 때문에 그대 왔으며 또 가는가?
> 과거여 그대 나로부터 도망갈 때에

나의 과거에 머물지 않는가?

마지막 제3연은 자연풍경 묘사에서 시작하여 그대의 회상으로 넘어간다. 후반의 여섯 행은 시 전체의 중심이다. 처음의 네 행에는 태양이 바다를 '묻어버리는' 광경을 통해 그대의 '가라앉음'이 서늘한 아침공기에 의해 해체되는 비유로 묘사된다.

몇 개의 파도가 바다를 묻어버린다.
따스한 입김의 숨결이
서늘한 아침공기에 해체되 듯
그대 모습 나에게서 녹아버린다.

서로 대조되는 자연비유 구절 '따스한 입김의 숨결'과 '서늘한 아침공기의 해체'는 극심한 구금의 고뇌 한가운데에서 계시되는 구원의 꿈을 암시한다. 대자연의 힘은 현실적 삶의 고통을 극복하게 만든다. 이어지는 종결부는 나와 그대의 관계에 관한 서술의 결론이다.

내가 그대 얼굴, 그대 손길, 그대 형상을
더 이상 알지 못하도록.

매우 평이하게 서술된 두 행은 언뜻 체념과 좌절의 감정을 나타내는 것으로 들린다. 그러나 여기에 지적된 '알 수 없음'에는 긍정의 요소가 내포되어 있다. 그것은 우리의 관계를 주관하는 하나님의 음성에 관한 지각이다. 3연시를 열어주는 고통의 이별은 마지막에 이르러 우리의 삶을 주관하는 하나님의 개입에 대한 고백으로 종식된다.

2) 〈친구〉

시 〈과거〉와 함께 자전적 특성을 강하게 보여주는 텍스트는 〈친구〉이다. 1944년 8월에 쓰인 작품은 시인의 절친한 친구이며 동역자인 베트게에게 보낸 생일축시이다. 이와 같은 사실은 제1연의 종결부에 특별한 형식으로 표현된다.

자유로운 호의와
맹세와 율법을 필요로 하지 않는
자유로운 영의 욕구에서
친구가 친구에게 선사된다.

네 행의 중심은 '친구가 친구에게 선사되는' 근원인 '자유로운 영의 욕구' 이다. 여기에 지적된 인간의 영적 자유는 '신적 위임'에 기인한다. '신적 위임'은 구금기간의 저서 〈윤리학〉에 하나님의 계명과 연관하여 등장하는 용어이다. 원래 법률분야에 사용되는 명사 '위임'은 성서의 증언에서 그리스도의 계시에 근거한 구체적 신의 위탁을 의미한다. 이와 같은 위임은 교회, 결혼, 가정, 문화, 행정당국 등 모든 분야에 해당된다.

제1연에 지적된 '자유의 영'은 제3연에서 제6연에 이르는 네 연을 지배하는 기본범주이다. 제3연의 마지막 세 행은 제1연의 종결부와 병행을 형성한다.

영의 자유에서
행복한 시간에 생성되어 -
친구가 친구에게 존재한다.

세 행을 마감하는 마지막 행에는 '친구의 선사'가 '친구의 존재'로 이전된다. 여기에 지적된 '친구의 존재'는 제6연의 종결행에 다시 등장한다. 세 연의 진행에는 시의 제목을 형성하는 친구가 '영의 자유'에 근거한다는 사실을 명백하게 증언한다. '영의 자유'는 구금시인이 친구를 규정하는 기본 요소이다. 제8연에는 '강요하는 율법과 교리'가 아니라 '자유롭게 하는 선한 충고'가 친구에게 필요한 덕목으로 서술된다.

명령, 강요하는 낯선 율법, 교리가 아니라
자유롭게 하는
선하고 진지한 충고를
성숙된 인간은
친구의 충성에서 찾는다.

자유리듬 형식의 시는 여러 곳에서 숭고의 문체를 보여준다. 숭고의 문체는 특히 자연풍경의 묘사에 즐겨 사용된다. '신적 위임'의 특성에 걸맞는 언어구사는 축시의 질을 높여준다. 제4연의 도입부에는 '황금처럼 빛나는 대낮'의 정감에서 '유희의 동료'가 존재하는 '신기한 나라'가 주술된다. 그것은 '감추어진 비밀의 보물처럼 찾는 자를 유혹하는 나라'이다. 이와 같은 서술에는 시인이 마음속에서 동경하는 '나라'의 상념이 나타나 있다.

12연시는 마지막 두 연에 이르러 친구의 회상으로 귀결된다. 제11연은 '너'를 향한 나의 그리움과 소원을 솔직하게 표현한다.

자정의 시간에 사이렌 소리가 울릴 때면
나는 오랫동안 조용히 너를 생각하였다.
네가 어떻게 지내며 과거에 어떻게 지냈는지.

나는 새해에 너의 귀향을 원한다.

네 행의 구성에서 처음의 세 행은 자정의 시간에 친구를 생각하는 나의 애틋한 심정을 나타낸다. 마지막 행은 시인과 베트게의 영적 관계에서 올바로 이해될 수 있다. 시행의 시간구조를 규정하는 명사 '새해'는 시 〈선한 능력에 의해〉의 첫연을 마감하는 중심어이다. 그것은 우리가 기대에 차서 함께 맞이하게 될 미래의 시점이다. 나의 소원의 대상으로 지적된 '귀향'은 '새해'를 향한 희망의 진입을 의미한다.

열두 연에 걸쳐 매우 상세하게 기술된 축시는 수신자의 위험이 해소되는 확신의 징표를 전하는 네 행의 추신과 함께 종식된다.

오랜 침묵이 흘러간 후의 1시 30분
나는 위험이 지나갔다는 신호를 듣는다.
나는 모든 위험이 말없이 너를 스쳐 지나가는
친절한 징표를 보았다.

위의 종결부에는 사랑하는 친구가 삶의 위협에서 벗어난 데 대한 시인의 감사가 나타나 있다. 베트게는 본회퍼와 달리 나치집단의 체포와 구금에서 제외된다. 이로 인해 동료신학자의 편지, 수기, 유고를 수집, 정리하여 최초로 출판하는 어려운 과업을 수행한다. 뿐만 아니라 17권으로 구성된 본회퍼 전집의 주된 발간인으로 활동하는 역사적 업적을 남긴다. 본회퍼의 장시 〈친구〉는 후일 숨겨진 자신의 유작을 세상에 알리게 될 진정한 영적 동역자에게 바친 증정시이다.

3) 〈테겔의 밤소리〉

1944년 6월에 쓰여진 7연시 〈테겔의 밤소리〉는 구금신학자에게 주어진 외로운 생활과 체험을 생생하게 증언하는 작품이다. 이런 점에서 자전적 성격이 가장 강한 시이다. 일곱 연에는 폐쇄된 감방 안에서 밤의 시간에 홀로 수행된 사유와 어두운 외부세계의 상황이 사실적 으로 기술된다. 시의 제목을 형성하는 고유명사 테겔은 본회퍼가 구금된 감옥소가 위치한 베를린의 서북구역이다.

'저 바깥'으로 표기된 외부세계의 상황은 마치 기계음처럼 반복되는 도식적 문장 '나에게 들려온다'에 의해 명료하게 전달된다. 여기에서 들음의 행위는 단순한 청취가 아니라 지각에 연결된 사유를 포함한다. 둘째 연과 여섯 째 연을 열어주는 명사구 '밤과 정적'은 시 전체의 분위기를 대언하는 상징적 시어이다. 밤의 시간에 동반된 추상명사 '정적'은 감옥소의 외부와 내부에서 곧 들려올 거친 소음의 전제이다.

자전적 7연시를 열어주는 도입연은 비좁은 감방 안에 갇혀있는 '나'의 상황서술로 시작된다.

나무침상 위에 몸을 뻗은 채
나는 회색 벽을 응시한다,
밖에는 나를 모르는 여름저녁이
노래하며 대지로 간다.

모두가 잠든 한밤중에 침대에 누워 회색 벽을 응시하는 '나'는 외부세계와 완전히 단절된 고독한 존재이다. 감옥소의 밖에는 여름저녁이 어두운 대지에 무르익고 있다. 그러나 짧은 자아성찰을 거친 '나'는 연의 마지막 세 행에서 강한 극복의 의지를 표명한다.

> 피처럼 붉은 밤이 지난 후
> 너의 날이 밝을 때까지.
> 견디어 내라!

이어지는 다섯 연은 제목에 표기된 '테겔의 밤소리'를 다양한 상황과 문맥에서 기술한다. 그것은 나치집단의 엄격한 통제하에 놓여있는 베를린 감옥소의 현장에 관한 생생한 기록이다. 전체의 서술방식은 '나는 듣는다'라는 기본도식에 의거한다. 제6연을 마감하는 네 행은 '나'의 자기증언에서 '너'의 지각으로 넘어간다,

> 너는 침묵의 집에서
> 몸을 떨고 터지며 깨지는 것을 듣는가?
> 수백 명이 심장의 열화를
> 불태울 때.

의문문 형식의 처음 두 행은 '침묵의 집에서' 일어나는 내면의 공포, 폭발, 분쇄에 대한 고발이다. 이어지는 두 행은 이와 같은 사건이 일어나는 시점의 제시이다. 즉 수백 명의 인간이 '심장의 열화를 불태우는' 격정과 흥분의 시간이다. '침묵의 집'으로 통하는 밤의 감옥소는 실제로 거대하고 강력한 집단투쟁을 위한 저항정신이 싹트는 터전이다.

매우 세밀하게 기술된 감옥소의 밤풍경은 '활짝 열린' 나의 귀에 들려오는 합창곡의 인용으로 마감된다. 새로운 상황을 지시하는 마지막 연은 앞 연에 명명된 '너'로부터 집합의 공동체를 지시하는 주어 '우리'로 넘어간다.

짤막하게 축약된 시행의 연속으로 이어진 기다란 노래는 '우리'의 존재에 관한 거듭된 발언이다. 모두 13행으로 구성된 합창곡은 마지막 두 행에 이르러 형제를 불러내는 '우리'의 외침으로 종료된다. '우리'의 외침은 동시에 '나'의 절규이다.

형제여 우리는 찾는다. 우리는 그대를 부른다!
형제여 나의 외침이 들리는가?

4) 〈나는 누구인가?〉

시 〈나는 누구인가?〉는 〈선한 능력에 의해〉와 함께 가장 잘 알려진 감옥시에 속한다. 여기에는 저항투쟁이 좌절된 자신의 존재를 바라보는 시인의 복잡한 내면세계가 잘 나타나 있다. 독자는 구금초기의 성찰시에서 고독한 신학자가 스스로의 삶과 행동에 관해 얼마나 깊이 고뇌하였는가를 실감하게 된다. 1944년 7월 8일 베트게에게 보낸 편지에 동봉된 장시는 베트게의 초기저서 〈저항과 순종〉에 게재되어 일반에게 공개된다. 아직도 자유롭게 미래를 전망하는 시기에 생성된 작품은 구금초기의 억눌린 구금경험으로 돌아간다.

자주 인용되는 시의 제목 '나는 누구인가?'는 자아의 정체성을 확인하는 실존적 질문이다. 여기에는 완전히 고립된 환경에 처한 신학자의 생활과 내면의식을 지배한 '구금의 충격'이 배경에 깔려있다. 심리치료를 요구하는 '구금충격'은 나의 존재의미에 관한 깊은 통찰로 유도한다. 여러 단계에 걸친 자아반성의 서술에는 독일국가사회주의의 엄격한 감시와 고통스러운 강제심문이 저변에 놓여있다. 그러나 시 전체의 진행에서 사회, 정치적 요소와 양상은 저항신학자 개인의 인물규정으로 귀결된다.

시를 구성하는 여섯 연은 제4연을 제외하면 모두 간결한 의문문 '나는 누구인가?'로 시작된다. 자아의 존재에 관한 거듭된 물음에 대한 답변의 추적이 시 전체를 관류한다. 시의 전반을 형성하는 세 연은 다른 사람의 눈에 비쳐진 나의 존재를 역의 방식으로 표현한다. 나의 모습은 태연하게 감방에서 나오며 감옥의 감시인에게 자유롭게 말을 거는 승리자처럼 나타난다. 실제상황과 거리가 있는 이와 같은 서술은 구금시인의 내면에 숨어있는 이중의식을 반영한다.

비교적 길게 기술된 다음의 두 연은 저항의 참여에서 이중의 고통을 겪는 신학자 내면의 갈등에 관한 상세한 고백이다. 그것은 한마디로 자아분열의 의식이다. 이와 같은 개인적 분열은 갈라진 외부세계의 경험으로 인해 더욱 첨예화된다. 시의 도입부에 제시된 존재와 삶의 이중의식은 제4연에서 서정적 언어로 표현된다. 비유의 명사구 '새장속의 새'는 뇌와 감정을 지배하는 구속의 존재를 지시한다. 나의 감정과 의식을 사로잡는 것은 그리움, 굶주림, 갈증, 분노, 두려움, 공허이다. 넷째 연에 사용된 많은 추상명사와 형용사는 구금초기의 경험인 '구금충격'을 대언한다.

시의 중반에는 나의 출생지인 '그곳 외부세계'와 감옥의 장소인 '이곳 내부세계'의 2분화가 중심을 형성한다. 이와 같은 현상은 다른 사람이 자신에 관해 말하는 것과 내가 자기자신에 관해 알고있는 것 사이의 간극과 일치한다. 제5연의 서두에는 나의 존재에 관한 도식적 물음이 특별한 방식으로 표현된다.

나는 누구인가? 그 사람인가 저 사람인가?
오늘은 이 사람, 내일은 어떤 다른 사람인가?
동시에 둘 다인가?

첫행에 제기된 양자택일의 질문에는 세 개의 가능한 길이 존재한다. 즉 '오늘'과 '내일'의 시간차원, 양자의 가능성, 이상적 인간의 출구이다. 그러나 이 모든 범주는 이미 지적된 분열상의 해결책이 아니다.

6연시를 마감하는 종결부는 현재와 미래의 성찰에서 발견된 명료한 길을 제시한다. 남성운의 각운을 맞춘 마지막 두 행에는 고독한 조롱조의 질문 '나는 누구인가?'가 '나는 누구에게 속하는가?'로 이전된다. 이에 대한 답변은 다음과 같이 주어진다.

내가 누구이든지 간에 당신은 나를 알고 있습니다.
오 하나님 나는 당신의 것입니다.

위의 고백은 시의 목표이며 정점이다. 여기에서 중요한 것은 서술의 내용이나 개념의 정의라기보다 상대방에게 '말을 거는' 특유의 담화방식이다. 그것은 발언자의 단호한 자세와 명료한 의식을 대언한다. 나의 존재에 관한 진지한 물음의 종국적 답변에는 '하나님의 부름'이 선행한다. 감탄사 '오'에 이어 명명된 하나님은 나의 실존적 분열을 해소하는 유일의 주체이다. 이와 같은 해소는 우리의 간절한 청원기도를 통해 이루어진다.

2016년 '본회퍼 날'에 거행된 에브레히트(Ebbrecht) 목사의 강연에 의하면 시의 결론부에 대한 이해에는 언어표현의 특성에 주목할 필요가 있다. 두 행의 문체를 규정하는 요소는 간소함의 특성이다. 간소함은 단순성과 구분된다. 앞의 개념은 미학적인데 비해 뒤의 개념은 윤리적이다. 간소함의 표현에는 경건과 즐거움이 내재되어 있다. 바로 이와 같은 경건의 속성이 진술한 고백의 기도 "오 하나님 나는 당신의 것입니다"를 각인한다. 실존적 성찰시의 프롤로그는 간소함의 어법으로 진정한 믿음의 현존을 명료하게 표현한다.

5) 〈자유로 가는 길의 노정〉

1944년 8월 베트게에게 보낸 편지에 실린 생일축시 〈자유로 가는 길의 노정〉에는 두 차례의 후기가 첨부되어 있다. 첫째는 저녁 몇 시간 안에 쓰인 시가 '거칠다'는 사실이고, 둘째는 다음날 아침 일찍 시를 고쳐 썼으나 여전히 '거칠은' 구성을 보여준다는 기록이다. 그러면서 발신자는 '자신은 시인이 아니라고' 고백한다. 그러나 시인 자신에 의해 표현된 '거칠음'의 스타일은 결코 시의 질을 떨어뜨리는 요인으로 작용하지 않는다. 그것은 시의 주제로 선정된 자유의 의미에 관한 깊은 성찰의 산물이다. 자유의 획득은 저항신학자가 전생애를 통해 추구한 기본이념이다.

응축된 전기의 일부에 속하는 이념시는 형식에서 기도문의 성격을 지닌다. 묵상과 기도는 신학자의 구금생활에서 서로 밀접하게 연결되어 있다. 6행 형식의 4연시는 특별한 구성방식에 의거한다. 네 개의 연은 독립된 파트의 형태를 취하고 있다. 각연의 앞에는 소제목이 제시되어 있다. 네 개의 추상명사, 훈육, 행위, 고통, 죽음은 시의 제목인 '자유의 노정'을 지시하는 지표이다. 점진적 발전의 의미를 지니는 네 개념은 배움의 길을 나타낸다. 삶의 과정은 원래 배움의 길이다. 여기에서 배움의 길의 대상은 열망적으로 추구되는 자유이다. 자유의 획득은 훈육, 행위, 고통의 세 단계를 거쳐 죽음에 이르러서야 비로소 실현된다.

'자유의 노정'을 진지하게 추적하는 시의 구성을 위해서는 특별한 시형식이 도입된다. 그것은 여섯 개의 운보로 구성된 율격시행인 헥사미터(Hexameter)이다. 그리스와 라틴의 서사문학에 선호된 시행형식은 **기독교의 자유비전**을 개진하는 데 적합하다. 불의한 사회에 직면하여 추진되는 교회의 저항투쟁은 진정한 자유의 획득을 위한 의로운 운동이다. 자유의 개념과 특성은 시에서 **'자유의 신비'**로 대언된다. 제1 연의 마지막 행은 "누구도 자유의 비밀을 경험하지 못한다"고 서술한다. 숨겨진 자유의 비밀을 경험하기 위해서는 특별한 내적 성찰의 과정이 요구된다.

처음의 두 연에 서술된 인간의 고귀한 자유는 제3연에서 '놀라운 변화'를 예시한다. 즉 하나님에 의한 장엄한 자유의 완성이 준비된다. 마지막 연은 오랫동안 추구되어 온 자유의 노정을 마감하는 종착역이다.

> 영원한 자유를 향한 노정의 가장 높은 축제여, 이제 오라.
> 죽음이여 우리 무상한 육체와 눈먼 영혼의
> 무거운 쇠사슬과 담벽을 내려 놓아라.
> 우리가 여기에서 볼 수 없는 것을 마침내 보도록
> 자유여 우리는 오랫동안 훈육과 행위와 고통에서 너를 찾았다.
> 우리는 이제 죽어가며 하나님의 얼굴에서 너 자신을 인식한다.

제4연의 첫행은 '자유를 향한 노정'을 가장 고귀한 축제'로 송축한다. 죽음은 '육체와 영혼의 쇠사슬을 내려놓고' 볼 수 없는 것을 보도록 인도한다. 시를 마감하는 마지막 행에는 세 단계를 거쳐 추적된 자유가 '죽음의 순간'에 하나님의 얼굴에서 인식된다. 이것은 종말의 시점을 넘어서는 영원한 자유의 획득이다. 자유의 개념은 여기에서 지상의 영역을 넘어서는 천상의 자유로 이전된다. 다시 말해 하나님과 함께하는 진정한 안식과 평화의 자유이다.

6) 〈행복과 불행〉

1944년 6월에 집필된 7연시 〈행복과 불행〉은 시 〈나는 누구인가?〉와 〈자유로 가는 길의 노정〉과 같은 문맥 아래 있다. 여기에는 자유의 개념처럼 구금시인의 사유를 인도한 철학적 관심사가 반영되어 있다. 윤리학 쪽지와 단편소설에 발견되는 명사구 '행복과 불행'은 마리아에게 보내는 구금시인의 편지에 다음과 같이 언급된다.

"행복과 불행이 무엇입니까? 그것은 환경의 상태가 아니라 인간에게 일어나는 일에 달려 있습니다."

위의 인용문에서 시인은 행복과 불행이 '환경의 상태가 아니라 인간에게 일어나는 일에 달려 있다'고 지적한다. 여기에 제시된 질문 '행복과 불행이 무엇입니까?'는 시 〈행복과 불행〉의 제4연의 마지막 행에 약간 다른 형태로 반복된다.

행복과 불행은 고전서정시에 선호되는 주제이다. 시성 괴테는 두 개념을 다음과 같이 설명된다.

"행복과 불행은 삶에서 잠과 깨어남처럼 서로 연계되어 있다. 다른 것이 없이는 아무것도 아니며, 다른 것 때문에 하나이다."

격언적 표어처럼 받아들여지는 두 문장에는 행복과 불행의 이원적 동일성이 표현되어 있다. 이와 같은 명제는 본회퍼의 시에 영향을 미친다. 구금의 신학자는 서로 대립되는 개념인 행복과 불행이 근본적으로 같은 차원 위에 있음을 깊이 인식하고 있다. 두 개념의 의미를 결정하는 요인은 외부의 사건이나 환경이 아니라 현실과 세계를 대하는 내면의 자세이다. 이와 같은 심오한 성찰은 모든 것이 하나님의 뜻에 달려있다는 철저한 신앙에 연유한다.

행복과 불행은 첫연에서 특별한 비유법에 의해 역의 논리에서 규정된다.

행복과 불행

…

열과 서리처럼 꼭 붙어있어

거의 구분할 수 없을 정도로 가까이 있다.

서로 대립되는 개념인 행복과 불행은 서로 밀착되어 있어 구분하기 어렵다. 뜨거움과 차거움을 지시하는 비유명사구 '열과 서리'는 식물의 성장에서 동일하게 필요한 요소이다. 그것은 햇빛과 물기로 바꾸어 생각할 수 있다.

제1연에 전제된 행복과 불행의 근접성은 제4연에서 두 개념의 일원성으로 진전된다.

행복은 소나기로 가득 차고

불행은 달콤함으로 가득 찬다.

갈라지지 않은 채 영원에서 하나이다.

처음의 두 행에서 행복과 불행의 의미는 '소나기'와 '달콤함'의 매체를 통해 역전된다. 마지막 행은 두 요소가 '영원에서 갈라지지 않는다'고 언명한다. 이것은 제1연에 전제된 내용의 완성이다. 행복과 불행을 바라보는 혁신적 관점은 제5연에서 행복과 불행의 정의에 관한 근본적 질문으로 돌아간다. 다음 연의 첫행은 '시간이 비로소 둘을 갈라놓는다'고 지적한다. 여기에 강조된 시간은 제7연의 첫행에서 '충성의 시간'으로 구체화된다. 마

지막 연의 후반은 시 전체의 결론이다,

　　충성이 모든 불행을 승화한다.
　　그리고 부드러운
　　초지상의 영화로
　　불행을 덮어준다.

위의 네 행은 동일한 사실을 두 차례에 걸쳐 서술한다. 첫행에는 충성이 모든 불행을 승화하는 중재자로 규정된다. 여기에서 충성은 하나님에 대한 순종을 의미한다. 순종은 불행을 행복으로 변화시키는 결정적 요인이다. 이어지는 세 행은 충성이 '초지상의 영화로 불행을 덮어준다'고 지적한다. '초지상의 영화'는 현실의 한계를 넘어서는 천상의 빛이며 영광이다. 중요한 세속의 개념과 범주에 관한 기다란 성찰은 시의 결구에 이르러 하나님의 인식과 지각으로 귀결된다.

7) 〈기독교인과 이방인〉

1944년 7월에 집필된 묵상시 〈기독교인과 이방인〉은 시학과 신학의 밀접한 연관을 보여주는 대표적 작품이다. 성서의 주제와 내용은 여기에서 시의 언어를 통해 시학의 차원으로 이전된다. 시의 제목으로 선정된 '기독교인과 이방인'은 기독교 전통에서 고전적 주제에 속한다. 여기에는 복음의 본질에 관한 근본문제가 내재해 있다. 신약성서에는 이에 관한 서술이 여러 곳에서 발견된다. 선한 사마리아인의 이야기(눅 10:25-37)와 예수님과 수가 여인의 대화(요 4:1-42)가 대표적 예이다.

기독교인과 이방인의 주제가 본격적으로 다루어진 성서의 장소는 로마서 1장 18절-3장 31절이다. 시 〈기독교인과 이방인〉은 사도 바울의 신학사상에 관한 문학적 해명이다. 이런 점에서 구금시의 문맥에서 독보적 위치에 있다. 로마서의 도입부에 매우 길게 서술된 여러 단계의 복합단락은 3장 30절에 다음과 같이 정리된다.

> "할례자도 믿음으로 말미암아 또한 무할례자도 믿음으로 말미암아 의롭다 하실 하나님은 한분이시니라"

위의 문장은 할례받은 자와 할례를 받지않은 자 사이에 아무런 차이가 없다는 사실을 지적한다. 여기에서 결정적 역할을 하는 것은 믿음이다. 하나님의 백성을 인식하는 척도는 바로 믿음이다. 하나님은 유대인에게 할례를 넘어 믿음을 찾는다. 그리고 이방인에게 무할례를 무시하고 믿음을 찾는다. 서로 다른 두 그룹은 하나님의 소속이라는 단 하나의 징표만 갖는다.

사도 바울이 자신의 기본문서인 로마서의 서두에 제시한 의미있는 출발 명제는 본회퍼의 신학적 관점에서 조명된다. 상이한 두 인간집단인 유대인과 이방인 사이에는 내면의 공통성이 존재한다. 이들은 모두 행복을 추구하며 용서를 필요로 한다. 용서의 은총은 마지막 연에 이르러 하나님에 의해 실현된다.

하나님은 그들의 고통에서 모든 인간에게 간다.
그의 빵으로 몸과 영혼을 배부르게 한다.
기독교인과 이방인을 위해 십자가 죽음을 죽는다.
그들 모두를 용서한다.

위의 네 행은 시 전체의 정상이다. 하나님은 기독교인과 이방인과 고통을 함께한다. 이질적 두 인간유형 모두에게 구원의 복음이 실현된다. 그들이 바라는 용서의 은총을 가능하게 하는 것은 십자가 속죄이다. 속죄의 신학은 시에 제기된 주제를 해결하는 결정적 범주이다. 비밀의 그리스도 코드는 모든 인간에게 동일하게 주어지는 구원의 복음을 이해하는 열쇠이다.

8) 〈요나〉

1944년 10월에 작성된 시 〈요나〉는 성서이야기에 관한 문학적 재구성이다. 이런 점에서 성서의 원본에 충실한 〈모세의 죽음〉과 차이가 있다. 4행 4연 형식의 종교시 〈요나〉에는 20세기 독일서정시에 제시된 요나의 인물상이 반영되어 있다. 즉 좌절과 희망의 주인공이다. 이와 같은 이중양상은 시 〈요나〉의 구성에 도입된다. 제1연은 죽음에 직면한 '그들의' 외침과 공포에 가득 차서 바다를 바라보는 '시선'을 서술한다.

그들은 죽음 앞에서 절규하였다. 그들의 육체는
폭풍으로 얻어맞은 촉촉한 이슬을 움켜쥐었다.
그들의 시선은 공포에 가득 차
풀려나간 폭력의 소요 속에 바다를 쳐다보았다.

인용부호로 표기된 제2연과 제3연 전반의 내용은 신들을 향한 도움의 탄원이다. 시의 전반을 지배하는 좌절의 정감은 제3연의 후반과 제4연의 전반에서 전환의 계기를 맞는다. 여기에서 요나는 다음과 같이 고백한다.

내가 그 사람이다! 나는 하나님 앞에서 죄를 지었다.

나의 삶은 시들어있다.

…

죄악은 나의 것이다. 하나님은 나에게 몹시 분노한다.

경건한 자는 죄인처럼 끝날 수 없다!

두 부분으로 나누어진 네 행에는 자신이 저지른 죄에 관한 요나의 참회의 고백이 표현되어 있다. 이것은 첫연의 서술에 대한 역전이다. 그러나 마지막 두 행은 첫연의 내용으로 되돌아간다.

그들은 몸을 떨었다. 그러나 강한 손길로

죄인을 밀어내었다. 그곳에 바다가 있었다.

짤막한 과거문은 '그들의' 행위에 관한 객관적 서술이다. 그들은 "강한 손길로 죄인을 밀어내었다." 이어지는 종결문은 바다의 존재에 관한 함축적 발언이다. 시의 도입장면으로 회귀하는 마지막 두 행은 요나의 인물해석을 미완성의 상태로 남겨놓는다.

이와 같은 종결처리는 구약성서의 요나이야기와 거리가 있다. 독자의 입장에서 중요한 것은 성서의 역사적 수용에서 다시금 원본의 의미와 메시지로 돌아가는 일이다. 네 장으로 구성된 요나서의 핵심은 2장의 서두에 운문형식으로 표현된 요나의 기도이다(욘 2.2-9). 여덟 절에 걸친 기도를 열어주는 첫절은 요나의 부르짖음에 대한 주님의 응답을 강조한다(욘 2.2).

내가 … 여호와께 불러 아뢰었더니 주께서 내게 대답하셨고

9) 〈모세의 죽음〉

1944년 9월에 집필된 시 〈모세의 죽음〉은 성서와 시의 관계를 보여주는 모형이다. 성서와 시의 불가분의 관계는 히브리어 성서의 세 번째이며 마지막 유형인 '케투빔'의 첫째 그룹인 시문학에서 증명된다. 시문학의 중심 문서인 시편은 성서와 시의 긴밀한 관계를 보여주는 모형이다. 시편은 대부분 2-3개의 시행이 소단위를 구성한다. 나중에 나오는 부분은 앞부분을 다른 형태로 반복하거나 확대, 보완한다. 서로 대립하는 경우도 적지 않다. 이와 같은 시행구성은 낭송의 경우 뚜렷한 효과를 발휘한다.

시편의 형식을 규정하는 2행도식은 후세의 서정시에서 파라디그마를 형성한다. 찬가에 대조되는 비가에는 두 행이 하나의 시연을 구성한다. 14연시 〈모세의 죽음〉은 시편의 기본형식인 2행시의 모형을 따르고 있다. 각기의 시연을 구성하는 두 행은 동일하게 각운을 맞추고 있다. 각운의 형식에는 남성운과 여성운이 균형있게 사용된다.

시 〈모세의 죽음〉은 시의 상단에 표시된 성서의 근원에서 알 수 있 듯 신명기 34장 1절에 의거한다. 모세5경의 최종문서인 신명기의 마지막 장을 열어주는 도입절의 내용은 다음과 같다.

모세가 모압 평지에서 느보산에 올라가 여리고 맞은편 비스가 산 꼭대기에 이르매 여호와께서 길르앗 온 땅을 단까지 보이시고

시의 도입부에 해당하는 처음의 두 연은 위에 인용된 신명기의 문장에 관한 시적 전이이다.

산의 정상에 모세가 서있다.

하나님의 남자이며 예언자.

그의 시선은 고정된 채
거룩한 약속의 땅을 바라본다.

이어지는 열두 연은 길게 서술된 모세의 기도이다. 처음의 두 행은 '약속
된 땅'의 실현을 위한 확신의 청원이다.

주님, 당신이 약속한 것을 이루어 주십시요.
당신은 결코 당신의 말씀을 어긴 적이 없습니다.

무려 10연에 걸친 기도의 진행에는 은총의 구원, 죄와 형벌, 믿음의 칭송
과 감사, 백성의 축제, 형벌과 용서, 백성의 사랑이 고백형식으로 표현된
다. 이 모든 요소는 모세의 삶과 사고를 규정한 중심이다. 매우 상세하게
기술된 기도를 마감하는 종결부는 죽음의 준비를 위한 간절한 청원이다.

나를 붙잡아 주십시요! 지팡이가 나에게 내려옵니다.
신실한 하나님, 나를 위해 나의 무덤을 준비해 주십시요.

두 행의 첫행은 모세의 지팡이에 대한 회상이다. 모세의 지팡이는 일곱
재앙으로 이집트를 벌하고 홍해를 갈라지게 한 기적의 중재자이다.
'신실한 하나님'의 부름으로 시작된 마지막 행은 시인 자신의 죽음을 위
한 기도로 읽을 수 있다. 죽음이 목전에 닥친 본회퍼에게 죽음의 준비는
뒤로 미룰 수 없는 긴급한 과제이다. 실제로 교수형에 처해지기 전에 보여
준 그의 자세와 행동은 그가 얼마나 완벽하게 미리 죽음에 대비하였는가

를 확실하게 증거한다.

위에 다루어진 세 편의 시 〈자유의 길의 노정〉, 〈기독교인과 이방인〉, 〈모세의 죽음〉에는 시와 신학의 밀접한 연계가 증명된다. 두 분야의 의미 있는 상호결합은 '새로운 신학'의 형성을 위한 시학의 길을 제시한다. 시언어와 음악언어의 관계도 같은 맥락에서 설명될 수 있다. 시 〈기독교인과 이방인〉, 〈행복과 불행〉, 〈모세의 죽음〉은 〈후계〉라는 제목아래 CD앨범으로 제작된다. 이것은 시와 음악의 가까운 인접성을 보여주는 증거이다.

특히 시편의 도식처럼 2행 형식으로 기술된 시 〈모세의 죽음〉은 음악적 특성과 기능을 뚜렷하게 보여준다. '산의 정상위에' 라는 제목으로 1977년 제작된 CD에는 인상적 전주곡에 이어 시의 처음 두연이 후렴형식으로 반복된다. 모세의 기도에 해당하는 열두 연은 세 부분으로 나누어 연주된다. 매우 격정적으로 불린 노래는 시의 에필로그에 해당하는 마지막 두 행에 이르러 매우 높은 톤으로 넘어간다. 여기에서 후렴과 기도문이 교체되는 숭고한 교회노래의 연주가 막을 내린다.

3. 영적 노래 〈선한 능력에 의해〉

본회퍼 최후의 구금시 〈선한 능력에 의해〉는 신학자의 유고 가운데에서 후세에 가장 강력한 영향력을 행사한 작품이다. 일곱 연으로 구성된 작은 소품은 일반에게 공개된 이후 예기하지 못한 거대한 반응을 가져온다. 멜로디로 작곡된 노래텍스트는 독일과 유럽대륙뿐만 아니라 미국을 비롯하여 전세계에 걸쳐 광범하게 보급된다. 오늘날에는 교회예식에 즐겨 연주될 뿐만 아니라 일반 문화행사에도 원문의 텍스트가 소개되고 인용된다. 비극적으로 희생당한 신학자의 시 한편이 이처럼 수많은 독자와 청중의 마음을 사로잡은 것은 현대문화사의 흐름에서 유례를 찾아보기 힘들다.

자전적 서정시 〈선한 능력에 의해〉는 구금기간의 마지막 성탄을 기다리는 1944년 12월 9일 약혼녀 마리아에게 보낸 성탄인사 편지에 동봉된 자필수기의 시이다. 편지의 발신자는 마리아뿐만 아니라 부모님과 자매들에게도 인사를 전하고 있다. 한해를 마감하는 연말의 기간에 '새로운 해'를 기다리며 작성된 시는 감옥시인 최후의 신학 텍스트라 할 수 있다. 여기에는 어려운 환경 가운데에서도 '우리'를 보호하는 **'선한 능력'의 신비**가 표현되어 있다. 부사 '신비하게'는 시의 처음과 나중에 '보호'의 모티브와 연관하여 반복하여 사용된다. 본회퍼는 마리아에게 보낸 편지에서 다음과 같이 서술하고 있다.

> "나는 성탄절에 당신에게 편지를 쓰고 당신을 통해 부모님과 자매들에게 인사하고 당신들에게 감사할 수 있어 너무 기쁩니다. 우리 집에는 매우 조용한 날들이 있을 것입니다 … 그것은 거대한 보이지않는 나라입니다. 선한, 보이지 않는 능력에 의한 저녁과 아침의 보존은 우리 어른이 아이들 못지않게 필요로 하는 무엇입니다. 행복과 불행이 무엇입니까? 그것은 환경의 상태가 아니라 인간에게 일어나는 일에 달려 있습니다 … 여기에 지난 며칠 저녁에 나의 머리속에 떠오른 몇 개의 시구를 동봉합니다. 그것은 당신, 부모, 자매들을 위한 성탄인사입니다."

위의 인용문에는 마리아의 편지를 통해 부모님과 자매들에게 인사할 수 있게 된 사실에 대한 감사의 마음이 표명되어 있다. 이어서 항상 우리를 보호해주는 '선한, 보이지 않는 능력'을 강조한다. 시의 제목을 형성하는 '선한 능력'은 원래 구금기간에 진행된 두 여인 사이의 관계를 지탱해주는

동력으로 사용된다. 마지막으로 동봉된 시가 '지난 며칠 저녁 동안' 시인의
'머리속에 떠오른' 착상의 산물이라고 전한다.

비교적 짧은 기간내에 생성된 시는 후일 이름있는 작곡가에 의해 멜로
디로 옮겨져 널리 보급된다. 현대 대중음악의 영향을 받은 기독교노래는
교회의 세례예식뿐만 아니라 결혼식과 장례예식에도 즐겨 도입된다. 결
혼식에는 축복송으로, 장례예식에는 애도의 노래로 연주된다. 나중의 경
우에는 상대적으로 낮고 조용한 애조의 톤으로 불린다. 경건성과 대중성
을 동시에 지닌 교회노래는 오늘날 20세기의 가장 훌륭한 영적 노래로 평
가받고 있다.

시 〈선한 능력에 의해〉가 후세에 미친 강한 영향력은 음악뿐만 아니라
미술의 영역에도 증명된다. 2015년에 출간된 독보적 저서 〈선한 능력에
의해 보호받아. 펠거(Felger)의 수채화와 함께〉는 본회퍼의 시와 펠거의 회
화 사이에 수행된 매혹의 대화를 증언한다. 독일 화가이며 그래픽 예술가
인 펠거(1935년생)는 일찍부터 자신의 작품에서 자연, 성서의 주제, 문학을
다룬 예술가이다. 1970년 중반 이후 생성된 수채화 그룹은 화가의 작품 전
체에서 중요한 자리를 차지한다. 가장 작은 규격에서 화판그림 크기에 이
르는 다양한 화면은 풍경과 자연학습에서 추상구성에 이른다.

2013년에 제작된 추상수채화 〈무제〉는 펠거 저서의 표지화에 반영된다.
주황색 바탕의 지면 좌측에 〈무제〉와 유사한 구성의 수채화 단면이 제시
된다. 수직선과 수평선이 서로 교차하는 기하학 도형은 십자가 형상을 나
타낸다. 십자가는 구원의 복음을 지시하는 기독교 상징이다. 시와 그림이
협연을 이루는 복합서적에는 화가의 예술적 표현과 시인의 사유와 영감이
주목할 만한 방식으로 조화를 형성한다. 60페이지로 제한된 작은 부피의
서적은 높은 가치를 지닌 선물용 책자이다. 영적, 예술적 특성을 지닌 책자
는 본회퍼 사망 70주년, 예술가의 80회 생일을 맞이하여 제작된다.

1951년 베트게에 의해 간행된 책 〈디트리히 본회퍼. 저항과 순종. 구금의 서한과 수기〉에 최초로 실린 시 〈선한 능력에 의해〉는 1988년에 들어와서야 저자의 자필원고가 공개된다. 줄을 친 경계선의 하단에 저자의 서명이 기재된 지면에는 각기의 연 앞에 1,2,3 등의 숫자가 표기되어 있다. 저자는 7연의 구성을 중요하게 생각한 것으로 보인다. 천지창조의 기간에 부합하는 성서의 숫자 7은 전체성과 충만을 나타내는 신성수이다. 미지의 인물에 의해 작성된 타자기 복사본은 1988년까지 권위있는 텍스트로 통용된다. '1945년 신년'이라는 제목이 표기된 복사본에는 저자의 자필원고에 비해 약간의 변수가 포함되어 있다.

여러 단계로 전개되는 서정시의 중심은 하나님이 믿는 자를 보호하고 위로하는 '선한 능력'에 대한 신뢰이다. 명사구 '선한 능력'은 시 전체의 특성을 각인하는 징표어이다. 일곱 연의 연속은 믿음의 길에 연관된 세 개의 상이한 방향에서 관찰된다. 첫째, 영혼의 돌봄을 지시하는 대화의 차원(제1연). 둘째, 상이한 영역에 걸친 기도의 대화(제2-6연). 마지막으로, 우리와 하나님의 관계에서 이루어지는 복음의 실현이다(제7연). 두 번째 단계에 해당하는 기도의 대화에는 겟세마네 기도에서 성탄축하에 이르는 여러 형태의 모티브가 등장한다. 죽음의 잔, 촛불의 불빛, '충만의 음향'이 여기에 속한다.

죽음의 위협에 사로잡힌 극단의 환경에서 생성된 시어는 순수하고 단순한 특성을 지닌다. 시인의 언어사용 빈도를 보면 형용사와 부사 '선한', '보호되어', '위로받아', '신기하게', '새로운'과 명사 '능력', '고요', 부사구 '당신들과 함께'가 두 번 이상 사용된다. 제6연의 첫행에 등장하는 명사 '고요'는 제1연의 첫행에서 부사로 사용된다. 여기에 언급한 어휘와 표현은 모두 성서에 자주 발견되는 용어이다. 시의 형식을 특징짓는 요소는 규칙적 율격, 각운, 내재운의 형성, 기교화되지 않은 문체이다. 이들은 교회노래의 제작에서 약점이 아니라 장점으로 작용한다.

시연의 구성을 특징짓는 전통적 교차운(abab)의 각운도식은 자유리듬 형식을 선호하는 대중적 교회노래의 성격에 맞지 않는다. 그러나 전체의 진행에서 고통과 위로를 동시에 표현하는 7연시의 공동체 노래에 적합하게 나타난다. 첫째 연과 마지막 연의 첫행에는 밝은 묵음 'en'의 세 차례 반복으로 특별한 내재운이 조성된다. 시행의 내적 구조를 규정하는 이와 같은 내재운은 시의 낭송에서 부드러움과 온화함의 정감을 자아낸다. 시 전체의 주제를 대언하는 두 행은 절묘한 병행구조를 이루고 있다.

> 1행 선한 능력에 충실하고 고요하게 둘러싸여
> 25행 선한 능력에 의해 신기하게 보호되어

시의 처음과 나중을 장식하는 상징적 명사구 '선한 능력'에서 능력을 지시하는 독일어 여성명사 'Macht'는 복수의 사용으로 인해 포괄적 의미를 얻는다. 여기에서 개방적 해석의 가능성이 열린다. 본회퍼의 구금시 연구에 종사한 에브레히트 목사는 2018년 12월의 강연 〈선한 능력에 의해 - 역시 성탄노래인가?!〉에서 시의 주제어 '선한 능력'이 여러 대상과 주체를 포함한다고 설명한다. 그는 우선 마리아 편지에 지적된 천사의 노래에 주의를 돌린다. 보통 수호신으로 여겨지는 천사는 성서의 전통에서 성탄이야기의 처음과 부활절 사건의 마지막에 등장한다,

하나님의 존재를 중재하는 영적 주체는 제6연에 등장하는 '충만의 음향'에 암시되어 있다. 비유의 명사구 '충만의 음향'은 아기예수 탄생의 시점에 들판의 목자들에게 들려온 장엄한 천군천사의 합창을 연상시킨다. 마지막 연의 핵심구문 '하나님이 함께있다'는 히브리어에서 임마누엘(Immanu-El)로 표현된다. 그것은 약속된 임마누엘의 현존, 구원의 그리스도-

메시아, 인간형상의 하나님 등을 지시한다. 하나님은 성탄의 시점에 그리스도 안에서 우리에게 가까이 다가온다. 에브레히트의 서술에 의하면 시 〈선한 능력에 의해〉는 성탄과 대강절에 즐겨 부르는 **축복의 노래**라 할 수 있다.

시 〈선한 능력에 의해〉를 성탄노래의 범주에서 개진하는 에브레히트의 논증은 시에 사용된 어휘와 모티브에서 볼 때 타당성을 지닌다. 그러나 시의 이해에서 중요한 역할을 하는 영향사의 측면에서 볼 때 새로운 보완을 필요로 한다. 한동안의 세월이 지나 일반에게 공개된 서정시는 교회노래로 작곡되어 후세의 독자와 청중에게 엄청난 반응을 일으킨다. 그것은 7연시에 표현된 구금시인의 사유와 체험이 시대를 초월하여 영속적 가치를 발휘하기 때문이다. 이런 점에서 미래의 기대와 위로에 관한 확신을 선포한 노래텍스트가 오늘의 우리에게 던지는 살아있는 메시지에 주목할 필요가 있다.

에를랑겐 대학교 신학교수 레네만(Laehneman)은 2022년 12월 31일 제야에 고슬라의 성 베드로와 바울교회 저녁예배 설교 〈선한 능력에 의해 충실하고 고요하게 둘러싸여〉에서 1944년에 쓰여진 본회퍼의 시 〈선한 능력에 의해〉가 오늘의 시점에 정확히 들어맞는다고 지적한다. 마지막 구금시에 해당하는 서정시에 서술된 지난 세월의 무거운 짐과 불확실한 미래에 대한 전망은 2022년을 보내는 연말의 시점에 동일하게 해당된다. 2022년의 세계정세는 가공할 만한 펜데믹 재앙과 무자비한 전쟁의 발발로 76년 전의 위기시대와 유사한 상황에 처해있다.

강연자는 시 〈선한 능력에 의해〉가 오늘의 우리에게 전하는 중요한 메시지를 세 가지로 정리하고 있다. 첫째, 하나님은 우리의 기도와 우리의 좋은 생각을 통해 활동한다. 제2연 3-4행에는 '하나님이 창조한 구원'을 갈구하는 호소의 기도가 표현되어 있다. 둘째, 하나님은 험난한 길에 우리와 동반한다. 둘째 연의 첫행에 지적된 '악한 날의 무거운 짐'은 넷째 연에서 하나님에 의한 '기쁨의 제공'으로 이전된다. 셋째, 하나님은 우리 주위에 자신의 보호의 능력을 증거한다. 제1연과 제7연을 열어주는 '신기한 돌봄'과 '신기한 보호'는 하나님의 '선한 능력'에 기인한다.

에브레히트 목사 역시 본회퍼 탄생 110주년을 맞이하는 2016년에 거행한 강연 〈본회퍼는 어디에서 우리를 위한 모형이 될 수 있는가?〉에서 본회퍼의 시가 오늘의 시대에도 하나의 모형이 될 수 있다고 증언한다. 그는 강연의 제목에 주어진 질문의 답변을 8개의 명제를 통해 전개하고 있다. 기다란 서술의 전제를 형성하는 것은 기독교란 무엇인가? 라는 원천적 질문이다. 이에 대한 대답은 다음과 같이 주어진다. '기독교인이 되는 것은 인간, 예수 그리스도와 같은 인간존재가 되는 것이다'. 강연자에 의해 선정된 8개의 명제는 본회퍼의 삶의 길에서 '타자를 위한 교회' 라는 교회개념을 거쳐 '선한 능력'의 신뢰로 귀결된다. 하나님의 '선한 능력'은 오늘날에도 우리를 사로잡을 수 있다. 이와 같은 절대신뢰와 함께 본회퍼는 시대를 넘어서는 보편적 범례로 통용된다.

저명한 독일 신학자이며 윤리학자인 후버는 본회퍼 탄생 100주년을 기념하는 2006년의 특강 〈본회퍼 유산과 종교의 복귀〉에서 종교를 상실한 이 시대에 기독교인이 본회퍼로부터 배워야 할 교훈을 다음과 같이 요약하고 있다.

"종교의 복귀와의 만남에도 인간의 성숙에 대한 존경과 삶의 행위에 관한 믿음의 확신이 보증된다. 이것이 오늘날 우리가 -종교복귀의 시대에- 디트리히 본회퍼로부터 배울 수 있는 것이다."

'인간의 성숙에 대한 존경'과 '삶의 행위에 관한 믿음'은 종교의 복귀라는 시대적 이슈의 성찰에서 보증되는 두 개의 기본요소이다. 여기에는 신학자의 인문주의 정신과 삶실천의 신앙관이 자리하고 있다.

한때 독일 복음교회 의회 의장직을 수행한 후버는 본회퍼 서거 75주년을 맞이하는 2020년 4월 6일의 뉴스방송에서 '우리가 본회퍼로부터 무엇을 배울 수 있는가?' 라는 질문을 제기한다. 시 〈선한 능력에 의해〉의 마지막 연 인용으로 시작된 답변에는 다가오는 세대의 전망과 신앙과 교회의 혁신에 대한 희망이 중요하게 지적된다. 비교적 상세하게 진행된 코멘트의 마지막에는 강연제목에 제기된 물음에 대한 답변이 다음과 같이 주어진다.

"우리는 다른 시대에 살고 있다. 그러나 본회퍼의 모형은 너무 늦기 전에 우리 시대의 징표를 인지하도록 도와준다."

시 〈선한 능력에 의해〉의 제7연에 주어진 메시지는 당시의 시대뿐만 아니라 유사한 환경과 상황에서 살아가는 이 시대의 인간에게도 해당된다. 우리가 '본회퍼의 모형'에서 배워야 할 것은 '우리 시대의 징표를 인지하는' 지혜와 판단력이다.

시 〈선한 능력에 의해〉를 조명하는 지침은 시학과 신학의 양면성이다. 루터교 신학자이며 실천신학 교수인 데네케(Denecke)는 본회퍼 협회에서 발간하는 기독교잡지 〈책임〉의 2014년 특별호에 기고한 논문 〈하나님이 우리와 함께있다 … 신-시. 시학적 신학을 향한 본회퍼의 후기전회〉에서 이 기본주제를 다루고 있다. 신학자들은 시학과 신학의 이중해석 방법을 '시학적 신학', 혹은 '신학적 시'라는 용어로 규정하여 설명하고 있다. 시와 신학의 불가분의 관계를 지시하는 특별한 복합명칭은 본회퍼 사상의 마지막 단계를 각인한다는 점에서 매우 중요한 의미를 지닌다.

세 부분으로 구성된 논문에서 복합표제의 첫 부분을 형성하는 "하나님이 우리와 함께 …"의 표기에는 타자기 복사본에서 전치사 'mit'가 수기필체로 'bei'로 교체되는 교정작업이 뚜렷하게 제시된다. 원래의 자필원고에 사용된 'bei'는 복사본에서 'mit'로 잘못 표기된다. 언뜻 사소해 보이는 수정작업은 매우 중요한 의미를 갖는다. 일반적으로 전치사 'mit'는 하나님이 '동반한다'는 소원과 바람의 의향을 나타낸다. 이에 비해 전치사 'bei'는 단순한 동반의 차원을 넘어 존재의 의미를 내포한다. 즉 모든 삶의 상황에 '함께하는' 하나님 현존이 강조된다.

저자가 논문표제의 첫 부분에 주목할 만한 시어의 수정을 뚜렷하게 제시한 데에는 중요한 이유가 있다. 여기에는 논문의 기본취지가 이미 강하게 암시되어 있다. 저자는 시 '선한 능력에 의해'의 마지막을 규정하는 상징적 시구 "하나님이 우리와 함께 있다"를 **모든 신학의 시학적 총화**로 규정하고 있다. 이것은 본회퍼의 '시학적 신학'을 총괄하는 최고의 표현이다. 간단한 현재시칭 시구 "하나님이 우리와 함께 있다"는 본회퍼의 감옥시에서 시학과 신학의 긴밀한 관계를 보여주는 모형으로 인정된다.

이제 7연시 〈선한 능력에 의해〉의 전개과정을 구체적으로 살펴보자. 위에 설명한 시와 신학의 관계는 해석의 수행을 위한 전제가 된다.

제1연
선한 능력에 의해 충실하고 고요하게 둘러싸여
신기하게 돌보아지고 위로받아, -
그리하여 나는 이날 당신들과 함께 살렵니다.
그리고 당신들과 함께 새로운 해를 맞이하렵니다. -

도입연의 네 행은 '나-당신들'의 관계에 의거한 개인적, 가정적 톤에 의거한다. 처음의 두 행은 '선한 능력에 의해' 완전히 사로잡힌 나의 상황을 서술한다. 여기에서 과거분사형 서술부 '둘러싸여'를 규정하는 '충실하고 고요하게'는 성탄의 정감에 어울리는 부사구이다. 제6연의 첫행에는 성탄의 밤을 지시하는 명사 '고요'가 등장한다. 둘째 행의 상황부사구 '신기하게 돌보아지고'는 마지막 연의 첫행 '신기하게 보호되어'에 연결된다. 이로써 시의 처음과 나중을 하나로 묶어주는 **순환고리**가 형성된다. 순환구조는 현대서정시의 중요한 특징 가운데 하나이다.

영혼의 인도와 치유를 지시하는 성서의 용어 '신기하게 돌보아지고'는 시학적으로 중요한 기능을 발휘한다. 제2행의 마지막을 장식하는 3음절 부사 '신기하게'(wunderbar)는 제4행의 마지막 명사 '해'(Jahr)와 남성운을 조성한다. 이와 같은 교차운의 각운을 통해 첫연을 마감하는 중심어 '새로운 해'가 '신기하게'와 연계된다. 우리에게 주어진 '새로운 해'로의 진입은 하나님에 의해 이루어진 '신기한' 일이다. '돌보아지고'와 함께 사용된 과거분사형 부사 '위로받아'는 시 전체의 주제를 대언하는 중심어이다. 시 〈선한 능력에 의해〉는 후세의 수용에서 '위로의 제공자'로 받아들여진다.

둘째 행의 말미에 ,와 함께 표기된 연결부호 -는 자연스럽게 다음 행의 출발을 준비한다. 연결부사 '그리하여'로 시작된 문장은 서정적 자아의 행동을 서술한다. '나'의 소원은 '이날에' '당신들과 함께' 사는 것이다. 제2행과 제3행에 거듭하여 사용된 부사구 '당신들과 함께'의 '당신들'은 '나'와 주변인물을 포함한 구원의 공동체를 지시한다. 우리의 공동체는 함께 '새로운 해'를 맞이할 준비가 되어있다. 제1연의 마지막을 장식한 '새로운 해'는 제7연의 결구에서 '새로운 날'로 이전된다. '모든'(혹은 '각기의')이라는 지시대명사가 선행된 '새로운 날'에는 '새로운 해'에 비해 새로움의 영속적 속성이 추가된다. '새로운 날'을 향한 우리의 힘찬 기대는 모든 현재의 난관을 극복하게 만든다.

제2연

아직도 옛것이 우리 가슴을 괴롭히려 한다.

아직도 악한 날들의 무거운 짐이 짓누른다.

아 주님 우리의 놀라 일어난 영혼에

당신이 우리에게 창조한 구원을 주십시요.

제2연의 전반에 해당하는 두 행은 사라지지 않은 '옛것'과 '악한 날'의 흔적을 서술한다. 구금초기에 실시된 엄격한 통제, 억압, 검열은 '아직도' 우리의 가슴을 괴롭히고 온몸을 짓누른다. 부정의 의미를 지니는 접속부사 '아직도'는 두 차례에 걸쳐 사용된다. 그러나 이와 같은 과거의 악몽은 다음 두 행에서 구원을 향한 간절한 기도에 의해 해소된다. 여기에서 구원은 주님이 우리를 위해 '창조한' 구원이다. 1945년의 타자기 복사본에는 동사 '창조하다' 대신에 '준비하다'가 사용된다. 어느 경우든지 하나님이 스스로의 의지로 수행한 은총의 구원을 지시한다.

'아 주님'의 부름으로 시작된 두 행의 기도문은 시편의 중요한 유형에 속하는 고난시편, 즉 '애도의 노래'를 상기시킨다. 괴로움을 당한 자가 도움을 청하는 시편 13편이 대표적이다. 세 부분으로 구성된 다윗의 노래는 간절한 애원에서 시작하여 나에게 호의를 베풀어주신 데 대한 주님의 찬양으로 끝난다. 제3행에서 구원의 대상으로 지적된 '놀라 일어난 영혼'은 시편 13장 2절에 등장하는 '번민하고 근심하는' 영혼과 통한다. 구금생활의 문맥에는 초기의 '구금충격'을 나타내는 시어이다. 과거분사형 형용사 '놀라 일어난'은 서두의 두 행에 제시된 '옛것'과 '악한 날'의 여운이다. 그러나 전철전치사 'auf'가 선행하는 복합어에는 소생과 부활의 의미가 내포되어 있다.

제3연

당신은 우리에게 무거운 잔을 내밉니다.

가장 높은 가장자리까지 채워진 쓰디쓴 고뇌의 잔을.

우리는 그잔을 감사하며 떨지 않고 받습니다.

당신의 선하고 사랑스러운 손으로부터.

제3연의 서술은 '당신'과 우리의 관계에 의거한다. 첫연은 독자를 예수 님의 고독한 기도장소인 겟세마네 동산으로 안내한다. 이곳에서 '당신'은 '쓰디쓴 고뇌의 잔'을 우리에게 내민다. 그것은 '가장 높은 가장자리까지 채워진' 완전한 죽음의 잔이다. 우리는 그잔을 주님처럼 순종과 감사의 마 음으로 받는다. 동사 '받는다'를 수식하는 부사구 '떨지 않고'는 본문의 이 야기를 벗어나는 시적 과장의 수법이다. 마가복음 14장 33절에 나오는 구 절 '심히 놀라며 슬퍼하다'에서 동사 '놀라다'는 '떨다'를 가리킨다.

우리는 하나님의 '선하고 사랑스러운 손길'이 내미는 속죄의 잔을 기꺼 이 받아들인다. 여기에 사용된 형용사 '선한'은 '선한 능력'의 '선한'과 통한 다. '선한'은 성서에서 '의로운'과 함께 하나님의 성품을 나타내는 수식어이 다. 마태의 포도원 일꾼의 비유이야기에는 하나님이 '선한 자'로 직접 규정 된다. "내가 선하므로 네가 악하게 보느냐." 주님의 고난과 죽음에 연결된 제3연은 예수님의 '후계자'인 기독교인이 갖추어야 할 참된 믿음과 순종의 자세를 지시한다.

제4연

그러나 당신은 우리에게 다시 한번 기쁨을 선사하려 합니다.

이 세계와 그 태양의 광채를

그러면 우리는 지나간 것을 회상하려 합니다.

우리의 삶은 완전히 당신에게 속해 있습니다.

시 전체의 진행에서 제4연은 후반으로의 전향을 위한 준비의 단계이다.
여기에는 이제까지와 달리 우리의 기쁨, 태양의 광채가 구가된다. 태양의
광채는 밤의 어둠을 벗어난 새로운 날의 희망을 지시한다. 이와 같은 역전
의 분위기에서 여전히 어두운 그림자로 남아있던 지난날의 회상이 이루어
진다. 그것은 우리의 삶과 존재에 관한 진지한 자성이다. 마지막 행의 고
백은 성찰시 〈나는 누구인가〉의 결구를 규정한 심오한 자아인식의 계승이
다. "오 하나님 나는 당신의 것입니다." 지난날의 회상은 우리의 삶이 '당
신에게 속해 있다'는 믿음의 고백으로 귀결된다.

제5연
오늘 따스하고 밝게 양초가 타오르게 하십시요.
당신이 우리의 어둠으로 가져온 양초
할 수 있다면 우리를 다시 묶어 주십시요.
우리는 알고 있습니다. 당신의 빛이 밤을 비춘다는 것을.

제5연은 다시금 개인적 음조로 돌아간다. 양초의 불빛은 성탄과 대강절
기간에 가정에서 볼 수 있는 성탄축하 장식이다. 자동사 '타오르다'를 수
식하는 이중부사 '따스하고 밝게'는 성탄전야의 분위기를 나타낸다. 제2행을
규정하는 '어둠의 빛'은 요한복음 도입찬가에 강조된 것처럼 '빛으로 세상
에 온' 구원자 주님을 연상시킨다(요 1:5,9). 셋째 행의 기원 "우리를 다시 묶
어 주십시요"는 마리아에게 보낸 편지에서 이해될 수 있는 청원이다. 복합
동사 '묶어주다'는 '하나로 결합하다'를 뜻한다. 선행하는 삽입구절 '할 수
있다면'은 겟세마네 기도에 나오는 주님의 발언이다(마 26:39). '내 아버지여

만일 할만하시거든'.

넷째 행은 제5연의 결론이다. 두 문장으로 구성된 복합문장은 관계접속사가 아니라 ,에 의해 연결된다. 후반의 문장은 앞문장의 타동사 '알고 있다'의 목적문이다. 목적문의 주어 '당신의 빛'에서 이인칭 소유대명사 '당신'은 대문자로 표기된다. 이것은 빛의 주체가 '주님'이라는 사실을 명료하게 한다. 제2행의 모티브 '어둠의 빛'은 제4행에서 명료하게 표현된다. 기도문 형식의 네 행은 '어둠의 빛'인 주님의 구원에 관한 확신으로 마감된다. 제2연의 마지막에 제시된 구원의 청원은 여기에서 실현된다.

제6연
고요가 우리 주위 깊숙이 퍼져나갈 때
보이지 않게 우리 주위로 넓혀지는 세계의
충만된 음향을 듣자.
당신의 모든 자식의 칭송의 노래.

제6연은 앞연과 대조적으로 불빛이 아니라 음향과 노래로 향한다. 즉 시각이 아니라 청각으로 인지되는 세계이다. 이와 같은 전이는 노래와 음악을 좋아하는 시인의 성향을 나타낸다. 우리 주위에 깊숙이 퍼져나가는 '고요'는 '충만된 음향', '칭송의 노래'를 위한 전제이다. 잘 알려진 성탄노래 '고요한 밤'을 연상시키는 '고요'의 정감은 들판에서 양을 치던 목자들의 귓전에 강하게 울려퍼진 '충만의 음향'으로 변화된다. 제6연의 첫행은 복음 노래책의 인기있는 곡목에 나오는 구절 '시온의 고요가 퍼져나간다'를 상기시킨다. 둘째 행의 동사 '넓혀지다'는 앞행의 '퍼져나가다'를 이어받는다. 마지막 행을 장식하는 하나님 자식의 '칭송의 노래'는 성탄의 축송을 넘어 '성도 공동체'의 찬양을 지시한다.

제7연

선한 능력에 의해 신기하게 보호되어

우리는 힘차게 다가올 것을 기대한다.

하나님은 저녁, 아침에 우리와 함께 있다.

모든 새로운 날에 아주 확실하게. -

이제까지의 서술은 위의 네 행에서 정상에 도달한다. 첫행의 서술부 '신기하게 보호되어'는 첫째 연 둘째 행의 '신기하게 돌보아지고'의 계승이며 완성이다. 새로이 사용된 과거분사형 부사 '보호되어'는 서두에 제시된 '돌보아지고'에 비해 깊은 의미를 내포한다. 그것은 모든 것을 덮어주는 초지상의 신적 보호를 지시한다. '신기한 보호'는 시 전체의 특성을 규정하는 핵심이다.

첫행을 이어받는 둘째 행은 미래에 일어날 일을 소망으로 기다리는 우리의 행동을 서술한다. 주문장의 타동사 '기대하다'의 목적구문 '다가올 것'은 부정관계대명사에 의해 인도되는 비인칭 부문장이다. 부문장의 서술부에 미래조동사가 아니라 화법조동사가 사용된 것은 어떤 특별한 사실을 지시한다. 즉 '다가올 것'은 단순히 미래에 일어날 일이 아니라 전능자 하나님에 의해 예비된 구원의 은총을 의미한다.

이어지는 셋째 행은 마지막 연의 중심이다. '하나님이 우리와 함께 있다'는 확신은 우리의 기대를 보증하는 근거이다. 주어와 동사가 결여된 객관적 형식의 종결행은 시 전체의 진행을 마감하는 에필로그이다. 우리를 구원하는 하나님의 복음은 '모든 새로운 날에' '아주 확실하게' 실현된다. 명사구 '새로운 날'에는 지시대명사 '모든'(각기의)이 선행된다. 이것은 '새로운 날'이 갖는 시간의 지속성을 지시한다. 제1연 4행의 '새로운 해'에 연결된 '새로운 날'에는 시간의 개념보다 '새로움'에 무게가 주어진다. 과거의 악몽을 완전히 폐기하는 '새로움'은 제2연 4행에 기원된 '창조의 구원'에 이미 암시되어 있다.

마지막 연의 중심구문 '새로운 날에'를 규정하는 부사구 '아주 확실하게' 는 독일어 표기에서 두음첩용의 언어유희이다. 가공된 노래의 연주에는 언어유희의 현상이 분명하게 감지된다. 그것은 '새로운 날'의 도래를 확신하는 기호적 징표이다. 제7연의 관찰에서 주목할 점은 순환구조의 의미이다. 첫연에서 마지막 연에 이르는 거대한 원의 운동은 여기에서 완전히 종식된다. 시의 도입부에서 개인적 관계의 문맥아래 표현된 '보호의 고백'은 종결부에서 가장 단순한 보편성으로 이전된다. 제7연의 멜로디 가공에는 마지막 행의 종결어 '새로운 날'이 특별한 형태로 작곡된다. 민속적 고유성의 특징을 지닌 명사구의 음악적 전이에는 형용사 '새로운'과 명사 '날'이 세 부분으로 분할된다. 특히 '날'에 해당하는 독일어 단음절 명사 'Tag'는 두 마디에 걸쳐 동일음조의 기다란 장음으로 처리된다. 이와 같은 코다 (coda)의 멜로디는 청중의 귀와 영혼에 오랫동안 각인된다. 그는 노래전체의 진행을 마감하는 인상적 종곡의 연주를 다시 듣고싶은 강한 열망에 사로잡힌다.

성탄을 기다리며 작성된 작은 시 〈선한 능력에 의해〉가 세계적 명성을 얻게된 것은 고유의 시적 가치와 함께 우수한 작곡가에 의해 음악작품으로 가공되었기 때문이다. 20세기 서정시의 형식을 취한 정형시가 인기있는 교회노래로 탈바꿈한 배경에 관해서는 흥미로운 이야기가 전해진다. 후세에 여러 방식으로 인용된 7연시의 마지막 연은 분단의 시기에 동베를린 교회의 청년그룹 주일집회에서 회원들이 헤어질 때 함께 암송하는 기도문으로 선정된다. 여기에서 멜로디의 제작을 위한 강한 욕구가 발생한다. 무려 70명 이상의 작곡가가 시의 음악적 가공에 종사한다.

독일 음악학자 쉐핑(Schepping)(1931년생)은 독자적 저서 〈선한 능력에 의해. 디트리히 본회퍼의 텍스트 작곡. 그 의미와 기능, 그리고 우리시대의 종교노래의 재생산〉에서 본회퍼의 시가 노래로 작곡된 구체적 양상과 재생산의 현상을 추적하여 상세하게 보고하고 있다. 종파와 지역을 넘어 유명해진 20세기의 독일 영적 노래에는 상치하는 텍스트 버전과 상이한 멜로디 원고가 존재한다. 1959년에 작성된 아벨(Abel)의 최초 멜로디는 단음의 노래가 아니라 도식적 다음 구성에 의거한다. 이에 비해 1970년에 제작된 피츠(Fietz)의 악보는 인기있는 음향언어의 사용과 자유로운 **리듬의 변주**를 보여준다. 텍스트 원본에서 항상 새로이 경험하는 리듬의 변화는 노래의 연주에서 간과할 수 없는 요소로 부각된다.

다양한 형태로 전해진 수많은 노래텍스트 가운데 가장 커다란 인기를 획득한 것은 복음적 교회음악가 피츠(1946년생)의 멜로디이다. 그는 '새로운 영적 노래'의 형성과 발전에 크게 기여한 인물이다. 20세기 후반에 대두된 의미있는 음악장르는 팝뮤직의 영향을 받은 교회노래이다. 300곡이 넘는 노래의 제작으로 이름이 널리 알려진 피츠는 1970년 〈선한 능력에 의해〉의 작곡을 완성한다. 6/8 박자 '4음부'로 제작된 그의 악보는 독일 복음찬송가 모음집에 수록된다(EG 637). 전통있는 독일 복음찬송가 책은 535개의 공통노래와 찬송가로 구성되어 있다. 본회퍼의 서정시에 관한 피츠의 작곡은 원문 텍스트의 의미를 음악의 형태로 실현한 우수한 사례에 속한다.

피츠는 일곱 연으로 구성된 서정시를 탁월한 음악작품으로 가공하였을 뿐만 아니라 피아노와 기타를 연주하며 직접 노래를 부른다. 그가 열정적으로 부른 노래는 오디오 북, CD, 유튜브 비디오 영상을 통해 독자와 청취자에게 전달된다. 2015년에 'ABAKUS 음악' 375로 제작된 앨범은 2012년 5월 20일 11,032,577회의 조회수를 기록한다. 자막의 가사가 아래에 제시된 유튜브 영상에는 노인가수 피츠가 그랜드 피아노를 연주하며 자신이

제작한 노래를 열창한다. 정확하면서도 시의 정감을 살리는 독일어 발음을 구사하며 부르는 그의 솔로는 이제 곧 70세를 맞이할 노인의 연령을 무색하게 할 정도로 신선하고 활기에 넘친다.

인상적인 피츠의 연주에는 일곱 연이 네 연으로 축소된다. 즉 제1. 제2, 제5연이 후렴과 함께 불린다. 제3연, 제4, 제6연의 세 연은 유보된다. 세 차례에 걸쳐 반복되는 마지막 연의 후렴은 다른 연에 비해 강한 격정의 정감으로 연주된다. 네 행의 진행에서 눈에 띄는 현상은 둘째 행에서 이루어지는 리듬의 변화이다. 첫행을 규정하는 부사구문 '선한 능력에 의해 보호되어'를 이어받는 다음 시행은 강한 고음의 음조로 넘어간다 .

우리는 힘차게 다가올 것을 기대한다.

두 부분으로 구성된 복합문장의 멜로디에는 둘째 마디에 위치한 시어 '힘차게'에 강세가 부여된다. 독일어 원어에서 과거분사형으로 표기된 상황부사 'ge-trost'의 두 음절은 동일하게 높은 음으로 처리된다. 약간의 휴지 이후 시작되는 다음 시행은 점차 내려가는 하강운동을 보인다. 시행을 마감하는 서술부의 화법조동사에 이르면 나지막하게 떨리는 소리의 율동이 감지된다. 이것은 노래를 제작한 가수가 자신의 매혹적 선율에 완전하게 동화된 징표이다.

네 행의 구성에는 둘째 행의 각운어가 마지막 넷째 행을 마감하는 명사와 장음의 남성운을 조성한다. 이를 통해 다가올 미래와 '새로운 날'이 절묘하게 연결된다. 시의 결구를 규정하는 시간의 명사구 '새로운 날'은 우리의 미래를 보장하는 기대와 위로의 날이다. 우리는 '새로운 날'의 희망속에서 모든 현재의 난관을 극복할 수 있다. 바로 이와 같은 메시지가 시간을 초월하여 모든 사람의 내면을 움직이는 동력으로 작용한다. 오늘날에도 다양한 방식으로 인용되는 마지막 연의 시구는 기독교신앙의 정수인 구원의 복음을 증거하는 역사적 보화이다.

제6장 에크슈타인의 경구시 해석

1. 에크슈타인의 시와 노래

　1950년 태생의 독일신학자 에크슈타인은 이 시대의 저명한 신학자이며 동시에 시인이며 언어예술가이다. 1980년대 초부터 왕성한 저술활동을 시작한 그는 중년기를 지나면서 기독교 시의 집필에 관심과 열정을 보인다. 전통있는 신학대학에서 수학한 개신교 신학자인 그는 새로운 시작품의 창작으로 예술가의 반열에 오른다. 신학논증, 시, 에세이를 통해 믿음과 삶의 주제를 다루는 그의 이름은 수많은 저술의 출간과 활발한 설교 및 강연으로 일반대중에게 잘 알려져있다. 그가 교회강단에서 행한 설교 및 강연은 영상매체를 통해 널리 보급된다.

　수많은 분량에 달하는 그의 저술은 신학논문과 넓은 독자층을 위한 출판물로 나누어진다. 후자의 범주에는 노래책, 시집, 경구모음집이 포함된다. 2022년에는 〈노래책〉 전집이 '에크슈타인 프로덕션'에서 출간된다. 45년의 기다란 기간에 걸쳐 열성적으로 전개된 에크슈타인의 주된 활동방향은 대학의 신학연구와 교회공동체의 신앙을 중재하는 가교의 역할이다. 이와 같은 의미있는 업적의 결과로 그에게 다섯 차례의 수상이 결정된다. 2020년에는 '교회와 신학의 우수한 업적으로' 인해 은으로 제작된 'Brenz

메달'이 수여된다.

에크슈타인의 창작활동은 일반신학자에게 기대하기 어려운 고유의 장점으로 주목의 대상이 된다. 그것은 가슴으로 말하는 정감적 언어구사에 의거하는 심오한 사유이다. 그 결과 학문적 신학연구의 틀을 벗어나는 **영적 묵상시**와 기독교노래가 태동한다. 기독교의 묵상은 하나님과의 내적 관계에 기초한다는 점에서 일반적으로 언급되는 종교적 명상과 구분된다. 영적 묵상시는 심오한 사유와 시적 영감을 동반하는 기도에 연결되어 있다.

에크슈타인이 새로이 제작한 인기있는 노래는 지난 10년 동안 젊은 프로음악가의 노래와 함께 오디오 CD와 비디오에 수록된다. 대표적 예를 들어보면 〈너는 나를 사랑한다. 그리하여 나는 존재한다〉(2009), 〈노래집〉(2015), 〈독수리처럼〉(2017), 〈너는 나에게 너무나 가치가 있다〉(2019) 등이다. '개인적으로 체험된 노래'라는 부제가 붙어있는 2017년의 청취용 책자 〈독수리처럼〉에는 연한 황색과 회색이 혼합된 거대한 독수리 날개의 채색형상이 밝은 표지화를 장식한다. 여기에는 고전적 작품 〈가슴속에 사랑을 주십시요〉와 축복송 〈하나님이 그대와 함께 있을지어다. 독수리처럼〉을 비롯한 열두 편의 곡목이 수록되어 있다.

축복의 노래 〈하나님이 그대와 함께 있을지어다〉의 내용은 믿는 자가 하나님의 독수리 날개 아래에 보호된다는 사실이다. 4행 형식의 3연시에서 전체의 흐름을 주도하는 부분은 네 행의 후렴이다. 여기에는 너를 보호하는 하나님의 행동이 독수리 날개에 유추하여 표현된다.

하나님이 너와 함께 있을지어다. 그가 너의 삶을 보호할지어다.
자신의 눈동자처럼 너를 방어할지어다.
그는 -독수리처럼- 날개 위에서 너를 운반한다.

그는 너를 영원히 인도한다. 그는 너를 영원히 인도한다.

위의 네 행에는 '너와 함께하는' 하나님의 행동이 네 차례 걸쳐 서술된다. 둘째 행의 비교구문 '자신의 눈동자처럼'은 마치 자신의 가장 중요한 신체기관처럼 너를 지킨다는 사실을 지시한다. 셋째 행에서 연결부호에 의해 표기된 '독수리처럼'은 **매혹적, 신비적** 비유이다. 여기에는 독수리의 날개가 지시하는 특별한 보호의 의미가 내포되어 있다.

구약성서의 신명기(32:11), 시편(103:5), 이사야(40:31)에 언급된 독수리는 자신의 새끼를 '날개에 실어' 안전하게 날라주는 주체이다. 후렴가사의 중간에 등장하는 독수리는 보통의 독수리가 아니라 거대한 크기를 자랑하는 동물독수리의 일종이다(히브리어 'nesher').

유튜브 영상을 통해 널리 보급된 녹화방송 라이브 콘서트에는 노래를 열어주는 위의 네 행에 포커스가 주어진다. 여기에는 전주곡에 이어 네 행의 후렴이 먼저 연주된다. 전체의 진행에는 남성솔로와 혼성이중창 및 여성솔로가 교차된다. 세 차례에 걸쳐 연주되는 네 행의 후렴에는 마지막 단계에서 약간의 변화가 일어난다. 즉 반복되는 종결시행이 선행하는 문장과 달리 처리된다. 특히 두 음절로 구성된 마지막 시간부사 '영원히'(ewiglich)가 확장된 템포로 불리워진다. '나는 하나님에 의해 **영원히** 안식처로 안내된다'

2020년에 출간된 〈희망의 기쁨으로〉는 에크슈타인 유일의 시집이다. 주로 신학자의 길을 걸어온 그는 작은 시집의 발표로 시인의 명칭을 얻는다. 섬세한 기교의 언어로 희망을 선포하는 시집은 1년 전에 출간된 저서 〈가치평가, 사유, 시, 기도〉에 연계되어 있다. 여기에는 무려 600편 이상의 시가 실려있다. 이렇게 보면 시인으로서의 지위는 이미 2019년에 주어졌다고 볼 수 있다.

〈가치평가, 사유, 시, 기도〉에 실린 적지않은 시는 시집 〈희망의 기쁨으로〉에 다시 발견된다. 대표적 예를 들어보면 〈문밖에서〉, 〈넘치는 감사〉, 〈행복의 신비〉, 〈반주기적으로〉, 〈절대적으로 없어서는 안된다〉 등이다. 시의 재수록에는 대부분의 경우 원래의 텍스트가 그대로 유지되거나 약간의 구조변화가 이루어진다. 일부의 경우에는 원래의 내용이 압축되는 의미있는 요약이 이루어진다.

예를 들어 4연시 〈사랑하다와 인식하다〉에는 첫연만 수용되고 나머지 세 연은 유보된다. 저자는 성서구절을 인용하고 직접적으로 설명하는 후반의 세 연은 생략하고 여기에서 유도된 결론인 제1연만을 제시하고 있다. 그것은 제목에 표기된 것처럼 '사랑은 인식하고 인식되어지는' 것이라는 사실이다. 후자의 경우는 사랑이 하나님에 의해 인정받는다는 의미이다. 첫연의 마지막 세 행에는 사랑하다가 '알다', '인식하다', '인정하다'의 세 단계로 규정된다. 세 개의 동사는 독일어에서 동일한 뿌리를 갖고 있다. 사랑의 본질이 인식함과 인식되어짐의 양면에 있다는 심오한 말씀은 요한1서와 고린도전서에 명시되어 있다(요1 4:16, 고전 8:3).

에크슈타인이 제공한 거대한 분량의 서정시는 경구시의 장르에 속한다. 고대 이후 오랜 전통을 형성한 경구시는 20세기 초에 이르러 독자적 산문장르로 인정을 받는다. 그 이후 오늘날에 이르기까지 유럽에서 이름있는 작가에 의해 의미있게 활용된다. 1945년 이후의 독일 문단에는 경구시가 장르의 경계를 넘어서는 새로운 작품유형으로 대두된다. 에크슈타인이 자신의 시형식으로 선정한 경구시는 그의 저서 〈가치평가, 사유, 시, 기도〉에 직접 다루어진다. 제4장에는 경구시를 제목으로 삼은 4연시가 발견된다. 네 연 전체가 '경구시는 … 이다' 라는 문장으로 시작된다. 첫연과 마지막 연의 후반부는 경구시의 성격을 다음과 같이 서술한다.

제1연

경구시는
영이 풍성한 사유이다.
운을 조성하건 아니건
압축된 시이다.

마지막 연

경구시는
통찰을 확대하고
삶의 현실을
끌어들일 때만이
설득력을 갖는다.

위의 두 연에서 첫연은 경구시를 '풍성한 영의 사유'로 규정한다. 이것은 경구시와 기독교 시의 긴밀한 관계를 증거하는 지적이다. 마지막 연은 경구시가 설득력을 지니는 경우를 두 가지로 설명한다. 하나는 '통찰을 확대하는', 즉 착상과 성찰을 심화하고 그 폭을 넓히는 경우이다. 다른 하나는 '삶의 현실을 끌어들이는' 경우이다. 이것은 경구시가 형이상학의 사고가 아니라 일상생활에 근거해야함을 의미한다. 실제로 에크슈타인의 경구시는 많은 작품이 주변의 현실세계에서 출발하여 높은 차원의 성찰로 넘어간다. 여기에는 일상의 현실이 정교한 언어구사에 의해 시와 예술로 이전된다.

2. '사유, 시, 기도'

신학자 저술의 총화인 〈가치평가, 사유, 시, 기도〉는 24년의 긴 기간에 걸쳐 생성된 작은 경구집을 모아놓은 종합적 책자이다. 두터운 부피의 책자는 복합제목의 표기대로 '사유 시, 기도'의 통합에서 나온 귀중한 산물이다. '사유, 시, 기도'는 독일어 명사의 연쇄에서 선행음절 'Ge'의 중첩으로 음향조화를 형성한다. 원래 상이한 세 요소는 여기에서 삼위일체의 관계에 있다. 깊은 내적 사유는 시와 기도로 이어진다. 영적 영감에 사로잡혀 작성된 성찰시는 동시에 기도시이다.

에크슈타인의 경구시는 내적 묵상과 영적 기도의 산물이다. 서양문학의 역사에서 오랜 전통을 지니고 있는 경구시는 20세기의 기독교문학에서 새로운 형태로 개진된다. 여기에는 영적 사유와 내면의 기도가 간결한 문체를 통해 고유의 방식으로 표현된다. 에크슈타인의 경구시는 이와 같은 문학사의 맥락아래 있다. 경구모음집 〈가치평가, 사유, 시, 기도〉 제1장의 서언에는 저자의 집필의도와 저서의 특성이 제시되어 있다(15쪽).

"이 책에는 자기비판의 관찰이 아이러니의 경구, 믿음의 중심내용에 관한 묵상이 동반된 신뢰와 보호의 기도와 교차된다. 산문으로 표현되든지 운문으로 표현되든지, 위로하며 공감하든지 예리하게 비판하든지 상이한 장들은 하나의 공통점을 지닌다 - 이들은 독자를 자기자신과의 솔직한 논쟁으로 격려하고 독자를 순수하고 자유로운 믿음의 형태를 향한 추구로 강하게 유도한다."

'사유, 기도, 묵상' 이라는 부제가 붙은 제1장의 구성을 보면 비판적 단상 '나는 누구인가'에 이어 〈그리고 발견되었다〉, 〈하나님 앞에서 떨어져

나가?〉 등의 경구시가 등장한다. 이와 같은 기본구도는 제1장 전체에 해당된다. '존재인가 비존재인가'라는 두 번째 표제를 동반한 제2장에는 서언에 이어 〈외롭고 버림받아〉, 〈믿음의 경험〉 등의 시가 등장한다. 독자는 자기비판의 관찰과 아이러니의 경구를 번갈아가며 읽게 된다. 이와 같은 복합과정을 통해 그는 '자기자신과의 솔직한 논쟁'으로 인도된다.

저서제목의 처음에 제시된 복합명사 '가치평가'는 시인의 인생관과 종교관을 대언하는 상징적 용어이다. 동일한 복합어가 시집 〈희망의 기쁨으로〉의 도입작품 제목으로 선정된다. 경구모음집 마지막 장의 도입시에 해당하는 일연시 〈내가 나의 가치를 어떻게 평가하는가?〉에는 '가치평가'의 의미와 중요성이 열두 행에 걸쳐 개진된다(813쪽).

우리가 스스로
우리와 우리 삶을
의미있고 가치있게
느끼는가 아닌가는
우리의 부유함,
사회적 지위,
혹은 평가가치가 아니라
우리가 개인적으로
다른 사람을 통해
경험하는
가치평가에
달려있다.

위의 성찰시에는 '가치평가'가 우리와 우리의 삶을 '의미있고 가치있게 느끼는' 기준으로 규정된다. 그것은 자의적 판단의 산물이 아니라 '다른 사람을 통해 경험하는' 객관적, 일반적 개념이다. 의미있는 시어 '가치평가'는 경구모음집 전체의 특성을 지시하는 표지판이다. 하드커버로 장정된 책의 표지에는 '가치평가'가 특별히 녹색 필기체로 인쇄되어 있다.

무려 1,008 페이지에 달하는 방대한 분량의 책은 여섯 장으로 구성되어 있다. 각기의 장에는 경구형식의 표제문이 주어져 있다. 제1장의 표제문은 '너는 나를 사랑한다. 그래서 나는 존재한다. 사유, 기도, 묵상', 제2장은 '나는 네 안에 중심을 가지고 있다. 믿음의 발걸음', 제3장은 '나는 너의 희망에 날개를 부여한다. 희망의 전망', 제4장은 '천상적으로 인간적인. 약함의 강함에 관하여', 제5장은 '너는 하나의 기쁨 하나님이다, 믿음의 삶 - 삶의 열정'이다.

마지막 제6장의 제목 '너는 하나님이 스스로 실현한 하나의 소원이다'는 제3장에 나오는 성찰시 〈너는 하나의 소원이다!〉를 열어주는 두 행과 일치한다(299쪽).

　　너는 하나님이 스스로 실현한
　　하나의 소원이다!

감탄부호가 마지막에 표기된 복합문장은 하나님과의 관계에서 나를 규정하는 탁월한 표현이다. 나는 하나님이 자신의 계획에 따라 성취한 '소원'의 존재이다. 도입부의 두 행을 이어받는 두 행에는 너의 존재가 '하나님이 스스로 만든 선물' 이라고 규정된다. 여기에 사용된 명사 '선물'은 앞에 제시된 '소원'과 같은 차원 위에 있다.

위에 인용한 두 행은 시인의 저술과 노래에 거듭하여 등장하는 사랑받는 시구이다. 2017년에 제5판을 기록한 2012년 노래책의 제목은 바로 이 시구이다. 여기에는 밝고 경쾌한 노래 〈너는 하나의 소원이다!〉가 환상적 배경화면의 이동과 함께 불린다. 커다란 반응을 야기한 청취용 책자에는 새로운 사고, 시, 기도에서 모든 것이 인상적으로 통합된다. 이와 같은 서술방향은 7년후에 나온 저서 〈가치평가, 사유, 시, 기도〉로 이어진다. '에크슈타인 프로덕션'이 제작한 CD에는 다섯 연의 노래가 아무런 변형이 없이 원본 그대로 연주된다.

시 〈너는 하나의 소원이다!〉에서 제목의 내용이 제시된 첫연을 구성하는 여덟 행은 마지막 연에 다시 반복된다. 두 연은 시 전체를 둘러싸는 틀거리이다. 붉은 꽃송이가 만발한 드넓은 초원풍경이 처음의 배경화면을 구성하는 환상적 영상에는 조용한 음조의 전주곡에 이어 희망과 위로의 노래 〈너는 하나의 소원이다!〉가 가사의 자막과 함께 매우 밝고 경쾌한 멜로디로 불린다. 둘째 연과 셋째 연, 넷째 연과 다섯째 연의 사이에는 비교적 높은 톤의 짤막한 간주음악이 삽입된다.

에크슈타인 교수는 2013년 6월 9일에 실시한 교회예배의 설교에서 '너는 하나님이 스스로 실현한 하나의 소원이다'를 설교의 제목으로 택하고 있다. 설교자는 자신의 설교를 결코 간단하게 답변될 수 없는 물음 '여러분들은 안녕하십니까?'로 시작한다. 이어지는 설교의 내용은 도전적 도입 질문에 연결되어 있다. 우리의 삶의 상황에 관한 인식은 외적 상태나 우리의 사고가 아니라 하나님과의 관계에 관한 올바른 통찰에 달려있다. 기교적으로 표현된 문장 '너는 하나님이 스스로 실현한 하나의 소원이다'는 나의 존재가 하나님에 의해 주어진 '선물' 이라는 사실을 지시한다.

경구모음집에 등장하는 적지않은 시의 텍스트에는 마지막에 성서구절이 표기되어 있다. 때로는 여러 구절이 합성된 성서본문은 앞에 제시된 시의 이해를 위한 기초가 된다. 독자의 입장에서는 성서본문을 먼저 읽는 것이 시의 해석에 도움을 준다. 성서본문을 동반하는 수많은 시 가운데 눈에 띄는 것을 추려서 책의 순서에 따라 열거해보자.

제1장

〈그리고 발견되었다〉 눅 15:1-32

〈정당화〉 롬 4:5, 5:6

〈주다와 받다〉 행 20:35

〈그리하여 하나님은 하려한다 …〉 약 4:15

〈그리스도를 사랑하다〉 눅 7:41,43,47

제2장

〈아모스여 무엇을 보는가?〉 암 3:8

〈배후의미를 동반한 겸손〉 눅 18:9-14

〈두 사람이 서로 싸울때〉 요1 4:10-12

〈우리가 보는 것처럼〉. 히 11:1,27

〈너는 왜 슬퍼하는가?〉 시 42, 43편

제3장

〈하늘이 열린 것을 보다〉 요 1:14-51, 14:19, 16:22

〈믿을 수 없을 정도로 아름답다〉. 눅 24:41

〈그 어떠한 것도 당신을 분리할 수 없다〉 롬 8:14-39

〈폭풍을 진정시키는 자〉막 4:41-42

〈나는 당신을 위해 그것을 한다〉 마 6:1-18

〈너희들의 빛이 비치도록 하라!〉 마 5:16

제4장

〈종이 위에서 뿐만 아니다〉계 5:5

〈부드러운 회상〉마 6:26, 10:29-31

〈굶주림과 목마름〉요 4:13-14, 6:35, 7:37-38

〈나에게는 무엇이 부족하다〉고전 13:13

〈밤의 두려움 앞에서〉시 91:4-5

제5장

〈오늘 네가 나와 함께 낙원에 있으리라〉눅 23:43

〈가장 아름다운 모순〉갈 2:19-20

〈'그리고 나를 따르라'〉막 8:34, 엡 5:1,2

제6장

〈내가 어두운 골짜기에 다닐지라도〉시 23:4

〈물위로 걸어가다〉마 14:29-31

〈하나님의 형상〉창 1:27

위의 리스트에서 제시된 성서구절을 보면 신약성서가 대부분을 차지한
다. 구약성서는 시편을 제외하면 일부문서에 제한되어 있다. 이것은 신약
성서 학자인 저자의 관심분야에 기인하는 것으로 보인다. 신약성서 가운
데에는 복음서와 바울서간이 대부분을 차지한다. 바울신학은 저자의 연
구활동의 주된 영역이다.

우리는 적지않는 분량의 성서시에서 다시 일곱 편을 골라 해석의 대상
으로 삼으려 한다. 이들은 성서의 독자에게 비교적 잘 알려진 성서구절에
의거하는 텍스트이다. 개별시의 해석에는 시의 번역문 다음에 연관된 성
서본문이 제시된다. 우리가 다루게 될 일곱 편의 시를 성서의 순서에 의거

하여 표시하면 다음과 같다.

1. 〈너는 왜 슬퍼하는가?〉(시 42,43편)
2. 〈아모스여 무엇을 보는가?〉(암 3-8장)
3. 〈너희의 빛이 비치도록 하라!〉(마 5:16)
4. 〈물 위로 걸어가다〉(마 14:29-31)
5. 〈'그리고 나를 따르라'〉(막 8:34, 엡 5:1,2)
6. 〈오늘 네가 나와 함께 낙원에 있으리라〉(눅 23:43)
7. 〈하늘이 열린 것을 보다〉(요 1:14-51, 14:19, 16:22)

위에 제시된 제목의 시에서 처음의 두 편은 구약, 나중의 다섯 편은 신약에 소속된다. 신약성서에는 대부분이 네 편의 복음서이다. 특히 서로 연결된 공관복음은 묵상시 작성의 기초가 된다. 우리의 원래 주제인 성서와 시의 관계에서 보면 시인이 성서본문을 어떻게 읽어서 운문의 언어로 표현하는가 하는 것이 주된 과제가 된다. 이에 대한 답변은 일곱 편 시의 해석과정에서 자연스럽게 주어진다.

3. 일곱 편의 시 해석

1) 〈그대는 왜 슬퍼하는가?〉

내 영혼이여 그대는 왜 슬퍼하는가?
그리고 나의 마음속에서 왜 불안해하는가?
하나님을 기다려라.
나는 아직도 그에게 감사할 것이다.

내 영혼은 하나님을 갈망한다.
언제 나는 나의 기쁨인
하나님의 얼굴을 볼 수 있도록
그리로 갈 것인가?

주님은 모든 날에
자신의 끝없이 거대한 선을 보낸다.
밤마다 나는 그를 위해 노래를 부른다.
그리고 나의 생명인 주님께 기도한다.

당신의 진리와 당신의 빛
그들이 나를 인도하여
당신의 거처로 데려가도록 보내주십시오.
나의 하나님, 저는 당신에게 감사합니다!

시편 42편 2절

내 영혼이 하나님, 곧 살아계신 하나님을 갈망하나니
내가 어느 때에 나아가서 하나님의 얼굴을 뵈올까.

시편 42편 5절

내 영혼아 네가 어찌하여 낙심하며
어찌하여 내 속에서 불안해하는가
너는 하나님께 소망을 두라

그가 나타나 도우심으로 말미암아 내가 여전히 찬송하리로다

시편 43편 3절

주의 빛과 주의 진리를 보내시어 나를 인도하시고
주의 거룩한 산과 주께서 계시는 곳에 이르게 하소서

칭송의 시편 42편과 43편은 하나로 연결된 인접시이다. 시편 42편 5절에서 후렴형식으로 서술된 두 행은 이어지는 43편의 종결부를 장식한다.

내 영혼아 네가 어찌하여 낙심하며
어찌하여 내 속에서 불안해하는가

두 편을 하나로 이어주는 공통의 두 행은 4연시 〈그대는 왜 슬퍼하는가?〉의 첫연을 형성한다. 둘째 연은 시편 42편 2절의 반향이다. 마지막 연인 넷째 연은 시편 43편 3절의 수용이다. 첫연과 마지막 연에는 하나님에 대한 감사의 마음이 표명된다. 셋째 연은 시편 42편 5절의 마지막을 규정한 하나님 찬양의 계승이다. 이렇게 볼 때 시편의 구절을 제목으로 삼은 성서시는 전체의 구성에서 시편 42편과 43편에 깊이 연관되어 있다.

찬가시편의 인용으로 시작한 4연시는 첫연의 후반에서 하나님을 기다리라고 지시한다. 그리고 '나는 아직도 그에게 감사하리라'고 선언한다. 하나님의 '기다림'은 감사의 표명으로 이어진다. 둘째 연은 시편 42편 2절의 계승이다. 여기에는 하나님을 갈망하는 내가 '하나님의 얼굴을 볼 수 있도록 안내되기를' 소망한다. 셋째 연은 시편 42편 5절에 연결하여 하나님의 칭송과 기도를 강조한다. 하나님의 찬양은 원망과 슬픔의 부르짖음으로

시작된 시편 43편 종결부의 중심이다.

43:4 내가 수금으로 주를 찬양하나이다
43:5 내 하나님을 여전히 찬송하리이다

마지막 넷째 연은 시 전체의 총화이다. 전반의 세 행은 '당신의 진리와 빛'이 나를 당신의 거처로 안내해달라고 기원한다. 이인칭단수 대명사 '당신'은 '나의 영혼'을 지시하는 첫연의 주어 '그대'와 달리 하나님을 가리킨다. 시편 43편 3절에 언급된 두 요소 '진리'와 '빛'은 나를 하나님의 자리로 인도하는 구원의 매체이다. 4연시의 종결행 "나의 하나님, 저는 당신에게 감사합니다!"는 첫연의 마지막을 시행을 구성한 미래시제 문장 "나는 아직도 그에게 감사할 것이다"의 실현이며 완성이다. 단순하고 평이한 형식의 시 〈그대는 왜 슬퍼하는가?〉는 시인의 사유와 묵상이 철저하게 성서본문에 의거한다는 사실을 보여주는 파라디그마이다. 이와 같은 사실은 앞으로 다루어질 다른 시의 해석에도 동일하게 증명된다.

2) 〈아모스여 너는 무엇을 보는가?〉

유대 땅에 한 남자가 살았다.
아모스라고 불리는 목동이다.
그가 하나님의 말씀으로 인식한 것은
더이상 버릴 수 없었다.

아모스여 너는 무엇을 보는가? 주님이 물으셨다.
- 너의 손안에 측정하는 추 -

나는 나의 이스라엘 백성을
비뚤어진 벽처럼 시험한다.
가난한 자는 억눌린다.
궁핍한 자는 잘 지내지 못한다.
심판자를 매료시키지 못하는 자는
자신의 의에 도달하지 못한다.

가격은 오르고 척도는 왜곡된다.
너희들은 탈취로 보물을 모은다.
그러나 나약하고 힘없는 자를
너희들은 먼지속에서 짓밟는다.

아 나의 의는 물처럼 흘렀다.
정의는 강물처럼
그러나 너희는 이 악한 시기에
나의 의를 독으로 변화시킨다.

너희가 탐욕에서 구축한 것
그것은 거주하지 못할 것이다.
그리고 너희가 자만에 차서 심어놓은 것은
심판에 처해진다.

아모스 3-8장

아모스 4장 1절

너희는 힘없는 자를 학대하며
가난한 자를 압제하며

아모스 5장 24절

오직 정의를 물같이
공의를 마르지 않는 강같이 흐르게 할지어다

야모스 8장 11절

내가 기근을 땅에 보내리니
…
여호와의 말씀을 듣지 못한 기갈이라.

첫연의 네 행은 가장 오래된 예언자 아모스에 관한 소개이다. 아모스 1장 1절에는 아홉 장의 예언서가 웃시야 왕의 시기에 아모스가 '이스라엘에 관하여 본 것'의 기록이라고 명시되어 있다. 예루살렘에서 남쪽으로 20km 떨어진 드고아의 목자인 그는 기원전 782-747년 북이스라엘 왕국 여로보암 2세의 궁성에서 말씀을 선포한다. 풍성한 언어와 인상적 비유로 표현된 선포는 하나님의 심판을 통고한다. 하나님의 심판은 마지막 연의 종결 행에 지적된다.

첫연의 후반을 구성하는 두 행은 아모스의 말씀이 소멸되지 않는 권위를 지닌다는 사실을 강조한다. 다시 말해 오늘날에도 통용되는 진리이다.

둘째 연은 시의 제목에 관한 설명이다. 아모스가 주시해야 할 것은 올바르지 못한 이스라엘 백성에 대한 하나님의 시험이다. '비뚤어진 벽'은 바로 잡아야 한다. 이어지는 셋째 연은 이스라엘 백성의 불의에 대한 고발이다. 그들은 가난한 자를 억압하며 궁핍한 자를 힘들게 만든다. 남의 재산을 강제로 빼앗아 보물처럼 수집하며 무기력한 자를 탄압한다. 여기에 서술된 내용은 아모스 4장 1절에 제시된 악행의 구체적 보완이다.

넷째 연은 이스라엘 백성을 지시하는 '너희'의 악행이 시적 자아 '나'의 상황을 통해 새로운 차원으로 이전된다. 탄식어 '아'로 시작되는 시연의 전반은 '나의 의'가 '강물처럼 흐른다'는 사실을 선포한다. 그러나 후반의 시행에는 패역한 시대상황에서 '나의 의'가 '너희'에 의해 '독으로' 변질된다. 마지막 연인 다섯 째 연은 '너희'를 향한 엄정한 심판의 서술이다. 여기에는 특히 '탐욕'과 '자만'의 행위가 심판의 대상으로 지목된다. 두 요소는 가난한 자와 궁핍한 자를 멸시하고 억누르는 요인이다. 5연시 〈아모스여 너는 무엇을 보는가?〉는 권위와 신뢰의 예언자 아모스의 말씀을 통해 오늘의 시대를 비판적으로 조명하는 묵상의 텍스트이다.

3) 〈너희의 빛이 비치도록 하라!〉

"이같이 너희 빛이
사람 앞에 비치게 하여
그들로 너희 착한 행실을 보고
하늘에 계신 너희 아버지께 영광을 돌리도록 하라."

우리가 오로지 하나님으로부터
그의 사랑으로 산다면

다른 사람도

이것을 인지한다.

그들은 물론 칭송한다 -

그리고 이것은 결정적이다 -

이 경우에는 우리가 아니라

하나님이다.

왜냐하면 사람은 언제나

어떤 칭송할 만한 것이

근원을 가진 자를 칭송한다.

그리고 사람은

어떤 선한 것에 책임을 지는

자를 찬양한다.

마태복음 5장 16절

이같이 너희 빛이 사람 앞에 비치게 하여 그들로 너희 착한 행실을 보고 하늘
에 계신 너희 아버지께 영광을 돌리도록 하라

마태복음 5장 16절은 산상수훈 서곡에 이어진 유명한 빛과 소금에 관한
짧은 설교의 종결구문이다. 네 절에 걸친 비유담화의 마지막에서 예수님
은 제자들이 외부 사람들에게 보여주어야 할 도리와 역할을 '빛'의 작용으
로 설명한다. 그것은 착한 행실의 모범을 통해 하나님 아버지에게 영광을
돌리는 것이다. 수사적 문체로 표현된 복합형식의 명령문은 산상수훈에

나오는 가장 아름다운 경구의 하나이다.

　첫연의 네 행은 관련된 성서본문의 인용이다. 둘째 연은 '하나님의 사랑'으로 살기를 권유한다. 그러면 다른 사람들이 이 사실을 인지하고 하나님을 칭송하게 된다. 후반부의 두 연은 칭송의 대상이 되는 사람이 누구인가를 지적한다. 셋째 연에는 '어떤 칭송할 만한 것이 근원을 가진"자이며, 넷째 연에는 '어떤 선한 것에 책임을 지는' 자이다. 본문의 마지막에 강조된 '영광'의 부여는 시의 종반에서 칭송의 문맥으로 넘어간다. 4연시의 말미를 장식하는 찬양과 칭송은 근본적으로 '하나님의 영광'에 기인한다.

4) 〈물위로 걸어가다〉

　자기자신의 주도권에 의한
　'호수위의 보행'
　자기자신의 힘에서
　아주 훌륭하게
　다리로 걸어간다.

　우리가
　우리 스스로
　불가능한 것을
　해내는가 아닌가는
　우리 발의 크기나
　우리 운동의
　집중력이 아니라
　오로지 우리가 걸으면서

신뢰로 가득 차
바라보는 자의
권능에 달려있다.
걸으면서 아래나
옆이나 자기자신을
바라보는 자는
자신을 운반하는
연관과
서있는 지점을 잃어버린다 -
그리하여 불가피하게
헤엄치게 된다.

그와같은
침몰의 상태에
도움이 되는 것은
믿음이 작은 자를 위한
수영코스가 아니라
오로지
예수님의 견고함에 대한
신뢰의 통찰과
그를 향한 바라봄이다.

"그러나 그는 말하였다. 와라!
베드로는 배에서 나와
물위로 걸어

예수님에게 왔다.

그러나 그가 세찬 바람을 쳐다보았을 때에

두려움이 찾아왔다.

그가 가라앉기 시작하였을 때에

그는 소리쳤다. 주님 나를 구해주십시오!

예수님은 즉시 손을 내밀어

그를 붙잡았다.

그리고 그에게 말하였다.

너 믿음이 작은 자여

어찌하여 의심하였는가?"

마태복음 14장 29-31절

29 오라 하시니 베드로가 배에서 내려 물위로 걸어서 예수께로 가되

30 바람을 보고 무서워 빠져가는지라 소리질러 이르되 주여 나를 구원하소서 하니

31 예수께서 즉시 손을 내밀어 그를 붙잡으시며 이르시되 믿음이 작은 자여 왜 의심하였느냐 하시고

호수위의 보행기적은 마가복음에도 나오는 병행기적이다. 그러나 마태의 이야기가 훨씬 더 자세하다. 마가복음에는 베드로의 만용에 관한 후반의 삽입단락이 나오지 않는다. 자신의 한계를 의식하지 못하는 베드로의 무모한 행동은 베드로의 부인에 관한 단락의 후반부를 형성하는 마태복음 26장 33-35절에도 발견된다. 여기에서 베드로는 두 번에 걸쳐 자신은 결코 주님을 부인하지 않겠다고 단언한다. 또한 마가복음에는 마태의 복합

단락을 마감하는 종결문 "진실로 하나님의 아들이로소이다"(마 14:33)가 결여되어 있다.

산문형식의 서술을 포함한 다섯 연은 성서본문에 관한 충실하고 자세한 주석시이다. 여기에는 호수위의 보행기적을 이해하는 열쇠가 제시되어 있다. 그것은 둘째 연과 넷째 연에 강조된 '신뢰로 가득 차 바라보는 자의 권능'과 '예수님의 견고함에 대한 신뢰의 통찰'이다. 두 요소는 동일한 내용을 지시한다. 두 연에 공통으로 등장하는 명사 '신뢰'는 믿음, 신앙을 뜻한다. 이와 같은 사실은 마지막 두 연에 명명된 '믿음이 작은 자'의 '믿음'에 의해 뒷받침된다.

다섯 연의 구성에서 1-4연의 네 연은 호수위의 보행기적에 관한 전체적 해석이다. 마지막 5연은 시텍스트 아래 표기된 세 절의 인용문에 관한 일차적 주석이다. 첫연은 예수님이 물위로 걸어가는 장면에 관한 외면적 서술이다. 그것은 자기자신의 권능에 의거한 놀라운 보행이다. 둘째 연은 예수님의 훌륭한 보행이 우리의 입장에서 성찰된다. 우리가 불가능한 것을 가능하게 만들 수 있는가 아닌가는 우리 발의 크기나 발운동의 집중력이 아니라 우리가 걸으면서 '바라보는' 자의 권능에 달려있다.

셋째 연에는 예수님이 아니라 다른 곳을 바라보는 자에게 일어나는 결과가 지적된다. 그는 자신이 서있는 지점을 잃어버리고 물속에서 허우적거리게 된다. 넷째 연은 위기의 순간인 침몰상태에서 도움이 되는 것이 무엇인가를 지적한다. 그것은 믿음이 작은 자를 위한 수영연습이 아니라 '믿음으로 바라보는 자의 권능'과 '예수님의 견고함에 대한 믿음의 확신'이다. 둘째 연과 넷째 연의 두 연은 시 〈물위로 걸어가다〉의 구성에서 중심위치에 있다.

종결연인 다섯째 연은 시의 근거가 되는 마태복음 14장 29-31절의 내용에 관한 재구성이다. 비교적 길게 서술된 열세 행은 세 절의 단락을 운문형식으로 다시 고쳐쓰고 있다. 5연시 〈물위로 걸어가다〉는 성서본문 인용과 해석의 순서가 뒤바뀌어 있다. 독자는 시읽기의 마지막에서 베드로가 물에 빠진 이유와 예수님에 의해 구출되는 과정을 실감나게 확인한다. 종결연의 마지막 세 행은 물위로 걸어가는 초인적 기적의 발생이 의미하는 것이 무엇인가를 깨닫게 한다. 그것은 작은 믿음이 아니라 확고하고 굳건한 '큰 믿음'을 가지라는 귀한 교훈이다.

5) 〈'그리고 나를 따르라'〉
자기부인이 동반된 십자가

그리스도는
과도한 짐과
과도한 자기요구,
일의 추구,
관철의지의 미약이 아니라
자신의 사랑과
삶의 헌신으로
인해
죽은 것이다.

그리스도의
후계로서의
'자기부인'은
우리가
우리 자신 때문에

파멸하는 것이 아니라

우리가
사랑 때문에
사랑을 위해서
목숨을 거는 것이다 -
우리 삶을
내줄 때
까지라
하더라도.

우리가 우리 십자가를 지고
죽을 수 있도록
준비하는 것이
가능할 수 있다.
그러나 우리는 또한
제한된 인간적 전제 아래에서
그리고 자기경멸과
자기사랑의
저편에서
그리스도와 함께 살도록
준비할 수도 있지 않은가?

후계란
우리가 그리스도를 잊어버리는

자기중오로
이끄는 것이 아니라
자신을 잊어버리는
그리스도의 사랑으로
인도하는 것이다.

"나를 따라오려는 자는
자기자신을 부인하고
자기 십자가를 지고
나를 따르라."

"이제 사랑받는 아이로
하나님의 예를 따르라.
그리고 사랑속에 살아라.
그리스도가 우리를 사랑하고
우리를 위해 자기자신을
선물과 희생으로
내어준 것처럼."

마가복음 8장 34절

누구든지 나를 따라 오려거든 자기를 부인하고 자기 십자가를 지고 나를 따를
것이니라

에베소서 5장 2절

그는 우리를 위하여 자신을 버리사 향기로운 제물과 희생제물로 하나님께 드
리셨느니라

마가복음 8장 34절은 제자의 삶과 행동을 규정하는 '후계자의 길'을 지시
하는 최고의 지침이다. 두 부분으로 구성된 복합문장에 두 번이나 사용된
동사 '따르다'는 기독교신앙에서 중요한 의미를 지니는 '후계'의 개념을 가
져온 원천이다. 이어지는 8장 35절은 언뜻 지나친 요구로 받아들여지는 명
령에 대한 보완의 설명이다. 여기에는 생명의 유지가 생명의 상실이며, 생
명의 상실은 생명의 유지라는 사실이 역설의 논리로 서술된다. '후계'의 주
제를 다루는 두 절은 서로 연관하여 읽는 것이 문맥의 이해에 도움이 된다.

시인은 '자기부인이 동반된 십자가'라는 부제 아래 '후계자의 길'이 무엇
인가를 여섯 연에 걸쳐 개진하고 있다. 주된 제목 '나를 따르라'는 마가복
음 원문에서 직접 가져온 인용문이다. 여기에는 두 번째 반복구문 '나를 따
라야 한다'가 간결한 명령문으로 재구성된다. 여섯 연 전체의 체제는 역의
방식으로 구성되어 있다. 즉 선행하는 네 연은 '후계자의 길'에 관한 총체적
서술이다. 이어지는 두 종결행은 성서본문의 인용이다. 다섯째 연은 마가
복음 8장 34절의 인용이며, 여섯째 연은 에베소서 5장 2절의 해석적 재현
이다. 묵상시의 내용과 구분되는 두 행에는 인용부호가 표기되어 있다.

제1연에는 그리스도의 죽음이 '과도한 짐이나 관철의지의 미약'이 아니
라 '사랑과 헌신에' 의한 것이라는 사실을 강조한다. 제2연은 후계로서의
'자기부인'이 자신을 파멸시키는 것이 아니라 '사랑을 위해서 목숨을 거는
것'이라는 사실을 지적한다. 제3연에는 우리가 '십자가를 지고 죽는 것'이
가능하다고 전제된다. 동시에 '자기경멸'의 저편에서 '그리스도와 함께' 살

수 있다고 언명된다. 제4연은 시의 주제인 '후계'가 무엇인가를 밝힌다. 그 것은 '자기증오로 이끄는 것'이 아니라 자신을 잊어버리는 '그리스도의 사 랑으로' 인도하는 것이다.

네 연 전체의 서술은 그리스도의 '따름'에 요구되는 희생의 죽음이 단순한 자기부정이 아니라 '그리스도의 사랑에' 기인한다는 사실로 압축된다. 이와 같은 결론은 마지막 연에서 '사랑의 삶'을 향한 명령으로 귀결된다. '그리스도가 우리를 사랑하고 우리를 위해 자기자신을 선물과 희생으로 내어준 것' 처럼 우리도 사랑 속에서 그리스도를 위한 헌신과 귀의의 삶을 살아야 한다. 그것이 시의 부제 '자기부인이 동반된 십자가'의 의미이다. 에베소서의 본문에 의거한 종결연은 '따름'의 지침에 관한 실천적 해석이다.

6) 〈오늘 네가 나와 함께 낙원에 있으리라〉

우리의 죽음과
그리스도의 다시 오심 사이의
'중간상태'에 관한 질문은
그리스도 안에서
잠든 자에게
존재의 문제가 아니다.
시간과 공간에
묶여있는
우리에게
사유의 문제이다.

우리 지상의 인간은

영원을 올바르게

생각할 수 없다.

반면 천상의 존재는

영원을 우리의

제한된 사고와 관계없이

올바르고 자유로이

즐길 수 있다.

"오늘 네가 나와 함께

낙원에 있으리라."

누가복음 23장 43절

내가 진실로 네게 이르노니 오늘 네가 나와 함께 낙원에 있으리라

 십자가 처형 장면의 마지막에 삽입된 짧은 단락에 나오는 위의 인용문
은 예수님이 십자가에 못 박히기 직전에 행한 최후의 발언이다. 소위 '일
곱 마지막 말씀'(일곱 십자가 말씀, Septem Christi Verba)에 속하는 짧은 선언은 예
수님이 옆에 있는 강도에게 선언한 구원의 축복이다. '선한 강도'로 명명된
회개의 강도는 후세에 성자로 추대되는 영광을 얻는다.

 예수님이 강조의 어법으로 '선한 강도'에게 전한 말씀은 당시에 통용된
전승의 표상 낙원의 의미를 파악하는 중요한 전거이다. 이인칭단수 대명
사 '너'를 주어로 삼은 후반의 주문장에 강조된 내용은 '낙원의 머무름'이
다. 여기에서 '머무름'이란 **영속적 있음**을 뜻한다. 발언자의 확고한 의지
를 보여주는 발언에서 전체의 강세는 '나와 함께'에 놓여진다. 특별한 문맥
아래 사용된 상황부사구는 분리할 수 없는 '내면의 연합'을 뜻한다. 여기에

서 중요한 것은 상이한 두 파트너가 공유하는 공통의 특성과 요소이다. 그들은 죽은 후에 주어지는 영생의 소유에서 하나가 된다.

십자가상의 예수님이 회개한 강도에게 곧 찾아올 거처로 지적한 낙원은 죽은 자가 새로운 삶을 위한 부활을 기다리는 **안식의 장소**(requies)이다. 이미 전승된 유대문서에 등장하는 의미있는 관념은 죽음과 부활 사이의 **중간상태**를 지시한다. 죽은 자의 영혼은 부활하기 전까지 평안을 보장하는 예비장소에 머물게 된다. 예수님의 귀중한 진술은 수세기 동안 유대사회에 무르익은 미래의 기대에 관한 확실한 증언이다. 그것은 하나님의 뜻에 합당하게 자신의 삶을 마감한 의로운 자는 하나님과 '함께하는' 낙원의 거주를 거쳐 **영원한 천국**에서 영생을 누릴 것이라는 위대한 은총의 약속이다.

비교적 기다란 단락으로 서술된 두 연은 낙원 이해의 핵심인 중간상태를 주제로 삼는다. 첫연에는 죽음과 재림 사이의 기간을 지시하는 특별한 개념이 '존재의 문제'가 아니라 '사유의 문제'라는 사실이 지적된다. 중간상태의 의미는 객관적 사실의 규명에서 보다 올바른 인식과 판단에서 보다 잘 이해된다. 둘째 연은 이와 같은 명제의 정당성을 지상과 천상의 대비를 통해 서술한다. 지상의 인간은 낙원의 중요한 특징인 영원에 관해 올바로 생각하고 판단할 수 없다. 그의 사고는 제한되어 있기 때문이다.

하나님이 거주하는 천상의 영역은 인간이 존재하는 지상의 세계와 전혀 다르다. 천상의 존재는 영원에 관해 자유로이 생각하고 나아가 영원의 축복을 미리 즐길 수 있다. 초월의 시간개념인 영원은 지상의 한계를 넘어서는 영적 능력에 의해 비로소 인식된다. 2연시를 마감하는 마지막 두 행은 성서본문의 인용이다. 시의 제목으로 돌아가는 종결부는 '영속적 '있음'을 지시하는 낙원의 '머무름'에 주의를 환기시킨다. 구약의 에덴동산 이야기에 연원하는 지상의 개념 낙원은 예수님의 귀중한 진술에서 **천상의 낙원**

으로 승화된다.

7) 〈하늘이 열린 것을 보다〉

그리고 말씀이 육신이 되었다.
그리고 우리 가운데 거주하였다.
그리고 우리는 그의 영광을 보았다.

너희는 하늘이 열린 것을 보게 될 것이다.
그리고 하나님의 천사가
인자 위에서
위와 아래로 오르내리는 것을 볼 것이다.

아직도 잠깐의 시간이 있은 후에
세상은 나를 더 이상 보지 못할 것이다.
그러나 너희는 나를 보게 될 것이다.
나는 살아있고 너희도 살아있을 것이기 때문이다.

너희 역시 슬픔을 지니고 있다.
그러나 나는 너희를 다시 보려한다.
그러면 너희 가슴은 기뻐하고
누구도 너희 마지막 기쁨을 빼앗지 못할 것이다.

요한복음 1장 14절

말씀이 육신이 되어 우리 가운데 거하시매
우리가 그의 영광을 보니
아버지 독생자의 영광이요
은혜와 진리가 충만하더라

요한복음 1장 51절

하늘이 열리고 하나님의 사자들이 인자 위에 오르락 내리락 하는 것을 보리라

요한복음 14장 19절

조금 있으면 세상은 나를 다시 보지 못할 것이로되 너희는 나를 보리니 이는 내가 살아있고 너희도 살아 있겠음이라

요한복음 16장 22절

지금은 너희가 근심하나 내가 다시 너희를 보리니 너희 마음이 기쁠 것이요 너희 기쁨을 빼앗을 자가 없으리라

4연시 〈하늘이 열린 것을 보다〉는 요한복음의 네 구절을 네 연으로 나누어 차례대로 설명한 텍스트이다. 여기에 사용된 구성법은 성서시의 또다른 중요한 형식특성을 보여준다. 서로 다른 문맥에 속하는 요한복음의 네 구절은 시인의 시에서 '하늘의 열림' 이라는 커다란 범주 아래 합성된다. 열려진 하늘은 상이한 내용을 하나로 묶어주는 근원이다. 첫째 연은 요한

복음 1장 14절, 둘째 연은 1장 51절, 셋째 연은 14장 19절, 넷째 연은 16장 22절에 연관된다.

첫째 연의 세 행은 요한복음 서두를 장식하는 로고스 찬가의 정상인 1장 14절의 충실한 재현이다. '말씀이 육신이 되어 우리 가운데 거주하매 우리가 그의 영광을 보게된다.' 여기에서 '영광의 봄'은 '천상적 영광'의 인식을 지시한다. 즉 열려진 하늘에서 아루어지는 영광의 지각이다. 둘째 연의 네 행은 열려진 하늘의 환상장면을 서술한다. 이 부분은 창세기 1장에 나오는 야곱이야기를 생각나게 한다(창 1:28-32). 그러나 여기에서는 '인자'인 예수님에 관계된다. 하늘이 인간에게 열리고 그리스도 자신이 인간의 대리자로 나타난다. 하늘과 지상의 가교는 두 개의 기둥 위에 놓여있다. 이것은 중재자의 두 측면을 지시한다. 예수님은 진정한 하나님이며 동시에 진정한 인간이다.

셋째 연은 요한복음 14장 19절의 충실한 재현이다. 이제 머지않아 예수님이 죽으면 세상은 예수님을 잊어버리고 멀리하게 된다. 그러나 예수님의 제자들은 하나님의 나라에서 예수님을 다시 보게 된다. 그곳에는 그들이 예수님과 함께 존재하기 때문이다. 마지막 넷째 연은 요한복음 16장 22절의 해석이다. 지금은 슬픔과 근심이 우리를 지배하고 있으나 예수님은 우리를 다시 찾아온다. 그러면 우리는 기뻐하게 되고 아무도 우리의 기쁨을 빼앗지 못한다.

'하늘의 열림'을 표제로 선정한 4연시는 성서의 구절을 인용하며 풀이한 주석시이다. 여기에는 성서본문의 내용과 의미가 그 어떤 변형이나 응용이 없이 충실하게 재구성된다. 외형상으로 단순하고 평이하게 느껴지는 소박한 작법은 시적 창의성의 결여로 생각될 수 있다. 그러나 이와 같은 현상은 시인의 자질과 능력의 부족이 아니라 정통있는 신약학자의 정직함과 진실성에 기인한다.

성서본문의 원래 메시지를 훼손하고 왜곡하는 문학텍스트는 기독교 서정시의 역사에서 얼마든지 찾아볼 수 있다. 이와 같은 예는 독자의 판단에 혼돈을 가져오고 참된 신앙의 형성에 방해요소로 작용할 수 있다. 성서의 주제와 내용을 다루는 성서시와 기독교 시 역시 일반서정시와 마찬가지로 시대의 추세와 언어양식의 변천에 영향을 받는다. 다시 말해 시인의 창작 방식에는 어느 정도의 자유로운 유희공간이 설정된다. 그러나 이것은 자의적 성서해석의 허용을 의미하지 않는다. 성서시의 해석자는 근본적으로 하나님 말씀의 기록인 성서의 진리와 정체성을 훼손해서는 안된다. 이것이 요한복음의 구절을 합성한 4연시 독서의 성찰에서 얻어지는 또다른 유익한 교훈이다.

참고문헌 목록

성서와 시

J.Henkys, *Dichtung, Bibel und Gesangbuch.* Hymonologische Beiträge in dritter Folge. Göttingen 2013.

K. Seybold, *Poetik der Psalmem.* Kohlhammer. 2003.

K. Koennen, *Klagelieder Jeremias.* Eine Rezeptiondgeschichte. 2013.

기독교 서정시

G.Kranz, *Was ist christliche Dichtung? - Thensen, Fakten, Daten.* 1987. Verlag Pfeiffer. München.

K-J. Kuschel, H. Zwanger(Hg.), *Gottes Gedichte - Ein Lesebuch zur deutschen Lyrik nach 1945.* 2011.

J.Schroetter, *Christliche Lyrik.* Bibelgedichte. 2024.

C.P.Thiede(Hg.), *Wie Segel über dem Meer.* Christliche Lyrik des 20. Jahrhunderts. 1986.

- *Christliche Literatur des 20. Jahrhunderts.* 2 Bände. 1986

본회퍼의 구금시

E.Bethge(Hg.), *Widerstand und Ergebung: Briefe und Aufzeichnungen aus der Haft.* 2005.

G. Ebbrecht, ⟨*'Von guten Mächten …' - Auch Weihnachtslied?!*⟩ 2018. Vortrag Edemisen Landfrauen

J.Henkys, *Geheimnis der Freiheit: Die Gedichte Dietrich Bonhoeffers aus der Haft.* Biographie - Poesie - Theologie. 2004.

J. Werth, *Über Leben am Abgrund. ein Briefwechel mit Bonhoeffer.* 2020.

Eckstein의 경구시

H.-J. Eckstein, *Werthschätzungen. Gedanken, Gedichte, Gebete.* 1. Aufl. 2019. SCM Hänssler.

- Kurz & Gott. *Hoffnungsfroh.* 2020. adeo Verlag.

- Wie ein Adler. Audio-CD. Dettenhausen/Holzgerlingen. 2019.

책에 다루어진 노래와 음반목록

Bernstein, 〈예레미야 1번 심포니〉, 1942

Bach, 〈깊은 고통에서〉(BWV 131), 칸타타, 1707-1708

Bach, Gouno, 〈Ave Maria〉, 1859

Gebhardt, Bach, 〈내가 어떻게 당신을 받아들여야 합니까?〉, 1653, 성탄
오라토리움(BWV 248)

Gebhardt, Harder, 〈내 가슴이여 나가라. 그리고 기쁨을 구하라〉, 1653,

McLean, 〈바빌론 강가에서〉, 팝송 〈아메리칸 파이〉에 수록, 1971

Werth, Janz, 〈너는 너이다〉(《그것을 결코 잊지 말아라》, 1976

Bonhoeffer, Fietz, 〈선한 능력에 의해〉, 1970

Mey, 〈구름위에서〉, 1974

Wader, 〈오늘은 여기, 내일은 저기〉, 1972

Biermann, 〈격려〉, 1968

Zenetti, Lauermann, 〈밀알은 죽어야 한다〉, 1972

Zenetti, Wecker, 〈아무도 감행하지 않는 것〉, 2008

Eckstein, 〈독수리처럼〉, 2017

Eckstein, 〈너는 하나의 소원이다!〉, 2012

용어색인

타나크 Tanach

케투빔 Ketuvim

시편 tehillim, Psalm

찬가 hymnos, hymn, Hymne

비가 elegos, elegy, Elegie

유대 두루마리 책 megillot

예형론 typology, Typologie

예형, 모형 typos

영적 길 halacha

가다 halach

교사의 말 haggada

말하다 nagad

탈무드 Talmud

애가 Qina

아크로스틱 acrostic, Akrostochon

알파벳시 Abecedarius

셀라 selah

송영 Doxologie

영광 doxa, kabod

깊은 고통에서 De profundis

병행 membrorum

할렐루야, 주를 찬양하라 hallelujah

마리아 찬송 magnificat

사가랴 찬양 benedictus

시므온 찬양 Nunc dimittis

축복하다 benedicere

라틴어 성서, 불가타 Vulgata

나는 이다 ego eimi

본체, 영속적 형상 morphe

주님 adonai, kyrios

영혼 nefesch

가르침 didache

행복한, 행운의, 축복받은 makario, macarius

자비, 인애 hesed

경건 eusebeia

평화 eirene

선재(先在) Präexistenz, pre-existence

하나님의 어린양을 보라 Ecce agnus dei

육신 sarx

독생자 monogenes

성육신 sarkosis, incarnatio, incarnation

육신으로 변화시키다 incarno

인사말 salutatio

은혜 charis

기뻐하다, 감사하다 chrei

종 douloi

구별하다, 선택하다, 규정하다 aphorizo

능력 dynamis

평강 shalom

하나님은 사랑이다 Deus caritas est

사랑 eros, philia, agape

서정시 lyrikos

로고스 logos

발라드 ballade

약강조 율격 Jambus

다음성 Poyphonie

헥사미터 Hexameter

반더포겔, 철새 Wandervogel

임마누엘 Immanu-El

일곱 십자가 말씀, Septem Christi Verba

안식의 장소 requies